Günter Alexander

SO GING DEUTSCHLAND IN DIE FALLE

Anatomie einer Geheimdienst-Operation

Econ Verlag · Düsseldorf · Wien

Fotonachweis:
Alle Fotos stammen aus dem Archiv des Autors

1. Auflage 1976

Gesetzt aus der 10 p Garamond der Linotype GmbH
Satz: Industriedruck AG, Essen-Werden
Herstellung: Salzer - Ueberreuter, Wien
Printed in Austria
ISBN 3 430 110378

Alexander So ging Deutschland in die Falle

Inhalt

Vorwort

Als ich 1959 in Hamburg eine Lufthansa-Maschine bestieg, um zu einem Interview nach England zu fliegen, war nicht vorauszusehen, wie lange mich dieser Auftrag in Anspruch nehmen würde. Ich hatte in London wahrscheinlich den größten Spion entdeckt, der je für Deutschland gearbeitet hat. Und wenn mir damals jemand gesagt hätte, daß mich diese Begegnung noch fünfzehn Jahre hindurch beschäftigen würde, wäre das vorliegende Buch nie entstanden.

Rückschauend betrachtet, hat es sein Gutes gehabt, daß sich mein Interviewpartner in London seinerzeit weigerte, mir seine geheime Vergangenheit zu offenbaren. So war ich gezwungen, seine Wegbegleiter zu befragen, von denen mich schließlich einer zum anderen führte –, kreuz und quer durch den undurchsichtigen europäischen Spionage-Dschungel. Auf diese Weise hat sich auch der Weihrauch eines verlogenen Heldentums verflüchtigt; denn aus der ursprünglich beabsichtigten Story eines »Superagenten« entwickelte sich nach und nach die Rekonstruktion der tödlichen Schachpartie, die während des Krieges zwischen der deutschen Abwehr und dem Secret Intelligence Service ausgetragen wurde.

Um die unlogisch erscheinenden Züge und Konterattacken der Geheimdienst-Partie des vergangenen Krieges einigermaßen verständlich zu machen, habe ich nicht nur die Zentralfigur, also jenen deutschen Hauptagenten in London, ins richtige Licht zu rücken versucht. Auf meinem fünfzehn Jahre langen Streifzug sprach ich mit nahezu fünfhundert Randfiguren, mit Spionen und Saboteuren, mit hervorragenden (und ebenso vielen unfähigen) Geheimdienststrategen beider Seiten. Mir gelang es, sogar zwei »Tote« zu interviewen, ehemalige Abwehroffiziere, von denen (in der Nachkriegsliteratur!) der eine angeblich »1956 verstorben« ist und der andere »1944 gehängt« wurde.

Es würde viele Seiten füllen, wollte ich die Namen derer aufzählen, die mir bei meinen weltweiten Recherchen geholfen haben und somit an der Aufhellung einer nebulosen Geheimdienstoperation maßgeblich beteiligt waren. Mein Dank gebührt aber auch jenen, die mir ihre Auskünfte verweigert oder mich gar an der Erforschung historischer Geschehnisse hindern wollten. Gerade sie, ehemalige Doppelagenten (die heute noch unter falschen Namen leben), haben mich so herausgefordert, den Dingen auf den Grund zu gehen.

Für meine Arbeit waren mir die üblichen Dokumente nur insofern dienlich, als ich verschiedene Daten, Namen oder Orte nachprüfen konnte. Ansonsten schienen mir die meisten dieser Berichte eher als Pointen für eine Komödie geeignet; denn sie waren in starkem Maße nichts weiter als schöngefärbte Zweckdarstellungen.

Eine andere Kategorie von Materialien, die mich bei der Arbeit am Manuskript erheiterte, waren die Memoirenwerke einiger »Superagenten« und »Meisterstrategen«, die alle dasselbe Etikett tragen könnten: »Ich war der größte Spion des Zweiten Weltkrieges!«

In derart gefälliger Selbstbetrachtung war jeder von ihnen der Einzige oder der Größte. Diese Männer haben aber ihre Bedeutung damals wie heute bei weitem überschätzt. Denn sie waren nichts weiter als winzige Rädchen in einer chaotischen Kriegsmaschinerie, unberechenbare Abenteurer, deren Handlungen oft nur von Geltungsdrang, von Liebe und Komplexen oder von materiellem Gewinnstreben beeinflußt wurden. Einige der handelnden Personen habe ich in Respektierung ihrer bürgerlichen Existenz mit Decknamen getarnt. Die anderen aber, von denen sich einige als »Persönlichkeiten der Zeitgeschichte« betrachten, lasse ich mit ihren richtigen Namen so erscheinen, wie ich sie selbst erlebt habe.

Günter Alexander, München, im März 1976

Auf den Spuren eines deutschen Meisterspions

Auf der kurvenreichen Bergstraße von Igls nach Innsbruck hinunter ereignete sich am 5. November 1969 kurz vor Mitternacht ein mysteriöser Unfall, der mit keiner Zeile in der Tiroler Lokalpresse erschienen ist. Dieser Unfall wurde aus bestimmten Gründen auch in keinem Polizeibericht registriert und ist deshalb bis heute unaufgeklärt geblieben. Damals stand nicht nur mein Leben auf dem Spiel. Um ein Haar hätte dabei noch etwas anderes in Mitleidenschaft gezogen werden können: nämlich der Nimbus des leisesten und modernsten deutschen Autos der Nachkriegszeit, des »NSU Ro 80« mit dem neuartigen Wankelmotor!

Ich bin Journalist und habe damals dieses Auto als Normalverbraucher testen sollen. Ich wollte einen Bericht schreiben: »Hunderttausend Fahrtkilometer mit dem deutschen Traumwagen Ro 80!« Aber dazu kam es nicht mehr, denn meine Fahrt war bei 26 761 km zu Ende. Mit einem harten Knall, der wie eine Artilleriegranate aus finsterem Himmel irgendwo links neben mir einschlug, war aus meinem Traumauto plötzlich ein Dreirad geworden, das sich funkensprühend in den Asphalt pflügte – und dann gegen die Leitschiene krachte, hinter der es steil in die Sillschlucht hinunter ging. Im Scheinwerferlicht eines entgegenkommenden Wagens sah ich, wie mein abgesprengtes linkes Vorderrad selbständig weiter talwärts rollte. Zum Glück hatte ich, als sich das Vorderrad mitsamt der Radnabe von der Achse löste, nicht mehr als vierzig Stundenkilometer auf dem Tacho (bei hundertachtzig wäre dieses Buch nie geschrieben worden).

Als es nach dem unerklärlichen Ereignis am nächsten Morgen

wieder hell wurde, war der demolierte Wagen bereits abgeschleppt und wartete in der Werkstatt der Innsbrucker NSU-Niederlassung auf den Sachverständigen aus Neckarsulm, der ein paar Stunden später eintraf. Der Mann, den NSU an den Tatort schickte, fischte die abgesprungenen Fahrzeugteile aus der Sillschlucht und verpackte Splinte, Muttern, Räder und Achsen, um sie zur Begutachtung ins Neckarsulmer Hauptwerk zurückzubringen. Vor seiner Abfahrt schrieb er noch ein Protokoll über meine Beobachtungen, die eventuell mit dem Unfall in Zusammenhang standen.

Es dauerte keine vierundzwanzig Stunden, bis der besorgte Reise-Ingenieur des Werkes mit dem Untersuchungsergebnis wieder in Innsbruck war.

Die Spezialisten von NSU standen vor einem Rätsel. Sie hatten dafür, daß sich ein splintgesichertes Vorderrad plötzlich von der Achse lösen und während der Fahrt abspringen konnte, nur eine Erklärung: Sabotage!

Dementsprechend fragte mich der Mann aus Neckarsulm:

»Haben Sie Feinde?«

Ich sagte: »Nein – – um Gotteswillen!« und fügte hinzu: »Wer sollte mir schon was anhaben wollen?«

Mit betonter Unbekümmertheit versuchte ich, den Verdacht der NSU-Spezialisten zu zerstreuen. Ich wollte das Gerede von »Sabotage« überhören und die schwarzen Vermutungen verscheuchen, so wie man Wespen verjagt, die sich aufs Honigglas setzen wollen. Aber je mehr ich mich gegen meine eigenen Gedanken wehrte, desto erschreckender kamen mir die Drohungen wieder ins Bewußtsein, die mir schon lange vor dem mysteriösen Unfall drei Männer, unabhängig voneinander, in aller Deutlichkeit mit auf meinen Weg gegeben hatten; Drohungen, die ich bis dahin nie richtig ernst genommen hatte, obwohl entschlossene Profis dahinterstanden: Spione und Saboteure, Erpresser und Kidnapper, die sich in den entlegensten Winkeln Europas versteckt hielten – und die, wie sie mir sagten, vor nichts zurückschrecken würden, falls ich ihre richtigen Namen und ihre wahre Geschichte preisgäbe. Denn sie alle waren in eine geheime Sache verwickelt, die während des Krieges passierte – und in die ich nach und nach als Mitwisser hineingeraten bin.

Was am 10. Dezember 1941 im Tower zu London geschah, hängt direkt mit dem komplizierten Tatbestand zusammen, den ich jahrelang zu ergründen versuchte. Inwieweit bestimmte noch lebende Personen ihr Gewissen mit jener Hinrichtungsszene vom 10. Dezember belastet haben, erfuhr ich erst, als ich alle Zusammenhänge recherchiert und die Wahrheit – besser gesagt die Wirklichkeit – näher kennengelernt hatte.

Von den an der Exekution direkt Beteiligten wird keiner jemals vergessen können, was sich an diesem Tage abspielte, obwohl das Hinrichtungskommando im Laufe des Krieges noch mehrere Deutsche, die ebenfalls mit der Sache zu tun hatten, aus taktischen Gründen ins Jenseits befördern mußte. –

Der Henker am Galgengerüst schiebt den Knoten noch höher hinauf, damit sich die Schlinge weit genug öffnet; denn nach dem, was sich drüben am Eingang abspielt, wird es schwierig sein, den Deutschen hinzurichten, der mit vier englischen Gefängniswärtern wie ein Tiger um sein Leben kämpft. Die Männer haben den Delinquenten endlich niedergerungen. Er liegt mit dem Rücken am Boden, schlägt um sich und brüllt um Hilfe.

Der Henker wird ungeduldig, weil seine Assistenten nicht fertig werden mit dem jungen Deutschen.

»Bind him on that chair overthere«, befiehlt der Scharfrichter aus einem plötzlichen Einfall heraus, der ganz unkonventionell ist. Und einer der Männer holt aus der Ecke den Stuhl heran. Dann packen sie noch härter zu und wollen den Verurteilten mit einem Seil anbinden.

»Laßt mich los ... bitte ... ich bin kein Spion! I'm not a spy ... please!« brüllt der Deutsche immer wieder und immer lauter.

»Ich bin kein Spion!« Das hat er auch seinem Richter, Sir William Jowitt, gegenüber immer wieder beteuert: »Daß ich in England mit dem Fallschirm absprang, tat ich nur aus Liebe. Ich wollte auf dem schnellsten Weg zurück nach Amerika. Ich wollte meine Frau wiedersehen und mein Kind!«

Der Weg des Sudetendeutschen Karl Richter, Seemann bei der Hamburg-Amerika-Linie, aber wird aller Erfahrung nach hier im Tower enden. Sie haben den Delinquenten am Stuhl festgebunden und tragen ihn jetzt über die letzten zwanzig Meter seines Lebensweges hinüber zum Galgen.

Die Mutter des Verurteilten, Martha Richter, saß, wie sich später herausstellte, am selben Tag in ihrer Wohnung in Graslitz und schrieb einen Weihnachtsfeldpostbrief an ihren einzigen Sohn, den sie irgendwo in Norddeutschland wähnte: ». . . der liebe Gott wird Dich immer beschützen, Karl. Du mußt nur fest an ihn glauben!«

Die gleichen Worte »God bless you« werden ihm jetzt auch vom englischen Gefängnisgeistlichen mit auf den Weg gegeben. Aber Richter hört diese Worte nicht mehr. Er bäumt sich auf, so lange, bis er mit der Schlinge um den Hals, auf dem Stuhl sitzend, ins Jenseits fällt. Dann ist es wieder still im Tower. Der ARTIST – unter diesem Decknamen ist Richter sinnigerweise beim Deutschen Geheimdienst registriert – ist tot und abgeschrieben. –

»Der Mann war für seine Aufgabe hervorragend geeignet«, erinnern sich die Hamburger Abwehroffiziere, die Karl Richter mit falschem Paß, Pistole, englischen Pfunden und deutscher Dauerwurst damals ins Feuer schickten. »Er war ein Draufgänger. Er war ein Optimist. Er war immer zu allen Späßen aufgelegt.«

Außer Karl Richter wurden während des Krieges noch ein Dutzend andere deutsche Agenten hingerichtet. Sie alle wurden vom deutschen militärischen Geheimdienst als Spione und Saboteure angeworben, ausgebildet und in England abgesetzt. Hier sollten sie wichtige Einrichtungen der britischen Rüstungsindustrie zerstören. Sie sollten öffentliche Verkehrsmittel sabotieren – und militärische Geheimnisse ausspionieren. Dazu sprangen sie mit dem gleichen Optimismus wie Karl Richter des Nachts aus dem »Agenten-Taxi« – einer rußgeschwärzten He 111 –, mit verbissenen Gesichtern, fest entschlossen, ihre Aufträge zu erfüllen.

Sie alle aber haben ihr Ziel verfehlt. Sie wurden von englischen Polizeihunden aufgespürt und dann ins Gefängnis gesperrt. Vergeblich hatten sie, mit ihren Fallschirmen in den Bäumen hängend, auf Hilfe gewartet, auf einen bestimmten deutschen Kontaktmann, der die »Kasse« bei sich hatte: zwanzigtausend Pfund, mit denen er den Männern aus Hamburg nach ihrem gefährlichen Fallschirmabsprung weiterhelfen sollte.

Wo war dieser Mann, der die riskanten Abenteuer seiner nachfolgenden Kameraden finanzieren sollte, jener deutsche Hauptagent, der unter der Decknummer »Siebenunddreißig-zwo-fünf« als wichtigster England-Spion bei der Abwehr Abteilung I in Berlin registriert war? 3725 war einer der ersten, der über England absprang und durchkam. Er befand sich in Freiheit. Er hielt sich irgendwo in London versteckt.

Mit jedem Deutschen, der nach dem Absprung im Gefängnis oder am Galgen landete, wurde der Agent 3725 für das Oberkommando der Wehrmacht immer wertvoller, ja geradezu unentbehrlich. Karl Richter und seine anderen Kameraden sollten hängenbleiben, wo immer sie sich in den Netzen der englischen Polizei verfingen. Die paar »Abgeschriebenen« waren bedeutungslos gegenüber der einzigen geheimen Funkverbindung von London nach Hamburg, über die das Oberkommando der deutschen Wehrmacht Nacht für Nacht »höchst wertvolle« Informationen mitten aus dem Feindesland erhielt. Es ging um die »große Sache«, um den deutschen Endsieg! Und für diesen Sieg durfte der Agent 3725 nicht dadurch gefährdet werden, daß man ihn für aussichtslose Hilfsaktionen aufs Spiel setzte.

3725 war für Hitler ein Juwel geworden, mit dem er vor dem damaligen italienischen Außenminister Graf Ciano prahlte: »Wir haben in London einen Agenten, der bis zu neunundzwanzig Meldungen am Tag herüberfunkt!«

Bei den Auswertungsstellen des Heeres, der Luftwaffe und der Marine wurden die Informationen immer wieder mit der Note »wertvoll« versehen. Und die persönlichen Führungsoffiziere bei der Abwehrstelle in Hamburg lobten ihren 3725 als »zuverlässigen und fleißigen Agenten«. Sie waren stolz auf ihn. Besonders sein Funkoffizier, Oberleutnant Richard Wein, der den Werdegang des Agenten aus über tausend Funksprüchen kannte:

»3725 ist von Mal zu Mal waghalsiger geworden. Wir haben ihn immer wieder gewarnt, vorsichtig zu sein. Aber 3725 kümmerten unsere Warnungen anscheinend wenig. Er drang bis in die englischen Ministerien hinein und fischte dort die geheimsten Nachrichten für uns heraus. Später hatte er sogar irgendeinen Offizier des englischen SIS erpreßt, der ihm wichtige militärische Vorhaben des Feindes verriet.« –

Der ehemalige Funkerleutnant Wein war im Laufe der Nachkriegsjahre herzkrank geworden und geriet außer Atem, als er mir 1959 in seinem kleinen Gartenhäuschen in Hamburg-Ohlstedt von 3725 erzählte. Weins Frau mußte tagsüber als Aushilfe bei einem Hamburger Tabakhändler arbeiten, und das empfand ihr Mann als niederschmetternd. Aber in den Stunden, in denen er vom Krieg erzählte, von seinem »Siebenunddreißig-zwo-fünf« in London, hatte er seine gesundheitliche und finanzielle Misere vergessen. Er sagte, es sei gut, daß seine Frau jetzt nicht da sei. Er habe die Sache mit 3725 auch ihr gegenüber immer geheim gehalten.

Richard Wein hatte in vier entscheidenden Jahren seines Lebens mit dem erfolgreichsten deutschen Spion zu tun gehabt. Er hatte ihn im Funken ausgebildet, hier in der kleinen Gartenwohnung, in der wir jetzt saßen und über die Vergangenheit redeten.

»Obwohl er wochenlang jeden Tag zu uns ins Haus kam – ich mußte ihm ja das Funken beibringen –, haben wir nie über private Dinge gesprochen«, versicherte mir Wein. »Wenn ich 3725 anredete, sagte ich einfach immer ›Junge‹ zu ihm. Ob Sie es glauben oder nicht: ich habe nie herausbekommen, wer 3725 wirklich war, wie er hieß oder woher er kam. Ich wußte nur, daß ihn unsere Abwehrstelle zusammen mit anderen Agenten im Phönix-Hotel, gegenüber vom Hamburger Hauptbahnhof, untergebracht hatte.«

Wein hatte durch sein freundschaftliches Verhältnis zu 3725 vier Jahre lang den Spion wie an einer unsichtbaren Leine geführt: »Die Sache«, und damit meinte er den Krieg, »hätte anders ausgehen können, wenn die Knallköppe in Berlin unsere Meldungen damals besser ausgewertet hätten ... Stellen Sie sich vor«, ereiferte sich Herr Wein – und er sprach halblaut weiter, so als hätte durch die Holzwand des Häuschens draußen im Garten jemand unser Gespräch belauschen können:

»3725 ist es sogar gelungen, zu seiner Tarnung eine Engländerin zu heiraten. Das war überhaupt das tollste Ding. Der Mann hat unsere V-Geschosse gelenkt. Sie wissen ja, daß diese Dinger unkontrollierbare Abweichungen hatten. Und da mußte immer 3725 ran, der uns die tatsächlichen Einschlagspunkte herüberfunkte. Diese Raketengeschosse haben ja Millionen gekostet ... Die entscheidendste Meldung aber funkte 3725 zu jener Zeit, als es uns an den Kragen ging. Ich habe diesen Funkspruch aus London damals selbst aufgenommen: ›Invasionstermin steht jetzt endgültig fest. Operationsbeginn in den ersten Junitagen!‹«

Das war der Anfang vom Ende des tausendjährigen Reiches. Als ein knappes Jahr später die Engländer vor den Toren Hamburgs standen – damals war die Abwehrstelle von der Knochenhauerstraße bereits in das Restaurant »Randel« in Wellingsbüttel evakuiert worden, und die Referatsleiter beeilten sich, ihre Geheimakten zu verbrennen –, hat sich der deutsche Star-Agent 3725 zum letzten Mal aus seinem Versteck in London gemeldet. Im Durcheinander der bevorstehenden Kapitulation erhielt er per Funk seinen letzten Befehl von der Funkstelle in Hamburg-Wohldorf: »Bleibt qrv ...«, das heißt: »Weiter auf Empfang bleiben ... wir melden uns wieder!«

Das war das Ende der historisch bedeutenden Funkverbindung zwischen London und Hamburg, das letzte Rufzeichen des vielleicht größten Spions, der je für Deutschland gearbeitet hat. –

Ich wollte wissen, was mit 3725 weiter geschah, ob er sich nach dem Kriege jemals wieder bei einem seiner Hamburger Freunde gemeldet hat. Wein hob seine Schultern und sagte: »Ich glaube nicht. Sonst wäre er sicher als erstes zu mir gekommen. Vielleicht hat der Junge sein Funkgerät verbrannt oder vergraben. Ich weiß es nicht. Höchstwahrscheinlich ist er in den Tagen des deutschen Zusammenbruches im Siegestaumel der Alliierten irgendwo am Londoner Trafalgar Square spurlos verschwunden. Ich weiß nur, was mit mir geschah«, erinnerte sich Richard Wein:

»Nach dem Kriege, als sie mich in Neuengamme eingesperrt hatten, wollten die englischen Vernehmungsoffiziere alles mögliche über 3725 von mir wissen. Aber . . .«, hier unterbrach sich mein Gesprächspartner. Er hatte ein sehr schmales Gesicht mit einer langen Hakennase und fuhr mit den Fingern der rechten Hand über seinen Mund, den er jetzt noch mehr zusammenpreßte, als er sagte: »Ich habe meine Schnauze gehalten. Die haben mich damals immer nur das ›Säbelmaul‹ genannt, weil sie aus mir nichts rauskriegten. Die Tommies hätten mir sonstwas gegeben, wenn ich 3725 verraten hätte.«

Richard Wein war jahrelang einer der höchsten Geheimnisträger des Dritten Reiches. Er war zum Schweigen verurteilt. Und dieses Schweigen betraf das Geheimnis 3725. Obwohl Deutschland 1945 kapitulieren mußte, hatte Wein nach dem Krieg seinen Sieg wie eine Trumpfkarte mit nach Hause genommen. Sein Sieg war »Siebenunddreißig-zwo-fünf«, den die Engländer nie erwischt haben. Diese Genugtuung hatte ihn über vieles hinweggetröstet.

»Glauben Sie, daß 3725 überhaupt noch am Leben ist?« fragte ich.

Wein sagte: »Das glaube ich bestimmt.« Und er rechnete zurück, daß er selbst damals, als die Sache 1940 begann, achtundzwanzig war. »3725 war in jedem Fall jünger als ich. Er war schwer zu schätzen. Damals war er vielleicht knapp über zwanzig. Ein schmales Bürschchen, klein und zäh.«

Ich habe von diesem Gespräch absichtlich keine Notizen gemacht, um Richard Wein nicht abzulenken oder ihn gar mißtrauisch zu machen.

»Der Erfolg von Siebenunddreißig-zwo-fünf« – Wein sprach die Nummer stets mit besonderer Betonung aus – »war seine Unauffälligkeit.« Wein erinnerte sich, daß sein Londoner Funkpartner kurzsichtig war (obwohl er dazu verdammt war, im Feindesland alles zu registrieren und um alles in der Welt zu verhindern, daß ihn jemand aufspürte) und daß er nie viel redete, obwohl er fünf Sprachen fließend beherrschte. »Er war ein Dutzendgesicht, dem man jeden Tag zehnmal in der Straßenbahn begegnet«, beschrieb mir Wein den Mann, den keiner jemals fassen konnte und den ich jetzt, dreizehn Jahre nach dem Krieg, zu suchen begann.

»Es gibt Leute, die einem höflich und zuvorkommend eine Tür öffnen«, erzählte Wein, als hätte er seinen Faden verloren. »Sie lassen einem den Vortritt«, erklärte er weiter. »Und wenn man sich für diese respektvolle Geste bedanken will, ist der Fremde wie vom Erdboden verschwunden. So ein Mann ist Siebenunddreißig-zwo-fünf gewesen.« –

Obwohl ich weder den Namen noch die Herkunft von 3725 erfahren konnte, habe ich mir bei meinen langen Gesprächen mit Wein wenigstens aus dieser Nummer ein Gesicht machen können; und es ist eine Gestalt entstanden, die sich nach meinen Vorstellungen in ganz bestimmter Weise bewegte; ein Mensch, der im Dunkel untergetaucht war und den ich wieder ans Licht bringen wollte, um zu sehen, ob er deckungsgleich war mit dem Bild, das ich mir von ihm machte.

»Wenn es Ihnen gelingt, 3725 zu finden, haben Sie die sensationellste Story in der Hand«, ermunterte mich mein Gegenüber. »Sie wird Ihnen beweisen, daß die deutsche Abwehr nicht nur Pleiten gebaut hat, wie viele glauben. Wir hatten auch Erfolge zu verzeichnen. Und 3725 war unser größter. Das garantiere ich Ihnen!«

Nicht nur, daß ich den Ehrgeiz hatte, Sir Winston Churchill zu widerlegen, der behauptete, keinem deutschen Agenten sei es während des Krieges gelungen, länger als achtundvierzig Stunden auf freiem Fuß zu bleiben: Ich wollte einfach den geheimnisvollen Mann finden, der – wie mir Wein und später auch andere ehemalige Abwehroffiziere versicherten – mehr für Deutschland geleistet habe als eine ganze Armee.

Daß bei dem englischen Luftangriff am 21. Juni 1944 das Hamburger Phönix-Hotel getroffen wurde, hatte die Royal Air Force offenbar nicht dem Zufall überlassen. Eine der vielen Bomben, die in der Bahnhofsgegend explodierten, sollte das geheime Nest zerstören, in dem sich – unter Wehrmachtshelferinnen und Fronturlaubern – acht deutsche Spione versteckten, die noch im letzten Kriegsjahr auf England angesetzt werden sollten. Vier weitere »Hotelgäste«, die aus Geheimhaltungsgründen unangemeldet logierten, waren für Sabotageeinsätze im Rücken der alliierten Landungstruppen in Nordfrankreich vorgesehen.

Zum Glück brannte das Hotel nur bis zum ersten Stock nieder, was wiederum zur Folge hatte, daß der damalige Pächter, Herr Harbeck, den RAF-Angriff überlebte. Als ich Herrn Harbeck endlich in einem großen Ausflugscafé außerhalb Hamburgs gefunden hatte, verhalf er mir nicht – wie ich gehofft hatte – zu einem alten Pappkoffer von 3725, sondern er verriet mir einen wichtigen »Schlüssel«, der mich zwar näher an den gesuchten Spion heranbrachte, mich aber auch gleichzeitig in ein unergründliches Labyrinth von internationalen Geheimdienstverbindungen hineinzog, die über den Krieg hinaus fortgesponnen wurden. Der ehemalige Pächter des Phönix-Hotels war nach der Personenbeschreibung, die ich von Richard Wein hatte, in der Lage, 3725 zu identifizieren:

». . . Der kleine, schmächtige Mann mit Brille und dem bescheidenen Auftreten kann nur Schmidt gewesen sein«, sagte Herr Harbeck. »Er war der erste von zwölf Geheimagenten, die nach Kriegsbeginn unangemeldet in mein Hotel einzogen. Ich mußte die Leute unauffällig beobachten und über alle Vorkommnisse bei der Abwehr Bericht erstatten.«

»Schmidt«, so fuhr Herr Harbeck fort, »wohnte im Zimmer 101 im zweiten Stock, wo – genau elf Jahre vor ihm – Adolf Hitler untergebracht war. Die Originaleintragungen von Hitler, Heß und Göring hingen damals noch in der Hotelhalle. Schmidt blieb sehr lange bei uns. Er saß oft mit meiner Familie am Tisch und kümmerte sich in rührender Weise um meine Kinder. Mädchenbekanntschaften hatte er keine«, erinnerte sich Harbeck.

»Schmidt war Feuer und Flamme für die Großdeutsche Sache. Er war wirklich zu allem bereit. Er stammte ja aus Nordschleswig, irgendwo aus dem Grenzgebiet, wo die Menschen besonders deutschbewußt sind.« –

Diese letzte beiläufige Bemerkung führte mich nach Flensburg, Ratzeburg und weiter nach Dänemark. Nach vielen Irrfahrten und Gesprächen mit Grenzgängern und alten Agentenanwerbern landete ich schließlich in Apenrade. Hier war es ein alter Däne, der mich weiter auf die Spur eines der bestgehüteten Geheimnisse des Zweiten Weltkrieges brachte. Der Mann, der nur am Wochenende an der Tankstelle vor dem Hotel aushalf, in dem Richard Wein und ich schon drei Tage verbracht hatten, fuhr mit einem Schraubenzieher über die Touristenkarte »Apenrade und Umgebung«. Er zeigte mir den kürzesten Weg zum entlegenen Gutshof von Georg Bruhn. Er kannte den deutschstämmigen Bauern schon von Jugend auf und meinte, der Alte müsse der Onkel desjenigen Schmidt sein, den ich suchte.

»Der Vater von Schmidt war ein angesehener Rechtsanwalt hier am Ort«, sagte der Tankwart. »Seine Frau war eine geborene Bruhn, und Georg Bruhn ist ihr Bruder. Er müßte also demnach Schmidts Onkel sein.«

Bevor ich aufs Gas drückte, dämpfte der alte Tankstellenwart noch einmal meinen Optimismus: »Aus dem Bruhn werden Sie aber nicht viel rauskriegen. Die Bauern reden alle nicht viel hier in Nordschleswig!«

Richard Wein, der mich auf dieser Fahrt begleitete – er mußte seinen Arzt vorher um Erlaubnis fragen –, hustete vor Aufregung: »Mich würde der Affe lausen, wenn wir Schmidt hier finden würden. Ich an seiner Stelle hätte jedenfalls nach dem Krieg auf dem kürzesten Weg England wieder verlassen und wäre dort untergetaucht, wo mir nichts mehr geschehen kann«, kalkulierte Wein die Überlebenschance seines »Siebenunddreißig-zwo-fünf«.

Ich war auf alles gefaßt und rechnete insgeheim sogar damit, daß auf dem Traktor, der uns jetzt auf dem Feldweg entgegenkam, der kleine Schmidt aus London sitzen würde. Es sprach zu vieles dafür, daß er sich hierher, in diese bäuerliche Abgeschiedenheit unweit der deutschen Grenze zurückgezogen hatte. Auf dem Traktor, der jetzt neben meinem Wagen stehen blieb, saß jedoch Herr Bruhn. Was ich von ihm wollte, sagte ich erst später, als ich ihm in seiner großen Wohnhalle gegenübersaß:

»Ich suche Ihren Neffen!«

»Meinen Sie Wulf oder Kai?«

Ich war für einen Moment in Verlegenheit. Dann sagte ich: »Ich meine den, der in England war!«

»Also Wulf!«

»Ja«, sagte ich, »Wulf Schmidt!« Dabei spürte ich, daß Herr Bruhn etwas über seinen Neffen wußte, was er nicht preisgeben wollte. Aber mit den nächsten Worten mußte sich entscheiden, ob ich dem Spion von London auf die Spur kommen würde oder nicht:

»Ich weiß nicht, ob Sie wissen, was Wulf in England gemacht hat«, fragte ich vorsichtig weiter. Herr Bruhn hakte gleich ein:

»Warum? Wissen *Sie* etwas darüber?«

»Ja, wir wissen alles über ihn«, antwortete ich voller Überzeugung. »Seine Geschichte ist fix und fertig geschrieben. Ich wollte sie

Herrn Schmidt nur zeigen, damit wir nichts veröffentlichen, was ihm vielleicht schaden könnte. Mein Verlag hat mich extra hierhergeschickt . . . sicherheitshalber!«

Herr Bruhn war ratlos: »Sie können mir die Geschichte ja geben, und ich werde sie Wulf schicken!«

Das bedeutete, daß Schmidt weiter weg wohnen mußte, und ich sagte sofort:

»Den Bericht darf ich leider nicht aus der Hand geben. Er unterliegt dem Redaktionsgeheimnis.«

»Dann muß ich Wulf schreiben, daß er sich mit Ihnen in Verbindung setzt . . . Lassen Sie mir doch Ihre Adresse hier.«

Schmidts Aufenthaltsort mußte ich jetzt, im nächsten Augenblick, erfahren. Es war mir klar, daß ich Herrn Bruhn keine Chance geben durfte, sich mit seinem Neffen brieflich oder gar telefonisch in Verbindung zu setzen. Sonst wäre 3725 gewarnt worden – und ich hätte ihn wahrscheinlich nie mehr gefunden. Deshalb bremste ich meine Neugier, um mir mein großes Interesse an Wulf Schmidt nicht anmerken zu lassen. Ich gab mich desinteressiert an der Person seines Neffen und sagte:

»Zum Schreiben ist keine Zeit mehr, Herr Bruhn. Ich dachte, Ihren Neffen hier irgendwo zu finden, um die Sache mit ihm persönlich zu bereden. Ich weiß ja auch nicht, wie Sie zu ihm stehen. Vielleicht sind Sie verfeindet! Im übrigen soll die Geschichte ja schon im nächsten Heft erscheinen. Deshalb bin ich mit dem Wagen schnell von Hamburg zu Ihnen heraufgefahren . . .!«

»Dann ist es wohl am besten, wenn Sie sich mit Wulf direkt in Verbindung setzen . . . Entschuldigen Sie mich einen Moment.«

Herr Bruhn zog sich zurück. Er wollte, bevor er auf die Sache einging, noch einmal mit seiner Frau über alles sprechen. Wein und ich blieben allein in der mit antiken Truhen und Schränken eingerichteten Halle zurück. Während Herr Bruhn draußen am Gang mit seiner Frau verhandelte, waren wir zu gespannt, um auch nur ein Wort miteinander sprechen zu können.

Nach ein paar Minuten kam das Ehepaar Bruhn in die Wohnhalle zurück und blieb für einen Moment vor dem niedrigen Tisch stehen, an dem Richard Wein und ich saßen. Dann reichte mir Herr Bruhn ein hellblaues Luftpostkuvert und sagte:

»Wenn sich die Sache so verhält, sollten Sie vielleicht am besten direkt mit Wulf sprechen. Hier steht seine Adresse drauf – und sein neuer Name. Wulf nennt sich jetzt nämlich Harry ... Harry Johnson!*

Als er im vergangenen Jahr in Begleitung eines Engländers hier wieder auftauchte, nahm er mich zur Seite und bat mich, ihm keinerlei Fragen zu stellen. Das war alles sehr mysteriös ... Er hat sich ja zehn Jahre lang nicht mehr hier blicken lassen ... Aber plötzlich war er wieder da. Wegen einer Erbschaftsangelegenheit!«

Es ist wichtig zu erwähnen, daß mir Herr Bruhn, als er mir den Briefumschlag überreichte, noch ein Familienbild zeigte, auf dem Schmidt zusammen mit seiner Frau und seinem Kind zu sehen war. Dieses Foto sollte mir bereits drei Tage später eine große Hilfe sein, als ich »Mr. Johnson« endlich in einem Londoner Vorort gegenüberstand. Auch Wein sah sich das Bild an und schmunzelte zu mir herüber; dann löste er die Spannung, die uns in diesem Moment gefangennahm, mit der spontanen Bemerkung: »Das ist unser Siebenunddreißig-zwo-fünf, wie er leibt und lebt. Der hat sich ja überhaupt nicht verändert!«

Georg Bruhn konnte mit all dem so gut wie nichts anfangen. Er wußte nur so viel, daß Wulf als Junge öfter seine Ferien hier auf dem Gutshof verbracht hatte. Dann war er für viele Jahre verschwunden, bevor er im vergangenen Jahr als »Mr. Johnson« hier wieder auftauchte. Und jetzt hörte er auch noch eine geheimnisvolle Nummer, unter der sein Neffe irgendwo registriert war.

Dem wortkargen schleswig-holsteinischen Bauern schien alles

*In Respektierung englischer Geheimhaltungsvorschriften habe ich – um Schmidts Identität weiterhin zu tarnen – den Namen Johnson frei erfunden.

undurchsichtig. Vielleicht hat er deshalb auch keine weiteren Fragen gestellt.

Ob ein Spion, der den Krieg überlebte und im Feindesland untertauchte, im nachhinein unter bestimmten Voraussetzungen noch zum Tode verurteilt werden kann, wird im Zweiten Kapitel der Haager Landkriegsordnung nicht näher erläutert. Ich habe vor meinem Flug nach London gerade dieses Kapitel, das sich mit der völkerrechtlichen Beurteilung von Spionen beschäftigt, eingehend studiert, um mir über die rechtlichen Folgen meiner Zusammenkunft mit einem Ex-Spion im ehemaligen Feindesland Klarheit zu verschaffen. Die Konsequenz aus einer eventuellen Entdeckung Mr. Johnsons alias Wulf Dietrich Schmidt war für mein Vorhaben ein unkalkulierbarer Restposten. Dabei hatte ich mir noch mit keinem Gedanken ausgemalt, was mir passieren würde, wenn mich die englische Polizei bei meinem geheimen Treff mit dem deutschen Spion mitten in London erwischte. Die Möglichkeit allerdings war so gut wie ausgeschlossen, denn es wußte niemand, was ich vorhatte.

Die Situation hätte nur dann eintreten können, wenn mein Telefongespräch, das ich im August 1959 aus dem Londoner Savoy-Hotel mit Mr. Johnson führte, vom englischen Geheimdienst mitgehört worden wäre. Bei diesem Telefonat (ich rief den Spion in seiner Firma an, in der Werbeabteilung einer Akkumulatorenfabrik) nannte ich ihm lediglich meinen Namen und bat um ein persönliches Gespräch. Ich bestellte die Grüße seines Onkels aus Dänemark und schlug vor, daß wir nicht weiter telefonisch miteinander sprechen sollten . . .

Am anderen Ende der Leitung hörte ich eine weiche, freundliche Stimme, die mir auf Englisch antwortete:

»Ich habe aber keinen Onkel in Dänemark. Das muß ein Irrtum sein. Und warum sollten wir nicht am Telefon miteinander reden können?«

Ich drängte meinen bis dahin noch unbekannten Gesprächspartner, meinen Wunsch zu akzeptieren und mich dennoch zu empfangen. Bevor er zustimmte, sagte Mr. Johnson noch, daß er zwar nicht wisse, wie er mir weiterhelfen könne, aber:

»Kommen Sie um 20 Uhr zu mir. Wissen Sie, wo ich wohne?«

Ich sagte: »Ja.«

Bevor ich am Abend desselben Tages an der Charing Cross Station die U-Bahn in Richtung Watford bestieg, war mir der Weg zu Mr. Johnson bereits bekannt. Ich hatte mir tags zuvor die Straße und sein Haus im Vorbeigehen angesehen.

Als ich jetzt zu unserer Verabredung den kleinen Vorgarten des Reihenhauses am Stadtrand von Watford betrat, blickte ich noch einmal die Straße hinunter. Ich wollte sicher sein, daß mir keiner folgte.

Nach kurzem Zögern läutete ich an der Haustür und hörte Schritte über eine Holztreppe herunterkommen. Es war kurz nach 20 Uhr, ein brutheißer Tag, der eben zu dämmern begann. Der Mann, den ich jahrelang gesucht hatte, öffnete seine Tür nur einen Spalt breit und blieb im Halbdunkel stehen. Dieser Mann war ohne Zweifel Mr. Johnson alias Wulf Dietrich Schmidt – den mir Herr Bruhn aus Dänemark auf dem Familienfoto gezeigt hatte.

Ich nannte meinen Namen.

Mr. Johnson sagte: »How do you do?« und machte die Tür wortlos etwas weiter auf, damit ich eintreten konnte. Nachdem er sie hinter uns wieder verschlossen hatte, bot er mir einen Platz auf einem abgenutzten Ledersessel an. Er blieb vor mir stehen und sagte:

»My name is Harry Johnson!«

Dann setzte er sich in den anderen Ledersessel, und zwar mir gegenüber mit dem Rücken zum Fenster, so daß er weiter im Dunkel blieb. Ich blickte in ein hageres Schattengesicht mit Brille. Sein Mienenspiel war nervös. Vielleicht war das nicht immer so, sondern nur jetzt, wo es darum ging, Herrn Schmidt wiederzufinden, der sich neunzehn Jahre hindurch als Engländer tarnte und sich in dieser Rolle verhältnismäßig sicher fühlte.

Das Zimmer, in dem wir saßen, war die Behausung eines Junggesellen, der nur zum Schlafen heimkommt. Der Wohnung fehlte die Gemütlichkeit. Mr. Johnson benahm sich wie ein Mann in den ersten Tagen nach der Scheidung.

»What can I do for you?« fragte er schließlich mit beherrschter Stimme.

Ich sagte ihm auf Englisch, daß ich ihn lange gesucht hätte. Viele Jahre. Aber das schien mein Gegenüber nicht zu beeindrucken. Er bat mich vielmehr, ohne Umschweife zur Sache zu kommen.

»How were you able to find me here anyway?« wollte er wissen. Und ich sagte ihm, daß mir sein Onkel in Dänemark die Adresse gegeben hätte. Daraufhin lächelte er gezwungen und wiederholte das, was er mir bereits am Telefon versichert hatte: Er habe keinen Onkel in Dänemark.

»I think you have found the wrong man!« Ich war mir meiner Sache aber völlig sicher und erwiderte, daß ich mich nicht getäuscht haben könnte:

»Sie haben Ihrem Onkel doch Fotos geschickt! Übrigens hat Sie der Funkerleutnant Wein darauf wiedererkannt. Er läßt Sie vielmals grüßen!«

Auf die Grüße des Funkerleutnants Wein reagierte Johnson überhaupt nicht. Die Unterhaltung ging stockend weiter. Meine Fragen waren kurz, die Antworten Mr. Johnsons noch kürzer. Er schüttelte nur immer wieder seinen Kopf und beteuerte, nicht der zu sein, den ich suchte. Er würde kein Wort Deutsch sprechen. Er habe auch keine Freunde in Hamburg. Er könne mit meinem Besuch beim besten Willen überhaupt nichts anfangen.

Seine Antworten klangen so überzeugend, daß ich nur noch an einen Zwillingsbruder glauben konnte oder einen Doppelgänger. In der Tat: Es gibt hunderttausend Schmidts auf dieser Welt und noch mehr Männer, die ebenso unscheinbar aussehen, unauffällig gekleidet sind und Brille tragen, wie dieser Mr. Johnson es damals tat.

Nachdem wir uns mit ein paar Sätzen abgetastet hatten, fand Mr.

Johnson meine Story doch recht interessant und bat mich weiterzusprechen:

»Carry on. Your story sounds very fascinating to me!«

Ich nannte Johnson verschiedene Namen, die er unbedingt kennen mußte, falls er der Mann war, den ich suchte.

Doch bei diesem ersten Treffen war ich im Nachteil; denn ich befand mich in einer fremden Wohnung und wußte nicht, ob nicht nebenan oder über uns noch andere Personen saßen und die Unterhaltung mithörten. Überdies war ich der Fragende, während Johnson sozusagen in der Rolle eines defensiven Tennisspielers aufmerksam abwarten konnte, in welche Ecke ich meine Bälle schlug. Die meisten dieser Bälle prallten wieder zurück, als hätte ich sie gegen eine Holzwand gespielt. Mr. Johnson, von dem ich wußte, daß er nie viel redete, »obwohl er fünf Sprachen fließend beherrschte«, war sparsam mit seinen Antworten. Er sagte »yes« oder »no« – oder wenn er etwas verbindlicher wurde: »I just can't see what you mean!«

Nach langem Hin und Her fragte ich plötzlich, ob ihm der Name Gartenfeld etwas bedeute (das war der Pilot, der Johnson im September 1940 über den Kanal flog und nordwestlich von London absetzte).

»Doesn't the name Gartenfeld ring a bell?«

Darauf bekam ich keine Antwort mehr.

Johnson stand abrupt auf und fragte mich, ob er mir eine Tasse Tee anbieten dürfe. Ich nickte, und er verließ das dämmrige Zimmer.

Vorher hatte ich ihn mehrmals ermuntert, ganz offen mit mir zu sprechen. Er brauchte um seine Sicherheit nicht besorgt zu sein. Ich hätte keinem Menschen gesagt, zu wem ich ginge. Das war vielleicht ein Fehler.

Als mir Mr. Johnson jetzt eine Tasse Tee herüberreichte, wartete ich so lange, bis er den ersten Schluck nahm. Richard Wein, der bei dem Wiedersehen mit seinem Siebenunddreißig-zwo-fünf gern dabeigewesen wäre (wovon ihm der Arzt jedoch dringend abriet), hatte mir nämlich erzählt, man habe Schmidt vor seinem Absprung in England eine Zyankalikapsel mitgegeben. Für alle Fälle. Daran mußte ich in diesem Augenblick denken. Johnson mußte damit rechnen, daß in den nächsten Minuten sein Leben als biederer Engländer zerbrechen könnte und die Enttarnung des erfolgreichsten deutschen Spions Schlagzeilen in der Weltpresse verursachen würde.

Vielleicht ist ihm gerade durch diese Vorstellung der kleine Fehler unterlaufen, mit dem er sich nunmehr selbst demaskierte. Johnson war mir eine Antwort schuldig geblieben, als ich ihn nach Gartenfeld fragte.

Ich kam absichtlich nicht mehr auf diesen Namen zurück; denn ich wollte ihm die weiteren Fragen überlassen. Was ihn am meisten interessiert, wird am schwersten auf seiner Zunge liegen, dachte ich.

Johnson stellte seine Tasse auf dem Tisch ab, der zwischen uns stand:

»What is Captain Gartenfeld doing these days?«

Mit dieser Frage hatte er verloren.

Bevor ich antwortete, machte ich eine längere Pause:

»How do you know that Mister Gartenfeld was a Captain, Herr Schmidt?« (Woher wissen Sie, daß Herr Gartenfeld Hauptmann war?)

Zunächst blieb alles still und gespannt.

Dann sagte Wulf Dietrich Schmidt mit norddeutschem Akzent nur noch:

»Verdammte Scheiße ... Ich hätte nicht gedacht, daß mich in diesem Leben noch einmal jemand mit meinem alten Namen anreden würde ...!«

Mit diesen ersten deutschen Worten verwandelte sich der reservierte Mr. Johnson plötzlich wieder in Wulf Schmidt, aus dem seine Vergangenheit herausplatzte, als hätte man ein Schleusentor geöffnet. Zwanzig Jahre durfte Wulf Schmidt niemandem sagen, wer er wirklich war:

»Von meinen englischen Freunden weiß keiner, wie ich in dieses Land gekommen bin. Sie meinen alle, ich sei immer schon hier gewesen. Fragen Sie einen Polizisten oder einen Redakteur unserer Zeitung oder irgendeinen Jungen aus unserem Fußballklub. Jeder wird Ihnen bestätigen: ›Mr. Johnson war schon immer hier. Mr. Johnson stammt aus Watford!‹«

»Und was weiß Ihre Frau über Ihre Vergangenheit?«

»Ebensowenig wie die anderen ... Im übrigen lebe ich getrennt von ihr und meinem Kind ... Aber das ist ein eigenes Kapitel.«

Wulf Schmidt, in seinem dunklen Straßenanzug mit unauffälliger Krawatte, war, als die Rede auf seine Frau kam, aufgestanden. Er ging quer durch das kleine Zimmer hinüber zu dem mit Zeitungen und vergilbten Akten angefüllten niedrigen Regal. Dort kniete er nieder und holte aus dem untersten Fach eine alte Urkunde heraus und ein ebenso abgegriffenes, in hellbraunes Leder gebundenes Notizbuch. Er zeigte mir zuerst die Urkunde zur Verleihung des Eisernen Kreuzes Erster Klasse mit der Unterschrift: »Der Führer und Oberste Befehlshaber der deutschen Wehrmacht, Adolf Hitler«. Dabei sagte er:

»Hier ... sehen Sie mal!«

»Wahnsinnig!« Eine bessere Antwort fiel mir nicht ein. Dabei dachte ich als Journalist weniger an die Ursachen, sondern vielmehr an die Auswirkungen der Story, die außer Schmidt und mir noch keiner kannte. In meiner Vorstellung sah ich die Zeitungsverkäufer der Fleet Street ausschwärmen mit der Schlagzeile: »Hitlers Meisterspion in London entdeckt!«

Als ob er meine Gedanken erraten hätte, sagte Schmidt:

»Meine Geschichte ist eine der größten Sensationen. Das können Sie vielleicht noch nicht begreifen, aber ...«

»Davon bin ich überzeugt«, unterbrach ich ihn.

»Das können Sie gar nicht sein, weil Sie die Wahrheit noch nicht kennen. Dazu müßten Sie mal in dieses Notizbuch reinsehen. Da hab' ich mir alles aufgeschrieben. Verschlüsselt natürlich. Da liegt alles fest, wie es wirklich war!«

Bei diesen Worten »Da müßten Sie mal reinsehen« legte Schmidt die rechte Hand fester auf sein ledergebundenes geheimes Tagebuch, und dann streifte er, lediglich mit ein paar Sätzen, weiter durch seine großen Jahre. Er deutete dabei Dinge an, deren Einzelheiten ich erst später erfahren sollte.

»Wußten Sie, daß ich selbst als Journalist und Fotograf gearbeitet habe?«

Ich sagte noch einmal: »Wahnsinnig«, weil ich wieder an die Fleet Street denken mußte.

». . . Dann wissen Sie vieles nicht. Das war meine Tarnung. Damit konnte ich mich während des Krieges verhältnismäßig frei bewegen, hier in England . . . Wußten Sie, daß mich der englische König und Churchill persönlich empfangen haben?«

»Wahnsinnig!«

Schmidt merkte, daß ich vor Staunen keine Worte mehr fand.

»Ich habe sogar Fotos davon!«

Mir war bekannt, daß Schmidt von seinen Abwehrbossen in Berlin großzügig mit Devisen versorgt worden war. Damit sollte er für sich und seine angetraute Engländerin eine behagliche Behausung einrichten.

»Dann ist das also das Haus, in dem Sie den Krieg verbrachten – und das Sie mit Geldern der deutschen Reichsregierung gekauft haben, mit Pfunden, die Ihnen Canaris herüberschickte!« lachte ich.

»Dazu müssen Sie sich noch vorstellen, daß die Engländer während des Krieges ausgerechnet mir einmal vier Polizisten hier im Haus einquartierten!«

Ich sagte ein letztes Mal »Wahnsinnig!« und bat Schmidt, jetzt nicht mehr weiterzureden, sondern mir die Geschichten später in allen Details zu berichten:

»Beim Erzählen – vielmehr beim Zuhören!« sagte ich, »ist es wie beim Essen: man muß mit leerem Magen kommen!«

»Ich werde ohnehin nicht weitersprechen«, unterbrach Schmidt jetzt plötzlich seine Rede. Für einen Moment war ich besorgt, ich könnte ihn verletzt haben, ausgerechnet jetzt, wo mir der kleine sensible Mann von seinen großen Taten erzählen wollte. Das Schleusentor, das ich vor einer guten halben Stunde geöffnet hatte, machte Schmidt jetzt mit einem Ruck wieder zu:

»Ich kann meine Geschichte nicht preisgeben. Ich darf es nicht!« betonte er noch einmal, ohne daß ich begriff, warum eigentlich nicht.

Schmidt blickte in mein fragendes Gesicht:

»Für meine Story würden die Zeitungen sicher viel Geld bezahlen. Jeder von uns könnte sich damit ein schönes Haus verdienen. Aber in diesem Haus könnte *ich* nicht wohnen, weil ich darin keinen Frieden finden würde . . . Haben Sie jemals gute Freunde gehabt?« fragte mich Schmidt.

Ich sagte: »Ja, natürlich . . .«

»Ich meine Freunde, auf die Sie sich verlassen können. Freunde, die Ihr Leben gerettet haben und denen Sie dafür zu Dank verpflichtet sind!«

Ich wußte damals noch nicht, wie wortwörtlich Schmidt diesen Satz meinte. Warum er gewissen Freunden für seine Lebensrettung zu »Dank verpflichtet« war, sollte sich erst im späteren Verlauf meiner Recherchen herausstellen.

»Ich kann über meine Vergangenheit nicht sprechen, weil ich dadurch unweigerlich meine Freunde preisgeben würde, die mir während des Krieges wichtige Informationen in die Hände spielten. Diese Freunde sitzen heute noch an höchsten Stellen, also in englischen Ministerien. Mir könnte wahrscheinlich nicht mehr viel passieren«, meinte Schmidt. »Aber meine Freunde –, die könnten nach wie vor verurteilt werden!«

»Aber wir brauchten Ihre Freunde doch nicht zu erwähnen«, versuchte ich einzulenken.

»Es hing damals einer am anderen«, fuhr Schmidt unnachgiebig fort. »Und wir hängen heute noch zusammen. Meine Informanten von damals sitzen noch immer in meinem Boot und können nie mehr aussteigen. Bitte verstehen Sie, wenn auch ich dieses Boot nicht verlasse. Wenn man mich heute entdeckt, wird man automatisch auch meine Informanten schnappen. Und wenn man umgekehrt einen meiner alten Freunde erwischte, würde man sehr bald auch auf mich stoßen. Ich glaube nicht, daß Sie das verantworten könnten. Es zahlt sich nicht aus, wenn Sie all diese Leben nur einer tollen Story zuliebe ruinieren würden. Und um noch einmal auf die beiden Häuser zurückzukommen, die wir uns mit dem Honorar kaufen könnten: Auch Sie wären in Ihrem Haus nie mehr glücklich. Ihr Gewissen würde Sie nicht mehr schlafen lassen, wenn Sie sich sagen müßten: Für den Preis dieses Hauses habe ich einen deutschen Soldaten in die Pfanne gehauen, der für sein Vaterland Hals und Kragen riskierte, einen Soldaten, der nur seine Pflicht erfüllt hat. Sonst nichts!

Daß Deutschland den Krieg verloren hat, ist nicht meine Schuld. Die Idioten beim OKW hätten meine Invasionsmeldungen genauer lesen sollen... Aber sie haben meine Funksprüche offenbar in den Papierkorb geworfen. Sorry!«

»... Aber was sollen wir mit Ihrer Geschichte jetzt anfangen? Ich meine, wie wollen wir weiter verbleiben?«

»Vergessen Sie, daß Sie mich getroffen haben – und auch das, was ich Ihnen gesagt habe!« riet mir Schmidt mit einem leichten Befehlston in der Stimme.

Nach jahrelangen Recherchen hatte ich – wie ich meinte – einen sensationellen Fang im Netz – und jetzt sollte ich den Fisch einfach wieder wegschwimmen lassen:

»Sie bringen mich in größte Schwierigkeiten, Herr Schmidt«, – und ich gab ihm eine Erklärung, mit der ich mir seine Tür für weitere Gespräche offenhalten wollte:

»Der Verlag in Hamburg weiß zwar nicht, daß ich jetzt bei Ihnen sitze. Aber er hat meine Recherchen finanziert –, meinen Flug nach England, um den Spion zu finden, der angeblich mehr für Deutschland geleistet hat als eine ganze Armee! Das ist doch ein Stück Zeitgeschichte, an der die Öffentlichkeit brennend interessiert ist.«

»Sagen Sie einfach, daß Sie mich nicht gefunden haben!«

Ich gab mich enttäuscht: »Das ist zuviel verlangt!«

Bevor wir uns verabschiedeten, machte mich Schmidt nachdrücklich darauf aufmerksam, daß er in seinem Leben nicht mehr viel zu verlieren habe – und daß er Möglichkeiten hätte, die weitere Aufdeckung seiner Vergangenheit jederzeit zu stoppen: »Entweder von London oder von Bonn aus!« Es stünde zu viel auf dem Spiel, meinte er hintergründig: »Vor allem, was die Russen betrifft!«

Wir saßen allein in seinem weiträumigen Arbeitszimmer im vierten Stock des Hamburger Verlagshauses und überlegten, wie wir »Mister X« (unter dieser Tarnbezeichnung behandelten wir intern das geheime Wulf-Schmidt-Projekt) schlagartig zu einer Weltsensation machen könnten. Der Chefredakteur, den ich für die Schmidt-Story begeistert hatte, versprach sich davon einen neuen großen Serienerfolg.

Von diesem Ehrgeiz waren auch die Aktionen diktiert, die wir vor Veröffentlichung der Serie inszenieren wollten. Der publizistische Trommelwirbel sollte auf einer internationalen Pressekonferenz in Bonn seinen Höhepunkt erreichen, auf der sich Wulf Schmidt, wie wir uns vorstellten, beim Britischen Botschafter für die langjährige Gastfreundschaft bedanken würde, die ihm als deutschem Spion von seiner königlichen Majestät unwissentlich fast zwanzig Jahre hindurch gewährt wurde. Unter den Blitzlichtern der Pressefotografen und dem Surren der Kameras sollte Schmidt sodann seinen englischen Paß und seinen Presseausweis zurückgeben, die ihn als Harry Johnson auswiesen und ihm während des Krieges überall Eingang verschafften; vor allem ins englische Verteidigungsministerium.

Als wir in Hamburg schon das Programm für die Heimkehr unseres Spions austüftelten, saß der Held unserer Geschichte nach wie vor ahnungslos im Werbebüro einer Watforder Akkumulatorenfabrik und dachte nicht daran, seine Tarnung als Engländer aufzugeben.

»Das Problem muß sich doch lösen lassen... Wieviel verdient so ein Mann da drüben?« fragte mich der Chefredakteur.

»Keine Ahnung. Schmidt fährt einen kleinen, alten Morris. Er ist dezent gekleidet und bescheiden eingerichtet... Ich schätze ihn auf fünfzehnhundert Mark.«

»Dann werden wir Schmidt bei uns im Verlag anstellen – auf Lebenszeit – in unserer Recherchenabteilung. Wenn er es fertiggebracht hat, als Abwehragent diesen Krieg zu überleben, brauche ich kein Zeugnis von ihm«, begeisterte sich mein Gegenüber an der Idee, den erfolgreichsten deutschen Ex-Spion seiner Redaktion einverleiben zu können.

Mit einem sechsstelligen Honorarangebot und einem entsprechenden Äquivalent für die Aufgabe seiner Existenz in England glaubte ich, Schmidt wieder nach Deutschland locken zu können. Aber »Mister Johnson« zeigte mir nur die kalte Schulter und war eher verletzt aufgrund unserer Vorstellung, man könne einen Menschen durch Geld und ein neues Haus für sich gewinnen:

»Sie können mir meine Freunde nicht ersetzen«, sagte Schmidt, »mit denen ich zwanzig Jahre gelebt habe, obwohl sie alle meine Feinde waren. Im übrigen wird viel versprochen, solange der Tag lang ist!«

Aus dieser letzten Bemerkung hörte ich eine, wenn auch kleine Chance heraus, Schmidt doch noch von unserem Plan zu überzeugen.

Eine Woche später saß ich wie ein geheimer Unterhändler wieder im selben abgewetzten Ledersessel und reichte dem Ex-Spion das schriftliche Verlagsangebot über den Tisch. Er war sich seines Wertes bewußt und reagierte wie eine Muschel, der man ihre Perle zu entnehmen versuchte:

»Behalten Sie Ihr Geld – und lassen Sie mir meinen Frieden«, wehrte sich Schmidt noch einmal hartnäckig.

Als ich am nächsten Morgen wieder im vierten Stock des Hamburger Verlagshauses saß und das betrübliche Ergebnis meiner

Verhandlungen vortrug (»Schmidt will nichts ... Schmidt sagt nichts ... und Schmidt kommt nicht!«), blieb für den inzwischen skeptisch gewordenen Chefredakteur nur noch diese Frage:

»Gibt es diesen Mann wirklich – oder existiert er nur in Ihrer Phantasie?«

Bevor wir in Hamburg-Fuhlsbüttel das Flugzeug nach London bestiegen, habe ich meinem Begleiter das Wort abverlangt, keinem Menschen gegenüber die Anschrift und den Namen jenes Mannes, den wir jetzt gemeinsam aufsuchen wollten, preiszugeben. In diesem Sinne fuhr ich mit dem Hamburger Chefredakteur hinaus bis zu dem grauen Reihenhaus in der Legatts Wood Avenue. Dort begrüßte Schmidt den ungebetenen Gast aus Deutschland, der ihn um einen Kopf überragte:

»Sie hätten sich die Reise sparen können, meine Herren!«

Trotz dieses entmutigenden Empfanges redeten wir über eine Stunde auf Wulf Schmidt ein, so lange, bis beide Seiten ihre Argumente verschossen hatten. Was übrigblieb und was wir nach unserer Verabschiedung in der tristen Behausung zurückließen, war ein verunsicherter Spion mit einem braunen Notizbuch – und der spürbaren Angst, wir könnten irgendwann die »Bombe platzen lassen«.

Als wir in Watford wieder die U-Bahn in Richtung Charing Cross Station bestiegen, war uns beiden klar, was weiter geschehen mußte. Deshalb wollte mein Chefredakteur von mir nur eines wissen:

»Wie lange wird es dauern, bis Sie den Mann eingekreist haben werden?«

»Das kann unter Umständen zehn Jahre dauern«, sagte ich. »Es kann aber auch sehr schnell gehen!«

Bei diesen letzten Worten baute ich mehr auf meine Intuition, denn ich mußte an einen winzigen Anhaltspunkt denken, an eine goldene Anstecknadel, die Schmidt am rechten Rockaufschlag trug – und auf der ich zwei Räder erkannt zu haben glaubte, die mit einem Kreuz verbunden waren. Ich kannte dieses Stadtwappen und fragte mich: Was hat Schmidt mit Mainz zu tun?

In der Karnevalmetropole am Rhein gab es keine Veranlassung, über die Vergangenheit eines ausländischen Gastes nachzudenken, den alle, die ich nach ihm befragte, als »typischen Engländer« bezeichneten. Die Herkunft dieses Mannes war den Stadtvätern von Mainz hinreichend bekannt und über jeden Zweifel erhaben. Daher begrüßte Oberbürgermeister Franz Stein am Sonntagvormittag des 10. Mai 1959 ohne Argwohn seinen englischen Ehrengast, Harry Johnson, der als Abgesandter von Watford zur Eröffnung der Partnerstadt-Ausstellung ins Kurfürstliche Schloß gekommen war.

Als sich Johnson – eingerahmt vom Mainzer Handharmonikaring – sodann in englischer Sprache für die Einladung bedankte (die Leiterin der Stadtbibliothek mußte seine Rede ins Deutsche übersetzen!), ahnte keiner der anwesenden Honoratioren, daß sich der freundliche Engländer im dunklen Zweireiher einst Schmidt nannte. Keiner, der seine Rede hörte, hätte geglaubt, daß »Mister Johnson« – er hatte sich nach dem Krieg um die Wiederherstellung der englisch-deutschen Beziehungen besonders verdient gemacht – wegen seiner Tapferkeit als Geheimagent Siebenunddreißig-zwo-fünf von Hitler mehrfach dekoriert worden war. Während er von der »Heilung der alten Wunden aus dem Kriege« sprach, lag das Eiserne Kreuz Erster Klasse in seiner Schublade in Watford; jenes Kreuz, das ihn insgeheim immer wieder an diese »Wunden« erinnerte.

In Mainz weiß bis zur Stunde niemand, wer Mr. Johnson wirklich war. Ich erwähnte bei meinen Nachforschungen mit keinem Wort, was ich über die Vergangenheit des Ehrengastes aus England wußte. Im Gegenteil: Mein journalistisches Interesse galt von nun an vordergründig nur noch den vielfältigen Partnerschaftsbeziehungen zwischen Mainz und Watford; ein plausibles Anliegen, um unauffällig und behutsam die »Perle aus der Muschel« zu lösen, jenes Geheimnis, das Wulf Schmidt um keinen Preis in der Welt offenbaren wollte.

Über einen Brief des Watforder Stadtsyndikus, Gordon H. Hall, vom 21. Mai 1959 an den Mainzer Oberbürgermeister (»Es war für mich eine große Überraschung, als mir Mr. Johnson als ein Geschenk von Ihnen zwei Schallplatten mit Beethovens Neunter Symphonie überreichte . . .«) gelangte ich schließlich in den engsten Kreis um Mr. Johnson – und somit an eine Schilderung aus der Feder seines besten Freundes:

»Mr. Johnson arbeitete während des Krieges bei einer Foto-Agentur hier in Watford. Damals hatte unsere Zeitung noch keine festen Fotografen beschäftigt; aus diesem Grund wurde Harry weggeschickt, um verschiedene Ereignisse wahrzunehmen. Er war ein ausgezeichneter Fotograf, akkurat in seiner Arbeit.

Nach dem Kriege war er ganztägig bei unserem Lokalblatt. Er war eine interessante Person. Aber irgend etwas mußte in seiner Vergangenheit passiert sein, denn er war äußerst verschwiegen über seinen Background. Er erzählte mir einmal, daß er in Schleswig-Holstein geboren sei –, im Grenzland zwischen Dänemark und Deutschland. Er habe in der dänischen Armee gedient und sei anschließend von UNILEVER auf eine Bananen-Plantage nach Kamerun geschickt worden. Dann habe er sogar auf einer Ranch in Argentinien gearbeitet.

Einmal bin ich mit ihm auf Urlaub nach Deutschland gefahren. Dort lernte ich einige seiner Verwandten kennen, die sehr wohlhabend und einflußreich waren. Seine Schwester war mit einem Arzt verheiratet, einem ehemaligen Offizier der deutschen Luftwaffe. Sie haben drei Kinder, zwei Mädchen und einen Jungen.

Bei diesen Besuchen ist mir etwas Sonderbares aufgefallen, was ich mir nicht erklären konnte: Mr. Johnson wurde nie mit dem Vornamen angesprochen, unter dem ich ihn kannte, nämlich Harry. Seine Verwandten gebrauchten einen anderen, einen deutschen Namen, den ich aber vergessen habe.

Johnson reiste mit einem britischen Paß. Er sprach fließend Deutsch; außerdem noch Holländisch, Dänisch, Spanisch, Schwedisch, Französisch und Italienisch.

Auf unserer Reise wurde er immer wieder von Magenschmerzen geplagt. Dabei erzählte er mir, daß man ihm während seines Aufenthaltes in Argentinien lediglich bei örtlicher Betäubung den Blinddarm entfernt habe. Das hat mich sehr beeindruckt, denn ich hatte von einer solchen Operationsmethode bis dahin noch nie etwas gehört.

Johnson ist ein ausgesprochener Kontaktmensch, der viele Freunde – besonders bei der englischen Polizei – hatte. Zwei von diesen Männern wohnten sogar bei ihm im Haus. Er ist ein leidenschaftlicher Kreuzworträtsellöser.

Während des Krieges wohnte er eine Zeitlang in einer Unterkunft am Stadtrand. Dann fällt mir noch ein, was er mir damals erzählte: Bevor er 1943 als freischaffender Fotograf für unsere Zeitung arbeitete, muß er bei irgendeiner ominösen Regierungsstelle beschäftigt gewesen sein, die sich in einem Außenbezirk von Nord-London befand. Dort habe er, wie er mir sagte, Luftbilder von Deutschland ausgewertet . . .«

Welcher Zusammenhang bestand zwischen dem deutschen Spion Schmidt in London und einem hochdekorierten Fliegeroffizier desselben Namens, der laut Verwendungskartei des OKW »im Jahre 1943 vorübergehend in die Hauptbildstelle des Reichsluftfahrtministeriums abkommandiert« wurde? War er dort etwa mit der gleichen Auswertungsarbeit von Luftbildern beschäftigt wie sein Namensvetter in England?

Der Zusammenhang war überraschend und gab mir ein neues Rätsel auf: Der deutsche Luftwaffen-Hauptmann Kai Schmidt bei der Hauptbildstelle in Berlin war der Bruder von Wulf Schmidt in London, dem es als deutschem Spion offenbar gelungen war, sich in der Nervenzentrale der Royal Air Force einzunisten.

Sechs Monate lang durchstöberte ich Militärarchive und Suchkarteien. Ich flog ein dutzendmal zwischen London und Hamburg hin und her, bis sich der Ring um Wulf Schmidt langsam schloß.

Ein weiteres Kapitel aus seiner Vergangenheit erfuhr ich aus einem Brief, der in der Buchhaltung der Afrikanischen Frucht-Compagnie an der Hamburger Trostbrücke 1 abgeheftet war. Mit diesem Schreiben vom 2. Dezember 1958 hat Schmidt zum erstenmal seine Tarnung gelüftet. Offenbar brauchte er damals Geld und erinnerte sich daran, daß er aus seiner Vorkriegstätigkeit bei der Afrikanischen Frucht-Compagnie noch ein Guthaben von 800,– Reichsmark hatte, das auf einem Treuhändersparkonto bei der Hamburger Vereinsbank lag. Ohne Angabe von Gründen schrieb er:

»... Nehmen Sie bitte noch zur Kenntnis, daß ich inzwischen auch meinen Namen geändert habe.« Die Unterschrift lautete: »Harry Johnson, vormals Wulf Schmidt.«

Von der Firmenbuchhaltung bis zum Pensionisten Georg Storm, der die Geschäfte der AFC-Plantage vor dem Krieg in Kamerun geleitet hatte, war es nur ein kurzer Weg:

»Die Afrikanische Frucht-Compagnie besaß am Fuße des Kamerunberges eine riesige Bananen-Plantage, die in kleinere Vorwerke aufgeteilt war. Auf einem davon, nämlich auf dem ›Vorwerk Sonne‹, saß Wulf Schmidt mit einem Monatslohn von zwanzig Pfund. Ein Hausboy, ein eigener Koch, Verpflegung und Unterkunft waren im Gehalt inbegriffen. Schmidt wohnte ebenso wie die anderen Vorwerksleiter wegen des Ungeziefers in einem Pfahlhaus, etwa zwei Meter über dem Erdboden. Ungeziefer waren für uns damals Eidechsen und Schlangen ...

Die weit auseinander liegenden Häuser waren durch Telefonleitungen miteinander verbunden. Wer des Abends mit sich allein nichts anzufangen wußte, ergab sich dem Suff. Wulf Schmidt aber hat viel gelesen – und ich erinnere mich noch an seine ›His Master's Voice‹-Schallplatten.

Durch die einzelnen Vorwerke führte noch eine Sechzig-Zentimeter-Schmalspurbahn, auf der die Bananen zum Hafen gebracht wurden. Wir hatten auch ein Radio auf der Plantage, mit dem wir mitten in Afrika die Hitler-Reden hören konnten, die vor der Besetzung der Tschechoslowakei furchterregend aggressiv waren. Der Geruch von Krieg lag in der Luft, der sich jedoch vorübergehend wieder verflüchtigte. Da sind wir gemeinsam mit den Engländern in die Kirche gegangen und haben einen Dankgottesdienst abgehalten. Wulf Schmidt war auch mit dabei. Und wenn wir ihn wieder zurückgehen sahen auf sein Vorwerk und er in der Entfernung immer kleiner wurde, sagten wir immer: ›Wo will der Tropenhelm mit Schmidt wohl hin?‹« –

Bei meinen Recherchen war ich zwar noch immer nicht bis zum geheimnisvollen Kern seiner Vergangenheit vorgestoßen. Immerhin kannte ich jetzt ein paar Spuren seines Lebens; so viel, wie ein Mensch eben hinterläßt, wenn er von dieser Welt verschwindet oder – wie Wulf Schmidt – untertaucht im Labyrinth der Spionage.

Jede Information, die ich bekam, war wie eine Tür, die aufging und mich in ein Zimmer führte, das ich noch nicht kannte. Diesen Vergleich empfand ich ganz besonders, als ich am 2. November 1959 plötzlich der älteren Schwester des Ex-Spions gegenübersaß, die mit einem Arzt verheiratet ist und in einer norddeutschen Kleinstadt wohnt:

». . . wir anderen Kinder waren groß, blond und stark. Wulf war klein und schmächtig; deshalb schickte ihn unser Vater auf Bauernhöfe zum Arbeiten. Wulf sollte kräftiger werden. Er mußte in der Reit- und Fahrschule von Eutin reiten lernen. Er begleitete Pferdetransporte nach Argentinien – und schaffte auch sein Abitur in Berlin. Er hat sich bemüht, den Vorstellungen unseres Vaters gerecht zu werden. Aber Wulf wurde einfach nicht stärker.«

Unser Gespräch, dem sich nach einer Weile auch ihr Mann hinzugesellte (er verband mit seinem Arztberuf die gleichen ethisch-moralischen Grundsätze, die ihn auch während des Krieges als deutschen Offizier geleitet hatten), war getragen von der Bewunderung für den Schwager, der in England »untertauchen« mußte. Wulf war in seinen Augen ein großer, stiller Held. Und seine Schwester fügte hinzu:

»Er war für die deutsche Sache Feuer und Flamme!«

Vor seinem Spionageabenteuer in England hatten sich die beiden Geschwister zum letztenmal zu Weihnachten 1939 gesehen. Damals begleitete die Schwester ihren Bruder das kurze Stück vom Phönix-Hotel zum Hamburger Hauptbahnhof hinüber:

»Wulf war auf dem Weg nach Berlin, um den Vater noch einmal zu sehen. Vorher hatte er mir noch Lebensmittelkarten in die Tasche gesteckt (›Du kannst davon haben, soviel du willst!‹). Ich seh' ihn heute noch vor mir, wie er damals abfuhr. Er stand am offenen Abteilfenster und sagte: ›Wir werden uns erst nach dem Kriege wiedersehen!‹

Der Zug rollte dann langsam aus der Bahnhofshalle – und ich merkte es ihm an: Wulf wäre am liebsten wieder abgesprungen!«

Vertreter für einen gängigen Exportartikel gesucht

Das Stichwort hieß SEELÖWE. Das Vorbild hieß Tiberius. Das Ziel war England. Was 1900 Jahre vor ihm der römische Kaiser vollbracht hatte, das wollte Hitler wiederholen: Die Eroberung der Festung England. »Die britischen Inseln werden der westliche Eckpfeiler des neuen Europa unter der Führung Deutschlands sein«, diktierte Adolf Hitler im Frühjahr 1940 in einem Befehl an das Oberkommando der Wehrmacht. Das Gelingen des Unternehmens SEELÖWE, die militärische Besetzung und die politische Unterwerfung Englands, sollte den Schlußpunkt hinter die Geschichte seines Blitzkrieges setzen. SEELÖWE gliederte sich in zwei ineinandergreifende Operationen: In die Bereitstellung von 300 000 deutschen Soldaten mit 10 000 Geschützen an der Kanalküste und in die geheimdienstlichen Vorbereitungen der Invasion, die der Abwehr des Admirals Canaris oblagen.

Die lautlose Schlacht des deutschen Geheimdienstes gegen die westlichen Alliierten war in aller Stille aus einem Versteck hinter dem Hamburger Rathausmarkt gestartet worden. Die geheime Schlacht begann in zwei frisch gebohnerten Büroräumen der Export-Import-Firma Stegemann am Großen Burstah – und sollte der härteste Kampf werden, der jemals zwischen deutschen Spionen und englisch-amerikanischen Agentenjägern stattgefunden hat.

Die beiden Zimmer, in denen die Operationen ihren Anfang nahmen, waren nur mit dem Notwendigsten ausgestattet. In den Regalen standen leere Aktenordner, die auf der Vorderseite beschriftet waren. Auch Fräulein Kammer, die als Sekretärin im Vorzimmer saß, war – ebenso wie die feingespitzten Bleistifte – nur

Attrappe. Normalerweise saß sie bei der Abwehr in der Knochenhauerstraße und tippte Agentenberichte.

Im selben Haus, von dem aus die ominöse Firma Stegemann ihre geheimen Fäden um den Erdball zu spinnen begann, betrieb auch ein bekannter Hamburger Uhrenhändler seine Geschäfte, nicht ahnend, daß in der Etage über ihm der Krieg deutscher Spione gegen England und Amerika bereits auf vollen Touren lief. Hamburg atmete damals Frieden, obwohl die Seeluft schon nach Pulver roch. Die Schiffe verkehrten noch regelmäßig. Das war für die »Damen und Herren« der Firma Stegemann besonders wichtig.

Fast alle Agenten, die mit gefälschtem Paß und Geheimkamera einen der auslaufenden Passagierdampfer bestiegen oder – nach Kriegsausbruch – mit dem rußgeschwärzten »Agenten-Taxi« des Hauptmanns Gartenfeld ins Feindesland geflogen wurden, sind irgendwann als harmlose Jobsuchende am Großen Burstah die Treppen zum ersten Stock hinaufgestiegen und haben an der Tür geläutet mit dem schmucklosen Schild: »R. Stegemann, Export-Import«. Als einer der ersten stand auch Wulf Schmidt hoffnungsvoll vor dieser Tür.

Die Firma Stegemann war ein Einmann-Betrieb mit unbedeutenden Auslandsbeziehungen. Sie war, für jeden feindlichen Geheimdienst nachprüfbar, seit vielen Jahren im Handelsregister eingetragen. Das waren die idealen Voraussetzungen für Hauptmann Dr. Praetorius (Referatsleiter Wirtschaftsspionage der Abwehrstelle X in Hamburg), um den kleinen Exportbetrieb als Tarnbüro dem deutschen militärischen Geheimdienst einzuverleiben.

Herr Stegemann, Ende fünfzig, war geradezu die Karikatur eines behäbigen Managers, groß, kahlschädlig und mächtig. Ihm war es egal, mit welchen Artikeln seine neuen »stillen Teilhaber« ihren Export betreiben wollten: Die Abwehr nahm ihn in festen Sold. Und damit war aus Herrn Stegemann ein Strohmann geworden, der fortan auf seinen Namen die Büromiete und den Strom bezahlte; der die Chiffre-Anfragen bei den Zeitungen abholte, der im übrigen aber keine Befugnis hatte, etwa die eingehende Post zu öffnen oder sich gar – außer mit ein paar Begrüßungsworten – mit den neuen Firmenbesuchern zu unterhalten.

Die für jeden Geheimdienst entscheidende Aufgabe der Kontaktnahme erledigte Dr. Scholz alias Oberleutnant Huckriede. Sein Vorgesetzter, Parteigenosse Dr. Praetorius, hielt ihn aufgrund seines bisherigen Werdeganges für prädestiniert, unauffällig, mit wenigen Fragen, die Tauglichkeit zukünftiger England- und Amerika-Spione zu prüfen. Dr. Scholz schien der ideale Mann zu sein. Er ging in Wisconsin/USA zur Schule. Nach dem Ersten Weltkrieg schnüffelte er als Journalist kreuz und quer durch Amerika. Und England bereiste er inmitten eines Düsseldorfer Gesangvereins. Dr. Scholz war in London und Southampton ebenso daheim wie im Mittelmeerhafen Fréjus, wo er 1938 im Zusammenhang mit den Kriegsvorbereitungen in Frankreich seine ersten Erkundungen für die Abwehrstelle Hamburg durchführte.

Bevor Dr. Scholz zum deutschen Geheimdienst stieß, war er als Chefredakteur einer Hamburger Schiffahrts-Zeitung Dr. Praetorius schon jahrelang dienlich, indem er ihn mit Luftaufnahmen ausländischer Häfen versorgte, die zur Bearbeitung durch die Abwehr zunächst ins Generalkommando in der Knochenhauerstraße – und dann weiter in den »Fuchsbau« am Berliner Tirpitz-Ufer wanderten.

Dr. Scholz war gebürtiger Berliner, der seine neue Aufgabe in der Firma Stegemann ernst nahm. Er war der Mann der Stunde und mußte auf Anhieb erkennen, ob sich unter den Bewerbern ». . . zur Vertretung eines gängigen Exportartikels« (so hieß es in der Stellenanzeige des Hamburger Fremdenblattes) sogenannte »Horcher« befanden. Horcher waren Feindagenten, die in derartige Tarnbüros einzudringen versuchten, um sich dann in einem gegenüberliegenden Haus mit der Telekamera zu verstecken und alle anlaufenden Besucher zu fotografieren.

Dr. Scholz sollte aus den vielen Bewerbern jenes brauchbare

»gute Dutzend« aussortieren, das sich für die Spionage eignete: Draufgänger mit gesundem Menschenverstand, unglückliche Frauen ohne Anhang, romantische Mädchen, die dennoch ihre Sinne unter Kontrolle hatten, »gewandte Damen und Herren, die aufgrund eines neutralen Passes in der Lage sind, unsere Firma im Ausland zu vertreten«!

Als Fräulein Kammer die Tür zum Chefzimmer öffnete, flog zuerst ein Hut durch beide Räume und landete auf dem mannshohen Garderobenständer hinter dem Schreibtisch von Dr. Scholz. Während der Hut auspendelte, trat federnden Schrittes ein großer, schlanker, rotblonder Seemann ein und nannte lachend seinen Namen: »Karl Richter!«

Dieser Mann, der die Stimmung einer durchzechten St.-Pauli-Nacht in das solide Exportbüro brachte, war der erste, den Dr. Scholz als geeigneten Spion gegen England ins Auge faßte. Sein Operationsgebiet stand von der ersten Minute seines Auftrittes an fest: Richter würde seine Spionagetätigkeit von der Londoner Unterwelt aus in Angriff nehmen!

Um seine Herkunft zu dokumentieren, zeigte Richter sein Heuerbuch vor und packte unaufgefordert seine Familiengeschichte aus:

»Ich komme aus den USA und habe hier in Hamburg abgemustert. Ich bin verheiratet. Meine Frau und mein Kind wohnen noch drüben an der Westküste. Seit vier Wochen suche ich ein Schiff, das wieder rüberfährt... Wenn aber so eine komische Sache dazwischenkommt...« – Richter lachte über seine Andeutung –, »... dann würde ich natürlich sofort zugreifen!«

Gefragt nach der »komischen Sache«, erklärte er ohne Umschweife:

»Ich bin zu jedem Experiment bereit. Ich klettere Ihnen jede Dachrinne hoch...«

»Dann würde ich an Ihrer Stelle doch ins Show-Business gehen«, riet ihm Dr. Scholz. Aber Richter wollte nicht öffentlich auftreten:

»Am wenigsten hier in Hamburg, wo mich doch alle kennen!«

Dr. Scholz war diese Art der Anbahnung unbequem geworden. Und während er darüber nachdachte, ob nicht vielleicht schon in der Anzeige im Fremdenblatt ein demaskierender Fehler gemacht worden war, bot der rotblonde Seefahrer unbekümmert weiterhin seine Dienstleistungen an:

»Ich wäre auch in einem Nachrichtendienst zu jedem Einsatz bereit . . .«

Dr. Scholz mußte schlucken, bevor er weitersprach:

»Was verstehen Sie darunter, Herr Richter?«

»Was immer es sein mag . . . Einbrechen oder jemanden wegschaffen . . . ich meine überfallen!« –

Die beiden Gesprächspartner hatten im Verlaufe dreier weiterer Zusammenkünfte ihr Katz- und Maus-Spiel fortgesetzt. Obwohl Richter genau wußte, wohin der Weg führte, vermied es Dr. Scholz tunlichst, der eigentlichen Sache näher zu kommen. Immerhin waren sie jetzt so weit, daß er, Scholz, von der Geschäftstüchtigkeit Richters überzeugt war und ihn daher dem eigentlichen Firmeninhaber vorstellen konnte.

Beim nächsten Treff im Hotel »Reichshof« lernte Richter seinen Arbeitgeber kennen: Dr. Praetorius! Er war der Typ des deutschen Oberlehrers. Aus dem hohen Stehkragen ragte ein dünner Hals hervor, den ein stets beleidigtes Gesicht mit dunkler Drahtbrille krönte. Parteigenosse Dr. Praetorius schien bei jeder Bewegung und mit jedem seiner Worte an das oberste Geheimdienst-Gebot zu denken: nämlich an seine Tarnung! Das ließ den ohnehin korrekten Mann (er diente sich aus der Arbeitslosigkeit nach dem Ersten Weltkrieg bis zum Syndikus eines Brauerei-Verbandes hoch!) noch verkrampfter erscheinen.

Als Praetorius nähertrat, um Karl Richter unter die Lupe zu nehmen, exerzierte der lustige Seemann gleich zur Begrüßung noch einmal seinen Hut-Trick, wobei er sich ungeniert der Kopfbedekkung seines zukünftigen Chefs bediente. Praetorius sah sich etwas hilflos im Kreise um und war begreiflicherweise verärgert.

»Aus dem Mann könnte zweifelsohne etwas Großes werden!« Mit diesen Worten quittierte Hauptmann Dr. Praetorius in seiner Dienststelle in der Knochenhauerstraße am nächsten Morgen die »Indienstnahme« Karl Richters als Spion 3526 mit dem Decknamen ARTIST. Diese Idee stammte von Dr. Praetorius selbst. Jetzt käme er sich vor wie ein Zirkusdirektor, sagte er. In dieser Rolle machte er sich auch Gedanken, wie er die akrobatischen Fähigkeiten seines Artisten im Kampf gegen England am wirkungsvollsten einsetzen konnte.

Während man Richter über seine Zukunft noch immer im unklaren hielt, wurde in der Knochenhauerstraße bereits sein Trapezakt über den Dover-Kanal geplant, der ein Himmelfahrtskommando werden sollte. Der Mann, der von seinem »Glück« noch nichts ahnte, wurde jetzt mehr und mehr an die unsichtbare Kette des deutschen militärischen Geheimdienstes gefesselt: Zuerst bezahlte ihm die »Firma Stegemann« kleinere Spesen. Dann folgten größere Vorauszahlungen – wobei Richter als Sicherheit eben nur sein Leben verpfänden konnte. Später übernahm die Firma sogar die Unterbringungskosten im Phönix-Hotel.

Um zu verharmlosen, was man mit Richter vorhatte, spielte Dr. Scholz jetzt seinen Trick mit dem Reichswirtschaftsministerium:

»Die erwarten sich von unseren Reisenden gewisse Informationen über die Stimmung im Ausland!«

Richter sagte: »Selbstverständlich« und lachte.

Das Geplänkel mit den »Apfelsinengeschäften in Spanien« und den harmlosen »Informationen für das Reichswirtschaftsministerium« wurde von allen Beteiligten als routinemäßige Verschleierung des eigentlichen Vorhabens empfunden.

Als Dr. Praetorius ihn in seine eigentliche Aufgabe einzuweihen begann, lachte Richter wie damals, als er seinen Chef zum erstenmal sah:

»Ich habe den Braten doch von Anfang an gerochen!«

Ab jetzt wurde Richter mit geheimen Erkundungsaufträgen losgeschickt, die er in der Umgebung Hamburgs erledigen mußte, und zwar unter Bedingungen, als befände er sich im Feindesland:

»Wenn Sie dabei die Werkspolizei erwischt und der Gestapo übergibt, haben Sie Pech gehabt!«

Natürlich war sich Richter sicher, daß ihn seine Auftraggeber wieder rausholen würden. Daher führte er seine ersten Spionageaufträge mit Schwung und voller Selbstvertrauen erfolgreich durch: Trotz starker Kontrollen drang er meist nachts unauffällig in eine Reihe von Industrie-Anlagen in Hamburg-Harburg ein. Er fertigte detaillierte Zeichnungen über günstige Zugänge und verwundbare Stellen in Maschinenräumen, Kraftanlagen und Produktionsstätten an, wo man Sprengladungen und Brandsätze anbringen konnte.

Von Richters Geschicklichkeit konnten sich die Referatsleiter der Abwehrstelle persönlich überzeugen, als sie seine Spionageberichte an Ort und Stelle nachprüften, die er u. a. über die Plangschen Mühlen sowie über die Wasserwerke Billbrock und Thörl im Hamburger Ölhafen Dr. Praetorius auf den Tisch legte. Der Chef hätte seinem »Artisten« für diese Arbeit am liebsten eine Eins ins Zeugnis geschrieben. (Den gleichen Wunsch, »thank you« zu sagen, sollten – schon dreizehn Monate später – auch englische Vernehmungsoffiziere von MI 5 haben, denen Richter von denselben »verwundbaren Stellen« jener Werke berichtete, die er zu Übungszwecken bereits für die Abwehrstelle Hamburg ausgekundschaftet hatte.)

In die Ausbildung des Agenten Karl Richter hatte die Abwehr alles investiert, was gut und teuer war: Die besten Funklehrer und die neuesten Geheimtintenverfahren. Er bekam echte Pfundnoten und englische Lebensmittelmarken, die über Portugal besorgt wurden.

Er sollte die Attraktion der Abwehrstelle Hamburg werden. Und Dr. Praetorius hatte bereits den Applaus seiner höchsten Bosse aus Berlin im Ohr.

Um das größte Risiko seiner geplanten Landung durch Fallschirmabsprung von vornherein auszuschalten (Dr. Scholz: »Richter wäre damals regelrecht in die Heugabeln der englischen Home Guards hineingesprungen, die Tag und Nacht in den Himmel schauten und auf die deutsche Invasion aus der Luft warteten!«), requirierten die deutschen Okkupanten kurzerhand ein schnittiges Privatrennboot, das damals im Hafen von Ymuiden lag und der Marinekommandantur zur Verfügung stand. Mit diesem ebenso schnellen wie leisen Boot sollte der erste deutsche Soldat, Karl Richter, als geheimer Vorbote in England landen. Die an der Kanalküste bereitstehenden Truppenverbände sollten dann dem rotblonden Seemann nachfolgen und die britische Insel blitzartig erobern, um sie auf Hitlers Befehl zum »westlichen Eckpfeiler des neuen Europa unter der Führung Deutschlands« zu machen.

Bevor es für Karl Richter ernst wurde, hatte er – für den Fall seines Todes – mit der Abwehrstelle Hamburg noch einen schriftlichen Vertrag geschlossen. Richter hat damals die einzelnen Punkte, auf die er besonderen Wert legte, selbst formuliert:

». . . und wenn ich bei meinem Einsatz fallen sollte, wird die Abwehr (dieses Wort sollte nach seinem Tode noch zu peinlichen Kompetenzschwierigkeiten zwischen Hamburg und Berlin führen) meiner Mutter, Martha Richter, wohnhaft in Graslitz/Sudetengau, 20 000,– Reichsmark bezahlen. Außerdem wurde vereinbart, daß mir im Falle meines Todes im nachhinein das Eiserne Kreuz Erster Klasse verliehen wird, was dann ebenfalls meiner Mutter auszuhändigen wäre.«

Mit Wulf Schmidt, der ebenfalls die Stellenanzeige im Hamburger Fremdenblatt gelesen hatte und sich als Reisender bei der »Exportfirma Stegemann« vorstellte, vollzog sich die Annäherung seitens der Geheimdienstoffiziere mit der gleichen Routine wie im Falle Karl Richter. Allerdings war Dr. Scholz alias Huckriede, als sie die ersten Gespräche miteinander führten, eher geneigt, den »unscheinbaren Bewerber mit dem abgetragenen Anzug« wieder wegzuschicken. Das gleiche Urteil übrigens äußerte auch Dr. Praetorius, nachdem er Schmidt kurz und abschätzend im Hotel »Reichshof« begutachtet hatte:

»Was wollen Sie denn mit diesem Männchen anfangen? Der fällt ja beim ersten Windstoß um!«

Dr. Scholz hat mir in tagelangen Gesprächen in seiner Ferienwohnung auf Sylt von Wulf Schmidt erzählt. Durch ihn erfuhr ich das nächste Kapitel aus dem Leben des Spions 3725. Gerade diesen Abschnitt aus seiner Vergangenheit wollte Harry Johnson, wie er mir bei meinem Besuch in Watford sagte, »für immer begraben sein lassen«!

Der Zweite Weltkrieg wäre in tausend Büchern aber nur oberflächlich geschildert, wollte man die Rolle verschweigen, die Wulf Dietrich Schmidt für die Weltgeschichte gespielt hat.

Dr. Scholz hätte seinen Agenten aus dem Krieg längst vergessen, wenn sich nicht ausgerechnet er, der ihn damals wieder heimschikken wollte, für den »schwachen Mann aus Apenrade« plötzlich stark gemacht hätte. Es war mehr ein psychologisches Experiment: Er wollte Komplexe, die er in gewissen Äußerungen Wulf Schmidts entdeckte, sowie Schwächen in Stärken umzuwerten versuchen.

Als Schmidt sich im Verlauf der nächsten Jahre zum »erfolgreichsten deutschen Spion in England« durchkämpfte, sollte auch die Leistung gewürdigt werden, die Dr. Scholz »durch seine umsichtige Führung des Agenten 3725« vollbracht hatte. 1943 wurde er im Auftrag des Führers mit dem Kriegsverdienstkreuz ausgezeichnet.

Dr. Scholz erinnerte sich noch genau an das entscheidende Gespräch mit Wulf Schmidt, an die Worte, mit denen er ihn herausforderte. Es war in dem Zimmer, das die Abwehr für Agententreffs im Phönix-Hotel reserviert hielt. Schmidt saß auf dem Sofa. Er, Dr. Scholz, stand vor ihm, mit dem Rücken ans Fenster gelehnt:

»Sehen Sie, Schmidt – deshalb war unser Kennenlernen etwas umständlich. Ich konnte Ihnen schließlich keine Visitenkarte geben: Deutsche Abwehr! Sie hätten ja genausogut ein Agent des Intelligence Service sein können . . .«

Schmidt lächelte. Er war gedrückt und ließ die Erklärungen über sich ergehen, so als wäre er Dr. Scholz sogar dankbar für die Mühe, die er sich mit ihm machte:

»Ich weiß nicht, ob Sie ganz begriffen haben, was das eigentlich heißt: Abwehr! Das klingt alles so nach Abenteuerroman. Aber wer zur Abwehr gehört, ist Soldat, der es wesentlich schwerer hat als jeder andere. Er trägt keine Uniform. Neben ihm steht kein Kamerad. Er ist ganz allein . . .«

»Genau das liegt mir, Herr Doktor«, hakte Schmidt ein.

»Alleinsein ist ganz schön, Schmidt, aber allein sein, wenn's um Kopf und Kragen geht, ist etwas anderes. Wir können Sie nicht decken, wenn Sie geschnappt werden. Sie werden dann auch nicht wie ein Kriegsgefangener behandelt. Sie werden aufgehängt. Ich möchte, daß Sie sich das ganz klarmachen!«

Schmidt sagte darauf:

»Das Risiko ist doch das gleiche wie bei jedem anderen Soldaten. Nur die Art, wie man draufgeht, ist vielleicht anders. Aber warum sollte ich nicht durchkommen?«

Dr. Scholz erinnerte sich an seine Worte von damals, als wären sie erst gestern gesprochen worden:

»Durchkommen! Genau darauf kommt es an. Und da habe ich eine gewisse Sorge um Sie. Bitte, verstehen Sie mich nicht falsch. Aber Sie sind, glaube ich, nicht der Stärksten einer. Stellen Sie sich vor: Sie müßten mit dem Fallschirm abspringen. Sie landen in einem Fluß. Im Winter. Sie haben keine Kleider zum Wechseln. Sie werden sich vielleicht die Knochen brechen. Dann sind Sie armselig und allein. Keine Sanitäter kommen, wenn Sie um Hilfe rufen. Es gibt keinen Truppenverbandsplatz, keinen Arzt, nichts.«

Dr. Scholz musterte Schmidt, den er mit seinen Bedenken mittlerweile dorthin gebracht hatte, wo er ihn hinhaben wollte:

»Ich glaube nicht, daß Sie der Mann sind, der so etwas durchhalten könnte!«

»Ach –, wie oft habe ich das schon gehört, Herr Doktor! Diese großen starken Leute, die angeblich immer alles können. Und wenn's dann wirklich drauf ankommt – da ist etwas ganz anderes entscheidend!«

Dr. Scholz blickte scheinbar nachdenklich zum Fenster hinaus. Dann drehte er sich wieder um und setzte sich zu Schmidt an den Tisch. Jetzt zog er ein vorgedrucktes Formular aus seiner Rocktasche und bat ihn, es aufmerksam durchzulesen:

»Sie können noch immer aussteigen, Schmidt. Sie brauchen das hier nur zu unterschreiben. Damit ist vergessen, daß wir uns je gesehen haben. Sie gehen in Ihre Firma zurück ... Ich glaube, das wäre der richtige Weg für Sie. Meinen Sie nicht auch?«

Schmidt sagte kein Wort mehr. Er faltete das Formular zusammen und gab es ungelesen wieder an Dr. Scholz zurück. –

Von nun an gehörte Schmidt fest zum »Abwehrladen«. Die Verträge, die ihn zur Geheimhaltung verpflichteten und seinen Status regelten, wurden erst später geschlossen. Es stand im übrigen von vornherein fest, daß sein Spionageeinsatz im englischen Untergrund ohnehin nur ein paar Monate dauern würde:

»Bis dahin sind wir alle drüben«, meinte Dr. Scholz zuversichtlich. Weihnachten 1940 wollten sie gemeinsam in London feiern. Das war abgemacht!

Die deutsche Invasion Englands war in ihrem operativen Ablauf folgendermaßen geplant: Die Heeresgruppen A und B stellten im Raume Calais, Le Havre und Cherbourg drei Angriffsverbände bereit; und zwar die 16., die 9. und die 6. Armee. Die Besetzung der englischen Insel sollte in breiter Front erfolgen, und zwar durch die 16. und 9. Armee, die zwischen Ramsgate und Portsmouth landen sollten. Für die Invasion der 6. Armee war die Lyme-Bucht vorgesehen. Nach Zersplitterung der gegnerischen Kräfte sollte das ganze Gebiet bis zur Linie Maldon-Severn-Mündung erobert werden. Je nach Lage wollten die Deutschen wichtige Küstenstädte und Industriegebiete besetzen. Damit wäre London rettungslos abgeschnitten gewesen . . .

Noch mehr Sorgfalt als auf die eigentliche Schlacht um England verwandte man in Berlin auf die »zweite Welle«: auf die verwaltungstechnische Neuordnung der Insel, wobei Kapitän zur See Herbert Wichmann (ihm war inzwischen die Leitung des »Ladens« in der Hamburger Knochenhauerstraße übertragen worden) Abwehrchef in London werden sollte. Neben ihm wäre mit seiner praktischen Erfahrung Wulf Schmidt dann einer der wichtigsten Männer der neuen Abwehrstelle in England geworden. Darauf wäre sein Vater, der Notar und Rechtsanwalt William Schmidt (er wohnte damals in Berlin-Lichterfelde, Unter den Eichen) vermutlich besonders stolz gewesen. Wulf hätte sich endlich zu einer festen Position durchgekämpft!

Wulf Schmidt, der durch seine Kolonialerfahrung in Kamerun den Umgang mit Untertanen gelernt hatte, wäre nach einer geglückten deutschen Invasion dann aus dem Schatten seines Bruders Kai herausgetreten, der ihm immer als Vorbild hingestellt wurde: Kai startete seine Fliegerkarriere nach Hitlers Machtübernahme beim deutschen Luftsportverband in Magdeburg. 1935 absolvierte er schon die Verkehrsfliegerschule in Cottbus, anschließend die Jagdfliegerschule in Schleißheim bei München. Dann wurde er Flugzeugführer bei der Deutschen Lufthansa, Fluglehrer beim Reichsluftfahrtministerium, um nach Kriegsausbruch bei der »Geheimstaffel Gartenfeld« zu landen, die Spione – wie seinen Bruder Wulf – bei Nacht und Nebel hinter den feindlichen Linien absetzte.

Für den Transport von Wulf Schmidt nach England stand kein schnittiges Rennboot zur Verfügung wie für Karl Richter, auf den die Hamburger Abwehroffiziere ihre größten Hoffnungen gesetzt hatten. Schmidt sollte »zweiter Klasse ohne Rückfahrt« reisen. Da er – wie Dr. Praetorius voraussagte – ohnehin beim ersten Windstoß umfallen würde, nahm die Abwehr auch das Risiko in Kauf, das mit jedem nächtlichen Fallschirmabsprung verbunden ist.

Die Gefahr einer Bruchlandung war aber doppelt groß, betraf sie doch gleichermaßen auch den sogenannten »Pimperkoffer«, den man Schmidt schon innerhalb weniger Monate an die Brust binden würde. Dieser »Pimperkoffer« war damals noch ein unhandlicher und schwerer Kasten, in dem die 20 Watt starke Funkanlage eingebaut war. Dieses Afu-Gerät sollte in der Folgezeit für Schmidt soviel bedeuten wie eine Nabelschnur nach Deutschland. Damals war allerdings noch nicht vorauszusehen, daß durch diese Nabelschnur auch Gift in den deutschen »Mutterleib« dringen könnte . . .

Die nächsten »Stegemann-Reisenden« waren zwei junge attraktive Frauen, deren Namen bisher noch in keinem Spionagebuch erwähnt worden sind. Ihre Erlebnisse würden zwei dicke Romane füllen, für die man nichts Zusätzliches zu erfinden brauchte.

Ursula Bayuomi war zweiundzwanzig und hatte neben ihrer verführerischen Figur (ihr Funklehrer Richard Wein erinnerte sich an ihre »hochgewachsenen Beine, von denen man sich am liebsten umarmen lassen wollte!«) noch drei andere Dinge, die sie für eine erfolgreiche Spionin prädestinierten:

– Erstens konnte sie einen »echten Background« vorweisen, da sie – anläßlich einer Austauschreise der Hamburger Sieveking-Schule nach London – unter ihrem damaligen Mädchennamen, Ursula Wolf, einen ägyptischen Fruchtimporteur kennengelernt und kurz vor Kriegsausbruch in Paris geheiratet hatte. Wenn sie in der Folgezeit von ihrem Mann auch verlassen worden war, so blieb ihr wenigstens ein für die Abwehr brauchbarer ägyptischer Reisepaß, der ihr viele Türen öffnen sollte.

– Zweitens lebte ihr Mann damals in Kairo. Dadurch klang ihre Tarngeschichte – sie befände sich auf der Flucht vor den Nazis, um zu ihrem Mann zurückzukehren – durchaus glaubhaft. In Wirklichkeit sollte sie für eine eventuelle Besetzung der Türkei, »quasi auf der Durchfahrt«, die Beschaffenheit von Autostraßen erkunden, Benzin- und Vorratsdepots feststellen sowie Planungen von Eigenbohrungen ausspionieren. Ihr eigentliches Angriffsziel aber war die Hauptschlagader der englischen Kriegsmaschinerie: Das junge Mädchen aus Hamburg-Hamm sollte die Ölleitungen des Vorderen Orients – im Idealfall die Raffinerien von Abadan – auskundschaften. Und Dr. Praetorius mußte ihren Ehrgeiz sogar bremsen:

»Sabotage ist Männersache, Frau Bayuomi!«

– Die dritte Voraussetzung für eine gute, vor allem aber zuverlässige Spionin, die nicht mehr so leicht »abspringen« konnte, sahen die »Stegemann-Bosse« in Ursulas zweijährigem Kind. Dieses kleine schwarzäugige Wesen, das bis dahin noch nicht begriffen hatte, was seine Mutter war, wurde auf Kosten der deutschen Abwehr als »Briefkasten« im Kinderheim Bad Harzburg untergebracht. Dieses Kinderheim sollte fortan wichtigster Nachrichtenumschlagplatz für Agentenberichte aus dem Vorderen Orient werden. Bezugsperson war das mit besonderer Fürsorge betreute Bayuomi-Baby, das gerade laufen lernte.

Die Leiterin des Kinderheims war instruiert, die »Wie-geht's-meinem-Kind?«-Briefe der Mutter mit zwischenzeiligen Geheimtintenmitteilungen an die Abwehr nach Hamburg weiterzuleiten. Umgekehrt sollte sie auch die »Ihrem-Kind-geht's-gut«-Mitteilungen des deutschen militärischen Geheimdienstes in den Orient senden.

Bevor Ursula Bayuomi auf die Reise geschickt wurde, gab es im Hotel »Reichshof« noch ein lustiges Sektfrühstück auf Abwehrkosten. Eine illustre Gesellschaft war gekommen – und es fehlte nur noch die Hamburger Feuerwehr: Ursula Bayuomi stand nämlich plötzlich mitten in der Hotelhalle in Flammen!

Wer von den sie umdrängenden Herren mit seiner Zigarette ihren Schleier entzündete, war noch lange das Streitgespräch auf der Dienststelle in der Knochenhauerstraße. Bei dem Versuch, die brennende Bayuomi zu löschen, hat sich vor allem ein ägyptischer Exilprinz verdient gemacht, den Ursula irgendwo in Hamburg aufgegabelt hatte und den sie alle für einen »reizenden Kerl« hielten.

Nicht nur, weil er mit seinem selbstlosen Einsatz eine perfekte Spionin rettete, deren Ausbildung den deutschen Staat Erhebliches kostete, sondern wegen seiner Freundlichkeit, Ursula Bayuomi auf ihrer Reise zu begleiten und ihr männlichen Beistand zu gewähren. Der Exilprinz war ein sensibler musischer Mensch, ein Hobbymaler, der – wie sich Dr. Scholz erinnerte – »so verknallt war, daß er nie von ihrer Seite gewichen wäre«!

Nach diesem Feuerwerk im »Reichshof« ging Ursula mit ihrer Mutter und einer Reihe ziviler Herren, die sonst Uniform trugen, zum Hauptbahnhof hinüber und bestieg mit ihrem Prinzen den Schnellzug München – Wien – Budapest.

Die Abwehrabordnung, die sich auf dem Bahnsteig versammelt hatte, winkte noch lange dem ausfahrenden Zug nach. Die Abschiedsstimmung war fröhlich. Dr. Scholz beneidete insgeheim den Prinzen, und Dr. Praetorius sagte lediglich:

»Nun bin ich mal gespannt!«

Wenn die Abwehroffiziere, die jetzt wieder in die Bahnhofshalle zurückkehrten, auch nur geahnt hätten, was sich wenige Wochen später herausstellen sollte, hätten sie auf ihren Absätzen kehrtgemacht und das nächstbeste Zugstopzeichen bedient.

Der dahinfahrende sensible Reisebegleiter der Bayuomi war nämlich nicht nur Kunstmaler, sondern auch ein ausgezeichneter Fotograf, der auf englische Staatskosten gelernt hatte, seine Filme selbst zu entwickeln und zu vergrößern. Vor allem aber kannte der charmante Exilprinz den sichersten Weg, um seine Bilder schnellstens nach London zu befördern.

Waltraut Oertel, die zweite Spionin der Firma Stegemann, begann ihre Karriere im Hamburger Phönix-Hotel als Zimmernachbarin von Wulf Schmidt und beendete sie formell erst zehn Jahre nach dem Krieg in Sidney, wo sie als Sekretärin der deutschen Botschaft in Australien (die später nach Canberra verlegt wurde) fungierte. Dort entdeckte ich ihre Lebensspur.

Als sie bei »Stegemann« anfing, war Frau Oertel (geb. Kuschel) von ihrem Mann, einem Hamburger Exportkaufmann, geschieden. Am Ende ihrer Laufbahn nannte sie sich Mrs. Clapham und hatte das brennende Verlangen, sich noch einmal zu verehelichen. Waltraut hatte sich in einen Amerikaner verliebt. Und das war der eigentliche Anlaß für die Ex-Spionin, auf ihrem Weg zum Standesamt ein für allemal ihre Papiere in Ordnung zu bringen. Fünfzehn Jahre lang hatte sie sich als Mrs. Clapham durch die Welt gemogelt. Ihr englischer Reisepaß, den ihr Dr. Scholz 1941 in Budapest besorgt hatte, wurde von keiner ausländischen Paßkontrolle jemals beanstandet, was den alten Abwehrhauptmann mit Stolz erfüllte: ». . . denn die Oertel hat damit viele Grenzen überschritten!«

Der plötzliche Entschluß der weitgereisten Dame, ihr jahrelanges Versteckspiel aufzugeben, hätte für das Ansehen der nachkriegsdeutschen Bundesrepublik unübersehbare Folgen haben können: Durch die Enttarnung der ehemaligen deutschen Spionin Oertel und späteren Botschaftssekretärin Mrs. Clapham wäre das deutsche Auswärtige Amt in große Schwierigkeiten geraten. Um das zu verhindern, wurde die Weißwaschung der Ex-Spionin in aller Heimlichkeit betrieben.

Dr. Scholz, der sie zu Kriegsbeginn in eine paßsichere Engländerin verwandelt hatte, mußte bei der »Wiedergeburt« von Waltraut Oertel abermals Hebamme spielen, indem er den bundesdeutschen Behörden bestätigte: ». . . bei ihr (Mrs. Clapham alias Waltraut Oertel) handelte es sich um eine deutsche Patriotin, die bereit war, für ihr Vaterland rückhaltlos ihr Leben einzusetzen«! –

Für diesen vaterländischen Opfergang nun musterte Dr. Praetorius 1939 wie ein strenger Priester die Knie der neunundzwanzigjährigen Bewerberin und befahl Dr. Scholz:

»Vielleicht sagen Sie der jungen Dame mal, daß sie sich anständig hinsetzt und gefälligst ihren Rock weiter ›runterschiebt‹!«

Dr. Scholz mußte sich das Lachen verkneifen.

Waltraut Oertel, die auf einem harten Firmenstuhl saß, zog den kurzen Rock ihres hellen Sommerkleides weiter zu den Knien vor und versteckte die anstößigen Körperteile hinter dem Schreibtisch von Dr. Scholz.

Die Unsicherheit, die ihr Dr. Praetorius (er war ganz zufällig im Stegemann-Büro aufgetaucht) gleich zur Begrüßung einflößte, war von nicht allzu langer Dauer.

Als sie die einzelnen Stationen ihres Spionage-Trainings – von der Funkausbildung im Hamburger Abwehrversteck (über dem bekannten Tabakgeschäft Jungfernstieg, Ecke Colonnaden) bis hin zum Fallschirmabsprung in der Lüneburger Heide – absolviert hatte, war die untersetzte, frischgebackene deutsche Abwehragentin wieder lustig wie eh und je.

Allerdings ist ihr das Lachen schon bei ihrem ersten Spionageeinsatz vergangen, zu dem sie mit Geheimtinte via München und Graz, im Bauernrock und mit Kopftuch, barfuß nach Jugoslawien in Marsch gesetzt wurde.

Zu ihrer »perfekten Tarnung« als slowenische Bäuerin versorgte der Hamburger Spionage-Experte Dr. Praetorius seine Agentin mit einem dicken Bündel amerikanischer Dollar. Damit sollte Waltraut Oertel die Wirtschaftskapazitäten und militärischen Anlagen auf dem Balkan auskundschaften, den die deutschen Truppen später besetzen wollten.

Waltraut Oertel sprach außer Englisch noch fließend Serbisch. Das half ihr bei ihren Übernachtungen in Scheunen und Heustadeln, bis sie schließlich auf dem Strohsack eines serbischen Offiziers landete, der die deutsche Agentin heimlich in seine Kaserne mitnahm.

Hellwache Neugier einerseits und die blinde Leidenschaft ihres jugoslawischen Liebhabers auf der anderen Seite führten sehr rasch zur Verhaftung der vitalen deutschen Spionin, die man schnellstens wieder nach Österreich abschob. Bei ihrem Grenzübertritt in die Steiermark wurde Waltraut Oertel von der Gestapo aufgegriffen und – als Dank und Strafe für ihre Spionagetätigkeit in Jugoslawien – irrtümlich bis zur Unkenntlichkeit zusammengeschlagen.

Die Schläge der deutschen Gestapo-Beamten brachten die Ostpreußin jedoch nicht um. Im Gegenteil. Sie stärkten die Spionin für ihren eigentlichen Einsatz, für ihren Kampf gegen England, den sie von nun an rücksichtslos und mit aller Raffinesse führen wollte.

Der erste Schlag ihres verbissenen Kampfeswillens traf unvermittelt den 70jährigen englischen Ingenieur Mr. Maxwell C. B. Clapham, den Dr. Scholz mit der inzwischen wieder hergestellten Waltraut Oertel im Budapester Gellert-Hotel zusammenführte. Der alternde Hahn aus London fühlte sich durch das leidenschaftliche Interesse, das ihm sein »lovely girl« entgegenbrachte, geschmeichelt.

In einer momentanen Sinnesverwirrung ließ der alte Clapham begreiflicherweise alles mit sich geschehen, was sich der deutsche Geheimdienst ausgedacht hatte. Da er sich zwei Wochen zuvor pro forma schon mit einer in Ungarn lebenden Engländerin verehelicht hatte, konnte er seine neue Angebetete (sie stellte sich ihm als die vor den Nazis geflüchtete Sophie Kukralova vor) »leider nicht mehr heiraten«.

Da führte Waltraut Oertel ihren Engländer kurzerhand auf ein Standesamt in Budapest. Dort sagte er auf alle Fragen glückstrahlend nur »yes«. Seitdem war die deutsche Spionin Claphams Adoptivtochter – und damit eine paßechte Engländerin geworden.

Als Dank für sein Entgegenkommen durfte der auserwählte siebzigjährige Maxwell C. B. Clapham im Gellert-Hotel noch ein paar harmlos-unterhaltsame Stunden mit seiner Adoptivtochter Sophie verbringen.

Anschließend sperrte ihn die Gestapo ins Konzentrationslager, damit er seiner geliebten Adoptivtochter, der Abwehragentin Waltraut Oertel, bei ihrer weiteren Spionagearbeit zur Aufklärung der Ölraffinerien im Vorderen Orient nicht mehr lästig werden konnte.

Bei ihrer Reise durch die Türkei leistete in dankenswerter Weise der durch die Cicero-Affäre bekanntgewordene britische Botschafter Sir Hughe Knatchbull-Hugessen der deutschen Abwehragentin

Hilfestellung: Unwissentlich vergütete er aus seiner Botschaftskasse Sophie Clapham alias Waltraut Oertel Reise-, Tages- und Übernachtungsspesen. Mit dieser Unterstützung konnte die Spionin der Exportfirma »Stegemann« aus Hamburg ihre Weiterfahrt nach Kairo fortsetzen.

Bei der Besprechung im OKW am 2. Juli 1940 waren die Oberbefehlshaber aller drei Wehrmachtsteile, Heer, Luftwaffe und Marine, anwesend. Die Konferenz wurde von Generaloberst Wilhelm Keitel geleitet. Neben einer Anzahl von Generalstabsoffizieren saßen auch der Chef der Abwehr, Admiral Canaris, und seine Abteilungschefs Hans Piekenbrock und Oberst von Lahousen am Konferenztisch.

Keitel unterrichtete die anwesenden Offiziere erstmalig offiziell über die Entscheidung Hitlers, daß nunmehr »unter bestimmten Voraussetzungen« die Landung in England akut geworden sei. Die einzelnen Wehrmachtsteile sollten ihre Vorstellungen für eine eventuelle Besetzung Englands schnellstmöglich unterbreiten.

Zum Abschluß seines Vortrages wandte sich Keitel an Admiral Canaris und umriß die Aufgaben der Abwehr im Rahmen der geplanten England-Invasion. Der militärische Geheimdienst hatte sofort einen generellen Bericht über die Feindsituation zu erstellen. Das hieß: Truppenstärke der Engländer, Verteidigungsmaßnahmen, Rückzugslinien, Evakuierungspläne für die Zivilbevölkerung ...

Canaris nahm den Befehl Keitels schweigend entgegen. Obwohl sich der Geheimdienstchef außerordentlich beherrschte, war seinen Zügen die Skepsis abzulesen, die er diesem überstürzten Blitzunternehmen entgegenbrachte.

Die Besprechung war beendet. Die meisten Offiziere blieben im Konferenzraum zurück. Sie standen in Gruppen beisammen und diskutierten erregt.

Canaris, Piekenbrock und Sabotagechef Oberst von Lahousen

verließen als erste die Sitzung. Sie gingen durch den langen Flur in Richtung Treppenhaus. Canaris hatte seinen Kopf geneigt und hielt wie immer, wenn er nervös wurde, seine Hände auf dem Rücken. Die drei waren gedrückter Stimmung. Der weißhaarige Admiral blickte zu dem neben ihm gehenden hochgewachsenen Lahousen hinauf. Sein Blick sagte alles: Idiotie!

»Wissen Sie, Langer – wenn's über den Kanal geht, da bin ich wasserscheu . . .«

»Da stehn ma ja wirklich schön da, Herr Admiral«, quittierte der Wiener Aristokrat, der erst vor zwei Jahren vom österreichischen Nachrichtendienst zur Abwehr in Berlin übergewechselt war, die Anspielungen seines Chefs:

»So kurz war unser Hemd noch nie!«

Und Canaris resignierte:

»Wir müssen ja ganze Agentenkompanien in England absetzen . . . Wo nehmen wir bloß so viele lebensmüde Burschen her?«

Das Datum wußte keiner mehr. Aber Dr. Scholz, der den Spion Karl Richter und einen holländischen Kapitän, den er nicht näher kannte, das kurze Stück von der Esbjerger Seemannsmission zum Hafen hinüber begleitet hatte, erinnerte sich, daß der Transport des deutschen Agenten ARTIST in einer stürmischen Augustnacht des Jahres 1940 gestartet wurde.

Die Männer, die schweigend und schwer bepackt zum Kai schlichen, waren überaus optimistisch; denn sonst hätten sie angesichts des aufkommenden Unwetters ihre riskante Reise zur feindlichen Küste noch um ein paar Tage verschoben. Das wäre vor allem dem Kapitän zugute gekommen, der von seiner Englandreise nie mehr zurückkehren sollte.

Obwohl das Boot geräumig war, bot es für Richter und seinen holländischen Begleiter nur wenig Platz. Das stellte sich jedoch erst jetzt heraus, als das Rennboot mit Lebensmitteln und Treibstoff beladen war. Zudem beharrte der Kapitän noch auf die Mitnahme zusätzlicher Lichtquellen und Ersatzteile für den Motor:

»Wenn nicht«, drohte der Holländer, »könnt ihr mich am Arsch lecken!«

Das waren, wie sich Dr. Scholz erinnerte, die einzigen Worte, die zum Abschied noch gesprochen wurden. Auch Richter, der sich jetzt mühselig zwischen die verstauten Klamotten hineinpferchte, war betreten, weil Dr. Scholz ihn wegen seines Benehmens bei der Abschiedsfeier – sie hatte tags zuvor auf der Abwehr-Außenstelle von Esbjerg stattgefunden – zusammengestaucht hatte.

Der Agentenführer Dr. Scholz war besorgt, daß der bullige Richter – seit Wochen physisch und nervlich überstrapaziert – unterwegs rabiat werden könnte. Den ersten Versuch, sich von seiner aufgestauten Energie zu befreien, hatte Richter, mit Hilfe von mindestens zehn Aquavit, vor ein paar Stunden unternommen, als er den Kapitän aus Ymuiden am Rockaufschlag packte und ihm klarmachte:

»Gelandet wird dort, wo ich es befehle!«

Seither hatte sich Dr. Scholz bemüht, seinen Spion ARTIST zu besänftigen. Am liebsten hätte er das Unternehmen überhaupt gänzlich abgebrochen, um den Streit weiter in Hamburg zu schlichten. Aber nach zwei mißglückten Startversuchen (bei heftigem Sturm) schien an diesem Tag wenigstens das Wetter einigermaßen mitzuspielen, wenn sich auch alles andere nicht so entwickelte, wie es von der Abwehr in Hamburg geplant worden war.

Das Boot trug keinerlei Erkennungszeichen. Aus diesem Grund wäre es von dem deutschen Schnellboot, das es einen Tag später in gefährlicher Nähe der englischen Südküste aufbrachte – und jetzt im Schlepptau in den Hamburger Hafen zog, beinahe beschossen und damit versenkt worden.

Ein rotblonder Seemann, der sich als Karl Richter mit einem Geheimauftrag der Abwehr ausgab, über den er mit niemandem sprechen dürfte, saß völlig erschöpft, in Decken gehüllt, in einer Kajüte des Schnellbootes. Er hatte sein zitterndes Leben im letzten Augenblick durch ein paar Leuchtzeichen mit seiner Taschenlampe gerettet:

»Nicht schießen!«

Als er seine Leuchtzeichen gab, hatte Richter das Schlimmste bereits überstanden. Auch dem Kapitän des holländischen Rennbootes hatte die Vorsehung geholfen, den schrecklichsten Tag seines Lebens nicht so zu empfinden, wie er sich im Sturm vor der englischen Steilküste darbot: Der Holländer war wahnsinnig geworden – und Richter mußte ihn ans Steuer binden, damit er nicht über Bord sprang.

Seine Wahnsinnsschreie hatten das tobende Meer übertönt. Und als er sich von seinen Fesseln losgerissen hatte und über Bord gespült wurde, gab es auch keine Schreie mehr. Der Kapitän brauchte sein bißchen Atem, um unter den hohen Wellen nicht zu ersticken, die urgewaltig über ihm zusammenschlugen und ihn schließlich doch verschluckten.

Richter war allein im Boot, hilflos dem Sturm preisgegeben. Einen Tag und eine Nacht schrie auch er um Hilfe zu seinen Feinden hinüber. Aber die englischen Küstenwächter, die er hie und da zu sehen glaubte, dachten an alles andere – nur nicht daran, daß bei dieser Dünung die ersten Deutschen auf ihrer Insel landen könnten.

Major Ritter: An jedem Finger ein Spion

Kurz vor der Grenze nach Belgien – das Land war seit drei Monaten von den Deutschen besetzt – bog die schwarze Zweiliter-BMW-Limousine von der Hauptstraße Köln–Aachen nach rechts ab und blieb in einer schmalen Waldschneise stehen. Das Fahrzeug trug das schwarzweiße Kennzeichen der Hansestadt Hamburg. Die Wagenpapiere waren auf eine Firma namens Reinhold & Co., Hamburg, Spaldingstraße 4, ausgestellt.

Der Fahrer – in grauer Chauffeuruniform mit Schirmmütze – hieß Karl Schnurre und hatte sich bis dahin in allen kniffligen Verkehrssituationen bewährt:

»Er fuhr mit der gleichen Sicherheit, mit der er auch seine neun Kinder zeugte!« pries sein Chef, Major Nikolaus Ritter (Leiter des Referats I/Luft bei der Abwehrstelle X in Hamburg), die Fahr- und Fortpflanzungstüchtigkeit seines Untergebenen.

Schnurre hatte seine drei Fahrgäste, die ebenfalls Zivil trugen, schon frühmorgens zwischen fünf und halb sechs Uhr bei verschiedenen Adressen in der Hamburger Innenstadt abgeholt: Zuerst Major Nikolaus Ritter, dann dessen Assistenten, Leutnant Hans Georg Sessler. Als letzter stieg, vor dem Phönix-Hotel, Wulf Dietrich Schmidt in den BMW. Er hatte das meiste Gepäck bei sich.

Jetzt, da Schmidt vor seinem Flug nach England noch ein letztes Mal eine probemäßige Funkverbindung mit Hamburg-Wohldorf herstellen mußte, wo übrigens Leutnant Richard Wein an der Taste saß, entstiegen nach achtstündiger Fahrt die Zivilisten wortlos der schwarzen Limousine und gingen ein Stück in den Wald hinein. Schnurre blieb beim Wagen.

Den genauen Zeitpunkt, an dem der Spion 3725 von deutschem Boden aus seine letzte Verständigungsprobe mit der Abwehr-Funkstelle Wohldorf durchführte, konnte ich nach all den Jahren nicht mehr exakt ermitteln. Major Ritter, den ich bei meinen Recherchen in Hamburg aufstöberte, meinte:

»Das muß Ende Juli 1940 gewesen sein!«

Leutnant Sessler (ihn entdeckte ich nach dem Krieg auf einem von Hunden und einem bewaffneten Tunesier bewachten Landsitz in der Nähe von Marseille) erinnerte sich:

»Das war im August 1940!«

Wulf Schmidt alias Harry Johnson, der den Start seines Spionageabenteuers sicherlich minuziös in sein geheimes Tagebuch eingetragen hatte, verweigerte mir bei unserem Gespräch in Watford jede Auskunft über seine Vergangenheit, insbesondere über die Details seiner geheimnisvollen Reise nach England:

»Geben Sie sich keine Mühe«, wehrte sich der Ex-Spion bei einem meiner überraschenden Besuche, »aus mir kriegen Sie nichts raus!«

In Ermangelung genauer Daten war ich um so mehr auf die Erinnerungen Ritters und Sesslers – die nächsten Wegbegleiter des Spions Wulf Schmidt – angewiesen. Sie orientierten sich an bestimmten Ereignissen, die ihrer Fahrt nach Brüssel vorausgegangen waren:

Kurz vorher war das erste Landeunternehmen mit Karl Richter vor der englischen Südküste gescheitert. Zur gleichen Zeit blieb auch die Aktion der Ursula Bayuomi mit dem verwegenen Endziel »Abadan« in Budapest stecken. Nachdem ihr Begleiter, der ägyptische Exilprinz, sie von allen Seiten fotografiert und alles Wissenswerte aus der kecken Hamburgerin herausgepumpt hatte, war seine Mission für den englischen Geheimdienst erfüllt. Er überließ die Spionin einem ungarischen Offizier, mit dem sie ihr Abenteuer fortsetzen wollte. Als Dr. Praetorius von dem auffallend schnellen Wechsel ihrer Liebhaber erfuhr, kombinierte er:

»Hier hat doch verdammt der Secret Service seine Finger drin!«

Bei seiner Abfahrt aus Hamburg hatte Schmidt seinen Kameraden Karl Richter im Phönix-Hotel zurückgelassen, wo er seine schwere Erkältung kurierte und sich mit heißen Grogs neuen Mut in die Brust kippte.

Damit die geheime Mission Wulf Schmidts nicht durch leichtsinnige Mitwisser gefährdet wurde, mußte auch noch die Orient-Spionin Ursula Bayuomi gewaltsam ihrem Ungarn entrissen und nach Hamburg zurückgebracht werden. Die Geheimnisträgerin landete schließlich dort, wo sie mit ihrem speziellen Wissen keinen großen Schaden mehr anrichten konnte: im KZ Ravensbrück!

Während Schmidt nach dem Proberuf nach Hamburg seine Antenne wieder abschraubte und das Funkgerät im Heck des schwarzen BMW verstaute, um seine Fahrt in Richtung England fortzusetzen, wurde Karl Richter von seinen Abwehr-Betreuern hochgepäppelt und für einen neuen Einsatz gedrillt (mit der gleichen Fürsorge etwa, wie man heutzutage einen Boxchampion auf einen Weltmeisterschaftskampf vorbereitet). Dr. Praetorius, der mit gemischten Gefühlen der Abreise des »kleinen Schmidt« zustimmte, war nach wie vor davon überzeugt, daß nur sein ARTIST, Karl Richter, Außergewöhnliches für die deutsche Abwehr leisten würde:

»Der Sturm vor der englischen Küste hat den Burschen nur noch härter gemacht . . . und *erfahrener!*«

Der »Zirkusdirektor« hielt viel von Erfahrung, wenngleich vor der deutschen Landung in England keiner mit diesem Begriff etwas anzufangen wußte, am wenigsten jene Spione, die – wie Wulf Schmidt – jetzt drauf und dran waren, blind ins Feuer zu springen; oder Leute wie Karl Richter, Günther Schuetz, Goesta Caroli, Joseph Jakobs oder Hans Reysen, die dem Spion 3725 folgen sollten.

Kurz bevor Schmidt in sein Abenteuer geschickt wurde, hatte man Dr. Praetorius mehr und mehr aus der »Hamburger Manege«

gedrängt, und ein neuer Mann verbeugte sich im Scheinwerferkegel der damaligen Ereignisse vor Hitler, dem er dienen wollte, wie er einst auch dem deutschen Kaiser treu ergeben gewesen war: Major Nikolaus Ritter alias Dr. Rantzau alias Dr. Roland alias Dr. Reimer alias Dr. Reinhold alias Dr. Renken alias Dr. Ranken ...

Schon die Wahl seiner Decknamen, die stets mit R beginnen mußten, verriet die außerordentliche Raffinesse des Senkrechtstarters, der die Spionage zunächst vornehmlich aus Romanen kannte. Seinen Geltungsdrang befriedigte der 40jährige joviale Textilingenieur aus dem Rheinland u. a. damit, daß er sich seinen Tarn-Doktortitel regulär bei der Berliner Universität eintragen ließ. Mangelnde Erfahrung im Geheimdienstmetier ersetzte er mit blindem Führerglauben und unerschöpflichem Selbstvertrauen. –

Dieser Ritter befahl also jetzt seinem Fahrer:

»Drücken Sie aufs Gas, Schnurre, damit wir vorankommen!«

Nikolaus Ritter, der im Eiltempo über die Sprossen seiner Karriereleiter nach oben kletterte, stand als Major und Leiter des Referats I/Luft der Abwehrstelle des Wehrkreises X in Hamburg bereits zu Kriegsbeginn im Zenit seiner militärischen Laufbahn (Ritter: »Ich war Admiral Canaris direkt unterstellt ... außer ihm hatte mir keiner etwas dreinzureden!«).

Diesen Erfolg verdankte er nicht zuletzt auch seinen beiden »Kettenhunden«, Dr. Kahler (Pseudonym), ehemals Mitarbeiter des Hamburger NS-Gauleiters Karl Kaufmann, und dem im Fond des Wagens neben Schmidt sitzenden Leutnant Hans Georg Sessler vom Boxclub »Hamburg-St. Pauli«, aus dem auch Weltschwergewichtsmeister Max Schmeling hervorgegangen ist.

Kahler unterstützte seinen vielbeschäftigten Boß, wenn es um klare Überlegungen ging. Sessler, auf der anderen Seite, war der unerschrockene Draufgänger, der Ritters verwegene Pläne mit geballter Kraft in die Realität umsetzte (»ohne mit der Wimper zu zucken!«).

Das »Ritter-Trio« war in seiner ergänzenden Verbindung das

»erfolgreichste« deutsche Geheimdienst-Team des damals schon weißhaarigen Abwehrchefs Admiral Wilhelm Canaris. –

Es war nach einem seiner ausgedehnten Morgenritte durch den Berliner Tiergarten im Juli 1937, als der damalige Geheimdienst-Chef Canaris aus unerklärlichen Gründen eine Anweisung an Major Nikolaus Ritter nach Hamburg tickern ließ:

»... aufgrund Ihrer alten Verbindungen in Amerika übernehmen Sie mit sofortiger Wirkung die geheimdienstliche Aufklärung der gesamten US-Luftwaffe und -Flugzeugindustrie!«

Mit dieser Pauschalvollmacht konnte sich der damalige Junggeselle Ritter (er bewohnte im ersten Stock der Hamburger Alsterchaussee 17 ein möbliertes Untermieterzimmer »mit Badbenutzung«!) gegenüber seiner Sekretärin in der Knochenhauerstraße mit aufgeblähten Nüstern in Szene setzen. Die Liebe zu seiner Vorzimmerdame, die ebenfalls für die Abwehr arbeitete und die Ritter am 17. März 1939 heiratete, war vielleicht die stärkste Triebfeder, die den neuvermählten Abwehr-Major (er war in erster Ehe mit einer Amerikanerin verheiratet gewesen) bei seinen »überragenden Erfolgen« beflügelte.

In unserem Nachkriegsinterview im Jahre 1953 in München klingt Ritters Eigenlob so:

»Ich bekam damals einen Schrieb von Canaris, wo er mir mitteilte, daß ich einer seiner besten Referenten sei – und daß er in meinem Fall wirklich nur ein Werturteil abgeben könne, das noch besser als ausgezeichnet sei!«

Als Admiral Canaris dieses angebliche »Werturteil« abgab, war Ritter – der in seinen eigenen Augen »einen Riecher für Menschen« hatte – Tag und Nacht auf der Achse. Er war der Mann mit der »goldenen Hand«, weil die fünf tüchtigsten deutschen Spione, die je in Amerika gearbeitet hatten, wie Marionettenfiguren an seinen Fingern hingen.

Ritter ließ es sich nicht nehmen, sich höchstpersönlich und »kameradschaftlich« um das Wohlergehen jedes einzelnen seiner

Spione zu kümmern; in gleicher Weise, wie er auf der Reise nach Brüssel jetzt auch den hilfsbedürftigen kleinen Schmidt an seine väterliche Brust nahm. Der erste jedoch, zu dem der hohe Luftwaffenspionagechef beim Aufbau des deutschen Agentennetzes in Amerika »engste menschliche Kontakte« herstellte, war Frederic Joubert Duquesne, ein branchenbekannter Saboteur und Spion, mit dem sich seit 1916 schon der amerikanische und auch der englische Geheimdienst intensiv beschäftigten. Er hatte mit einer Kiste Spielfilme, die er von Brasilien nach New York verfrachten ließ, den britischen Dampfer »Tennyson« in Brand gesetzt und zum Sinken gebracht. Der Anklage wegen Mordes, Betrugs und der Beteiligung an der Zerstörung der »Tennyson« entzog er sich durch Vortäuschung einer unheilbaren Nervenkrankheit.

Nachdem Duquesne die Eisenstäbe seines Zimmerfensters im Bellevue-Hospital durchgesägt hatte und entkommen war, lief er alsbald dem damaligen Textilingenieur Nikolaus Ritter in die Arme. Damals, im Jahr 1925, hatte ihre Freundschaft begonnen, die sich jetzt zum Nutzen der deutschen »Welteroberung« bewähren sollte. Duquesne, der Haudegen aus Südafrika (er hatte während des Burenkrieges einen jungen Gefangenen zu bewachen, der später englischer Premierminister werden sollte), rühmte sich damals:

»Ich habe Churchill in den Arsch getreten!«

Der grenzenlose England-Haß des Burensohnes war für Ritter die sicherste Garantie, Duquesne 1938 – namens und im Auftrag des Admirals Canaris – als Spion für die deutsche Abwehr zu verpflichten.

Die zweite Puppe, die Major Ritter bei seiner geheimen Reise durch Amerika an seine Finger band, war Else Woistenfeld, Sekretärin in der Rechtsabteilung des Deutschen Generalkonsulats in New York, White Hall, unten am St. Patrick Place. Ritter hatte die deutsche Konsulatssekretärin, die aus Hessen stammte, als Umleitstelle in seinen Apparat eingebaut: Sie sollte Nachrichten weiterbefördern und Agentenhonorare ausbezahlen.

Die dritte Marionettenfigur war die Spionin Lilly Barbara Stein, eine Jüdin aus Wien. Sie wurde von Hamburg nach Amerika geschleust, um – wie sich Ritter das vorstellte – einen Modesalon in New York zu betreiben:

»Frauen quasseln am meisten über die Arbeit ihrer Männer!«

Seine geheime Werbereise durch Amerika hatte der ehrgeizige Ritter übrigens gegen die stärksten Bedenken seines »Admirals« unternommen:

»Es wäre ungeschickt«, sagte Canaris, »wenn Sie sich selbst in Amerika zeigen würden. Wir sollten unter keinen Umständen riskieren, daß man Sie als Abwehroffizier da drüben festnimmt!«

Ritter aber fegte die Bedenken seines Chefs vom Tisch. Er war überzeugt, daß nur er die »delikate Mission« in Amerika mit Erfolg ausführen könnte. Sein peinlich genauer, wie mit dem Lineal gezogener Haarscheitel sollte seinen Amtschef Canaris offenbar beruhigen, daß nichts schiefgehen konnte (Ritter über Ritter: »Wenn ich in Zivil ging, habe ich mich immer als Zivilist benommen, obwohl ich natürlich hundertprozentiger Soldat bin!«).

Er, der weder Furcht noch Gefahren (er)kannte, überzeugte den deutschen Geheimdienstchef:

»Keiner der Agenten kennt meinen richtigen Namen, Herr Admiral. Ich weiß genau, wie ich mich zu verhalten habe – und ich bin überzeugt, daß ich meine Aufgabe ohne Pannen lösen werde!«

Schon während seiner Schiffsreise nach den USA klopfte ihm jedoch ein bekannter Reporter der in New York erscheinenden deutschen »Staatszeitung« auf die Schulter:

»Mensch, Ritter, was machen Sie denn hier? Ich dachte, man hätte Sie zur Luftwaffe eingezogen!«

Ritter (mit seinem durch nichts zu bremsenden Drang nach »vorne«) ließ sich nicht nur zusammen mit diesem Jimmy Walker, sondern auch x-mal mit dem Militärattaché Boetticher von der Deutschen Botschaft in Amerika bei Kranzniederlegungen von allen Seiten fotografieren.

Mit dieser Unerschrockenheit beendete er »ohne irgendwie aufzufallen« sein Pfadfinderspiel in den USA. Seine Geliebte sorgte von der Hamburger Knochenhauerstraße aus über die »Handelskammer« sowie über eine geheime Umleitstelle, einen Kunstmaler (Ritter zur Presse: »Ich darf Ihnen den Namen nicht nennen. Der Kunstmaler lebt jetzt noch da und ist ein Nachkomme des polnischen Königs Sobieski!«), für den Geldnachschub.

Der größte Fang, den Ritter aus Amerika heimbrachte, war Hermann Lang. Er war seit 1929 Angestellter bei der amerikanischen Rüstungsfirma Carl L. Norden Inc., in der das berühmte »Nordensche Bombenzielgerät« hergestellt wurde. Lang hatte die Pläne dieses Bombenzielgerätes den Deutschen verkauft. Ritters »Kettenhund« Georg Sessler hatte sie in seiner damaligen Tarnung als Steward des Norddeutschen Lloyd im hohlen Spazierstock von New York nach Berlin geschmuggelt. –

Jetzt saß der bewährte Operator wie ein scharfer Wachhund neben Wulf Schmidt. Er war für die Abschirmung des Spions 3725 bis zu dessen Einstieg ins Flugzeug des Hauptmanns Gartenfeld verantwortlich.

Um den Transport des Spions Wulf Schmidt nach England hundertprozentig abzusichern, hatten die beteiligten Abwehrstellen in Zusammenarbeit mit der »Sonderstaffel Gartenfeld« alle Möglichkeiten eines eventuellen Verrats der geheimen Aktion sorgfältig überdacht. Die von den Deutschen besetzten Länder Frankreich, Belgien und Holland waren seinerzeit sozusagen sommersprossenartig mit alliierten Agenten belegt worden, die ihre Beobachtungen sofort nach London funkten. Aus diesem Grund war vorgesehen, alle Beteiligten der geheimen Transportaktion nach England erst im letzten Augenblick auf der Startpiste zusammenkommen zu lassen.

Keiner sollte Wulf Schmidt, den Ritter nach ihrer Ankunft in Brüssel in einer zweitklassigen Pension unterbrachte, vorher zu Gesicht bekommen. Zum Zwecke der Ablenkung eventueller Feindagenten logierte die Besatzung der schwarzen Absetzmaschine nicht in Brüssel, sondern in Amsterdam. Die Männer waren wie Orangenscheiben aufgeteilt und verstreut worden, damit keiner erkennen konnte, wie sie zusammenhingen und vor allem: was sie gemeinsam vorhatten.

Ritter, Sessler und Schnurre waren ins Brüsseler »Metropole« gezogen. Die Flugzeugbesatzung in Amsterdam verfuhr, was ihre Tarnung betraf, sogar noch vorsichtiger:

Absetzleiter Hauptmann Gartenfeld wohnte im Hotel »Suisse« in der Kalverstraat, Flugzeugführer Oberleutnant Nebel im »Krasnapolski«; der Absetzer, Feldwebel Achtelik aus Oberschlesien, der Beobachter Karl-Heinz Süßmann und der Funker Wagner bezogen separate Zimmer im Amsterdamer »Roode Leeuw«. Die Männer gingen alle in Zivil und verkehrten unter bestimmten Decknamen miteinander, ebenso wie Major Ritter, der sich bei diesem Einsatz »Dr. Renken« nannte.

Für Wulf Schmidt hatte die Abwehrstelle Brüssel ein besonders unauffälliges Versteck ausgesucht, eine von den Deutschen überwachte Pension in der Nähe des alten Nordbahnhofes, in der auch der Schwede Goesta Caroli wohnte, der ebenfalls von der Hamburger Abwehrstelle für seinen Englandeinsatz ausgebildet worden war und zusammen mit Schmidt über England abspringen sollte. Hier, in den überschaubaren Räumlichkeiten der Pension, brauchten die beiden Spione keine Beschatter mehr: Schmidt und Caroli, die vorsichtigerweise auf getrennten Wegen von Hamburg nach Belgien gekommen waren, waren lange genug auf ihre politische und menschliche Zuverlässigkeit getestet worden. Jetzt, da die beiden quasi am Kraterrand standen, um in die Flammen zu springen, verließ sich der Arrangeur des Unternehmens, Major Ritter, nur noch auf den Selbsterhaltungstrieb seiner beiden Agenten: »Gefahr bindet . . . einer wird auf den anderen aufpassen, daß er ihn nicht verliert!«

Daß Ritters Rechnung zumindest in diesem Punkt stimmte, zeigte sich schon in den ersten Tagen ihres Brüsseler Aufenthaltes.

Die Einsatzgruppe wartete bereits eine Woche auf günstiges Flugwetter, auf eine mondhelle Nacht, in der Hauptmann Gartenfeld auf Sichtweite sein Ziel anfliegen konnte, um die Fallschirmagenten einigermaßen sicher abzusetzen. In dieser nervenzermürbenden Phase vor dem Start ereignete sich eine Panne, mit der keiner der Beteiligten gerechnet hatte – am wenigsten Wulf Schmidt, dem es unbegreiflich erschien, daß sich sein Freund Goesta Caroli unsterblich in das Zimmermädchen der Pension am alten Nordbahnhof verliebt hatte.

Obwohl es den beiden Agenten strikt verboten war, das Metropole-Hotel zu betreten, stand Wulf Schmidt dennoch eines Abends vor Ritters Tür und meldete den Vorfall: ». . . das Mädchen weiß inzwischen sicherlich, was wir vorhaben!«

Wenn sie es bis dahin noch nicht ganz gewußt hatte, so erfuhr sie es spätestens am nächsten Abend, als sie – zusammen mit ihrem Vater – von zwei Gestapo-Beamten verhaftet wurde. Man erklärte dem ahnungslosen Belgier, daß sich seine Tochter »in deutsche Angelegenheiten gemischt« habe – und man sie beide erschießen würde, wenn sie auch nur ein Wort über ihre Verhaftung ausplauderten. Nach dieser Drohung konnte der verängstigte Belgier seine Tochter wieder mit nach Hause nehmen –, allerdings unter einer zweiten Bedingung: das Mädchen dürfe innerhalb der nächsten vierzehn Tage ihr Zimmer nicht mehr verlassen. In dieser Zeit – so kalkulierte Ritter – würde ihr Geliebter, Goesta Caroli, mit Sicherheit spurlos aus Brüssel verschwunden sein.

Zuckerbrot und Peitsche gehörten zum Handwerkszeug eines Agentendompteurs ebenso wie der blinde Gehorsam; ein eherner Begriff, von dem sich Major Ritter offenbar – mehr blind als gehorsam – durch die Hitler-Ära leiten ließ. Dem virtuosen Hantieren mit Belobungen und Drohungen verdankte Ritter seinen damals größten Spionageerfolg, um den ihn seine karrierehungrigen Abwehrkollegen, über und unter ihm, maßlos beneideten: Mit bewährtem Fängertrick war es gelungen, den deutsch-amerikanischen Elektroingenieur Sebold alias Harry Sawyer als Abwehr-Chefagenten für Amerika »anzuwerben«.

Sebold war im September 1939 nach Deutschland zurückgekehrt, um seine alte Mutter in Mülheim/Ruhr zu besuchen. Da legte sich, als er das Schiff in Hamburg verließ, eine Hand auf seine Schulter:

»Geheime Staatspolizei! Willkommen in Deutschland, Herr Sebold!« –

Diese Hand nun hatte den ehemaligen Frontkämpfer, der nach dem Ersten Weltkrieg in die USA emigrierte und sich dort in der Flugzeugindustrie hocharbeitete, nicht mehr losgelassen:

»Stimmt es, daß Ihr Großvater Jude war, Herr Sebold?«

Nach dieser Drohung seiner Gesprächspartner gab es für den Besucher aus Amerika kein Entrinnen mehr. Nikolaus Ritter, der den »glattrasierten 40jährigen, schlanken Elektroingenieur« im Handumdrehen zum Leiter des deutschen Agentennetzes in Amerika auserkoren hatte, erinnerte sich an seine erste Begegnung im September 1939 mit Sebold in einem Café in Münster:

»Ich stellte mich mit dem Namen Dr. Renken vor – und habe natürlich gleich frei weg mit ihm geredet. Sebold sagte dann, daß er selbstverständlich bereit sei, diesen Dienst (Spionage gegen Amerika) zu leisten. Als ich ihn aufforderte, mit nach Hamburg zu kommen, meinte er, es würde in den USA auffallen, wenn er so lange ohne genügend Geldmittel wegbliebe. ›Das könnten wir durch unsere Verbindungen zu den verschiedenen Konsulaten ohne Schwierigkeiten deichseln‹, sagte ich. Aber Sebold antwortete, daß er diese Sache lieber selbst in die Hand nehmen möchte. Er fuhr dann nach Köln, kam wieder und sagte mir, er hätte das Problem direkt mit seinem amerikanischen Konsul geregelt. Sebold machte einen vertrauenerweckenden Eindruck. Deshalb kamen mir auch keine Zweifel an seiner Zuverlässigkeit!«

Ritters Vertrauen zu dem »Flugzeugtechniker aus dem

Ruhrpott« kannte keine Grenzen mehr. Sebold, der in der Hamburger Klopstock-Pension (Ritter hatte die Besitzerstochter, Fräulein Gut, auf einer Transatlantik-Schiffsreise kennengelernt) das Spionagehandwerk lernte, wurde mit dem Neuesten ausgestattet, was die deutsche Geheimdiensttechnik zu Beginn des Jahres 1940 zu bieten hatte, und zurück nach Amerika geschickt. Der neuernannte deutsche Spionageboß für Amerika hatte als erster Abwehragent, in seiner Armbanduhr versteckt, die geheimnisvollen nadelkopfgroßen Mikropunkte mit auf den Weg bekommen, auf denen seine Befehle standen:

»Zusammenfassung der nachstehend aufgeführten Mitarbeiter der deutschen Abwehr in Nordamerika zu einem straffen Agentennetz. Die Namen und Adressen der bereits in den USA arbeitenden Agenten lauten: Oberst a. D. Duquesne, 17. Ost/42. Straße, New York; Lilly Stein, 17. Ost/54. Straße, New York, und Everett Roeder, 210. Smith-Straße, Long Island; Hermann Lang, Glendale, Long Island.«

Dann versorgte Ritter seinen Vertrauten noch mit den Namen und Deckadressen von rund dreißig deutschen Geheimagenten in den übrigen Teilen der USA, in Brasilien, Portugal und sogar in China. Über diese Deckadressen sollte Sebold, alias Harry Sawyer, seine Informationen nach Deutschland schleusen, vor allem dann, wenn durch einen Betriebsunfall die Funkverbindung mit Hamburg ausfallen sollte. Ahnungslos hatte Ritter das gesamte deutsche Vorkriegs-Spionagenetz dem 1936 naturalisierten Amerikaner in die Hand gegeben. –

Kurz nach seiner Ankunft im Hafen von New York am 8. Februar 1940 bezieht Harry Sawyer auftragsgemäß sein Büro in der 42. Straße West in New York. Auf der Tür steht: »Harry Sawyer, Electrical Engineer«. Am 10. Februar, zwei Tage nach seiner Ankunft, läuft bei der deutschen Abwehr in Hamburg bereits ein Überseekabel aus New York ein: »Sicher angekommen stop hatte angenehme Reise stop«. Entschlüsselt bedeutete das: Ankunft reibungslos verlaufen ... werde nicht überwacht ... beginne mit Arbeit gemäß Aufträgen!

In der Folgezeit empfing die Abwehrfunkstelle in Hamburg-Wohldorf fast täglich peinlich genaue Berichte ihres Chefagenten in Amerika, interessante Informationen über neue Flugzeuge, Geleitzug- und Truppenverschiebungen sowie politische Kamingespräche aus den New Yorker Salons, an denen Major Ritter alias Dr. Renken seine helle Freude hatte. Und diese mit preußischer Raffinesse inszenierte Operation in Nordamerika hatte erst vor sieben Monaten begonnen ...

Jetzt hatte Ritter also beide Hände voll zu tun: Links hielt er seine »Leute in den USA auf Trab«, rechts war er dabei, seine Fäden nach England zu spinnen. Als er Schmidt und Caroli für ihren England-Einsatz abfertigte (das Einsatzteam war inzwischen von seinen Unterkünften in Amsterdam und Brüssel nach Paris übergesiedelt), empfing er gerade den achtzigsten Funkspruch seines Superspions Harry Sawyer aus Amerika. Das war am 5. September 1940.

Goesta Caroli erlebte diesen Tag noch in Paris. Aber schon am nächsten Morgen sollte sich die englische Generalstabskarte des Gebietes zwischen Oxford und Buckingham, die Caroli wie im Traum nachzeichnen konnte, in gefährliche Wirklichkeit verwandeln. Der Abflug von Paris war für Mitternacht geplant. Dort, wo sich auf Carolis Einsatzkarte belanglose Striche kreuzten, konnten Stunden später, am 6. September 1940, vielleicht englische Polizeikontrollen stehen, die den deutschen Agenten nach seinen Ausweispapieren fragten ...

Ritter, der, wie bei einer Schachpartie, zur Eröffnung des Spieles gegen England noch ein paarmal seine Taktik änderte, befahl schließlich, zur Verminderung des Risikos die ersten beiden deutschen Fallschirmagenten in getrennten Flügen abzusetzen.

Der erste deutsche Soldat, der im Rahmen des Unternehmens SEELÖWE in England landete, sollte der Abwehragent Goesta Caroli sein. Das stand fest. Ebenso unbestreitbar war aber schon vierundzwanzig Stunden später, daß der 5. September 1940 der letzte Tag war, den Caroli in Freiheit verbrachte. Und die junge Belgierin aus der Brüsseler Pension war das letzte Mädchen, das dem 26jährigen schwedischen Seemann noch zu lieben vergönnt war, bevor ihn die englische Polizei am Morgen des 6. September 1940, nach seinem Absprung aus der schwarzen He 111, in einem Waldstück nördlich von Oxford verhaftete. Mit diesem unvorhergesehenen Zugriff hatte die deutsche Wehrmacht ihren ersten und wichtigsten VB (vorgeschobener Beobachter) verloren, der per Funk aus dem feindlichen Hinterland das OKW über die Verteidigungsmaßnahmen der Engländer informieren sollte.

Planmäßig wollten die Deutschen nach dem schwersten Bombenangriff auf London (dem sogenannten »Blitz« vom 7. September 1940) die Insel zu irgendeinem Zeitpunkt nach dem 15. September überfallen und besetzen. Bis dahin waren es, nach Carolis Verhaftung, nur noch acht Tage. Eine Woche vor seinem Fallschirmabsprung bei Oxford wurde durch den geheimen OKH-Operationsplan vom 30. August 1940 den beteiligten Kampfverbänden mitgeteilt, wie sich Hitler die Invasion Englands im einzelnen vorstellte. Das Unternehmen SEELÖWE konnte beginnen.

Die Vollzugsmeldung des Flugzeugführers Gartenfeld – »Agent über befohlenem Gebiet ohne besondere Vorkommnisse abgesetzt« – war für Major Ritter Bestätigung genug, daß seine erste operative England-Aktion geklappt hatte. Er sagte nur:

»Prima!«

Mit diesem einen Wort schien er seine eigene historische Bedeutung auszukosten, jetzt – beim deutschen Angriff auf England – ganz vorne mit dabeizusein und die erste Landungsoperation nach eigenem Gutdünken steuern zu können.

Aber schon in derselben Stunde, als Major Ritter, nach Rückkehr der Agentenmaschine, wieder ins Pariser Lutetia-Hotel fuhr, um sich an die Telefonleitung nach Hamburg zu hängen, mußte der

Gefangene Goesta Caroli den Engländern bereits sein Wehrmachtsfunkgerät vorführen, das auf einem langen Tisch stand, hinter dem etwa zehn Vernehmungsoffiziere saßen. Bevor Caroli zur Mittagszeit in den großen Vernehmungsraum geführt wurde, der sich im ersten Stock eines alten Sanatoriumgebäudes in West Surrey befand, offerierten ihm seine Bewacher eine dünne Suppe (»That's what you deserve!«), die der Schwede jedoch dankend ablehnte. Diese Suppe war die erste Mahlzeit in einem England, das sich – mit Stacheldrähten, Scheinwerfern, Maschinengewehren, Wachttürmen, Einzelzellen und tödlichen Fangfragen – ganz anders darbot, als sich Caroli das vorgestellt hatte.

Der Offizier, der den deutschen Agenten in die Mangel nahm, erschien Caroli wie ein »Teufel mit Monokel«. Er war der Mann, der in perfektem Deutsch den Gefangenen in die Enge trieb, der mit seinen Sätzen weiche Schlingen zog, harte Schläge versetzte oder scharfe Pfeile abschoß. Am schlimmsten empfand Caroli die langen Pausen, in denen zehn Augenpaare seine Reaktionen beobachteten:

»Wer hat Ihnen denn das Funken beigebracht?«

»Ich weiß nicht mehr, wie der Mann hieß«, versuchte Caroli auszuweichen.

»Aber Trautmann muß Sie doch irgendeinem seiner Leute zugeteilt haben. Dem Wein oder dem Baruth – oder irgendeinem anderen . . .!«

Ohne eine Antwort abzuwarten, fragte der Vernehmer weiter:

»Wie kamen Sie eigentlich von der Abwehrstelle Königsberg ausgerechnet nach Hamburg?«

Caroli wurde schwindlig, als er merkte, daß sich der »Teufel mit dem Monokel« in der Hamburger Knochenhauerstraße besser auskannte als der Wachoffizier des Generalkommandos. Caroli brauchte nur noch zuzustimmen oder zu verneinen, denn der dunkelhaarige Verhörchef kannte die Hamburger Tarnbüros ebensogut wie die Klar- und Decknamen aller Abwehroffiziere, angefangen bei Kapitän Wichmann, Dr. Praetorius, Dr. Kahler, Leutnant

Sessler, Sonderführer Haller – bis hin zu den Sekretärinnen Fräulein Kammer und Rehder.

»Wo steckt eigentlich Herr Ritter?«

Bei dieser Frage mußten die bis dahin stummen Offiziere hinter dem langen Tisch lachen. Dennoch ist ihnen Carolis Reaktion anscheinend nicht entgangen. Er hatte den Engländern nämlich vorher von seiner Ausbildung erzählt, von den letzten Tagen in Hamburg, von seiner Fahrt nach Paris . . . Er war in den ersten drei Stunden seiner Vernehmung ausgepreßt worden wie eine volle Zahnpastatube, in der sich jetzt nur noch ein kleiner Rest befand, der sich nur unter großen Anstrengungen ans Tageslicht fördern ließ. Anders ausgedrückt: Es ging um Ritter, insbesondere aber um seinen Freund Wulf Schmidt, dem der Schwede dieses erbärmliche Gefangenenschicksal ersparen wollte, in das er selbst vor zehn Stunden unvermittelt, am Fallschirm hängend, hineingesprungen war.

Die Durchleuchtung von Carolis Vergangenheit betrieben die MI 5-Offiziere mit gelangweilter Routine. Andererseits war, in Anbetracht der bevorstehenden deutschen Invasion, die Erforschung der Feindabsichten ein für die Engländer lebenswichtiges Puzzlespiel. Was hatten die Deutschen vor? Wo würden sie landen? Was wußte Caroli über ihre Operationen?

Obwohl er sich noch keine genaue Antwort zurechtgelegt hatte, war Caroli in dieser Endphase seiner Vernehmung auf die entscheidende Frage gefaßt:

»Wer ist der Nächste?«

Um Zeit zu gewinnen, fragte der Schwede:

»Wie meinen Sie das, der Nächste?«

»Ich meine: Welchen von Ihren Freunden wird Ritter als nächsten hier in England absetzen?«

Caroli hob scheinbar unwissend die Schultern. Aber das half ihm nicht viel. Der Vernehmer bohrte weiter. Als er den Widerstand merkte, ließ er den Gefangenen in seine Zelle zurückführen, um ihn am Abend wieder herauszurufen.

Bei seiner ersten Nachtvernehmung wurde dieselbe Frage, auf die Caroli bisher die Antwort schuldig geblieben war, noch ein paarmal gestellt – härter und bestimmter –, so lange, bis der Gefangene sagte, was er wußte:

»... aber Sie müssen mir Ihr Ehrenwort geben, daß ihm nichts geschehen wird, falls Sie ihn erwischen«, kam es stockend aus dem blonden Schweden.

Mit dieser Einleitung wollte Caroli eine Garantie für das Leben seines Freundes Wulf Schmidt aushandeln. Aber der Vernehmungsoffizier – er war früher einmal Gefängnisdirektor in Afrika gewesen – sagte mit scharfer Stimme:

»Packen Sie aus, Caroli!«

»Der Mann ist schmächtig und klein ...«

»Wie heißt er?«

»Schmidt ... Wulf Schmidt!«

»Wann soll dieser Mann kommen?«

»Ich weiß nicht.«

»Wo wird er landen?«

»Ich weiß es nicht ...«

Die beiden Fragezeichen hinter dem ›Wo?‹ und dem ›Wann?‹ haben noch in derselben Nacht halb England alarmiert. Hunderte von Beobachtungsposten und Polizeipatrouillen lauerten mit ihren Suchhunden in den entlegensten Gegenden und warteten auf ein zweimotoriges deutsches Flugzeug, »das mit niedrigen Touren sein Ziel anfliegen wird«! Sie warteten Tag und Nacht auf einen »kleinen, schmächtigen Deutschen, der sich voraussichtlich als dänischer Flüchtling ausgeben wird ...«

Bei der Abwehrfunkstelle in Hamburg-Wohldorf – einem schloßartigen Gebäude inmitten eines Parks – blieb es nach Carolis Absprung lange Zeit gespannt und still. Zwölf Funker saßen Tag und Nacht an ihren Geräten und warteten vergeblich auf das vereinbarte Rufzeichen ihres Agenten 3726. Dieses rätselhafte Warten wurde nur durch die ungeduldigen Telefonanrufe Ritters aus Paris unterbrochen, der hundertmal dasselbe fragte:

»Hat er sich inzwischen gemeldet?«

Noch nervöser als Ritter war in dieser Situation Wulf Schmidt, der sich die meisten Gedanken um das ungewisse Schicksal seines Freundes Goesta machte. Schmidts Leben hing weitgehend von dem seines Vorspringers ab, der »vorsichtshalber das Gelände da drüben erst mal sondieren sollte«!

Erst wenn Caroli sein vereinbartes Funkzeichen »Alles in Ordnung« gegeben hatte, sollte Schmidt in der folgenden Nacht vom 6. auf den 7. September über demselben Gebiet abspringen und im Laufe des nächsten Tages unter größter Vorsicht mit Caroli zusammentreffen.

Wenn Ritter nach vier Tagen ergebnislosen Wartens dennoch das Startzeichen für die Absetzaktion des zweiten Fallschirmagenten gab, mögen ihn vielleicht die Worte Hitlers in dieses Risiko getrieben haben, jene aufpeitschende Rede vom 4. September 1940, von der sich auch Goesta Caroli vor seinem Absprung am 6. September noch ein letztesmal hatte begeistern lassen:

»Es ist etwas Wunderbares, unser Volk im Krieg zu sehen, in seiner ganzen Disziplin«, schwärmte Hitler damals. »Wir erleben das gerade auch jetzt in dieser Zeit, da uns Herr Churchill seine Erfindung der Nachtflugangriffe vorführt . . . Wenn sie erklären, *sie* werden unsere Städte in großem Ausmaß angreifen – *wir werden ihre Städte ausradieren* (immer stürmischer wird der Beifall der Massen). Wir werden diesen Nachtpiraten das Handwerk legen, so wahr uns Gott helfe. Es wird die Stunde kommen, da einer von uns beiden bricht. Und das wird nicht das nationalsozialistische Deutschland sein (in den brausenden Beifall der Massen mischen sich tausendstimmig die Rufe: ›Niemals, niemals!‹)!«

Außer dem Glauben, der besonders in deutschen Luftwaffenkreisen vorherrschte, England werde bis spätestens 1. Oktober zerschlagen sein, und seinem kurzen Befehl an Gartenfeld – »Heute abend geht's los!« – waren für Major Ritter noch zwei andere nüchterne Erwägungen ausschlaggebend:

Erstens wußte man aus dem Wechsel der Gezeiten, daß der Vollmond nur noch ein paar Tage Hilfestellung leisten würde;

zweitens wollten dreihunderttausend deutsche Soldaten, die zum Sprung auf die Insel bereitstanden, wissen, welche Verteidigungsmaßnahmen die Engländer zur Abwehr der Wehrmacht getroffen hatten.

Die Unsicherheitsfaktoren, die für Schmidts Leben nach seinem Fallschirmabsprung auftreten konnten, wurden einigermaßen ausgeglichen durch das legendäre fliegerische Können des Hauptmanns Gartenfeld: Erst vor vierzehn Tagen, am 25. Juli 1940, hatte Adolf Hitler höchstpersönlich dem damals 40jährigen Flugkapitän für ein spektakuläres Husarenstück die »Rettungsmedaille am Band« verliehen. Im geheimen Kriegstagebuch der Sabotageabteilung der deutschen Abwehr ist hierüber folgendes vermerkt:

»Am 28. Mai ist ein bei der Fallschirmausbildung eingetretener Unfall durch die hervorragende Geschicklichkeit des Flugzeugführers Gartenfeld glimpflich abgelaufen. Der Fallschirmabspringer Leutnant Loeber hakte nach erfolgtem Absprung mit der Fallschirmleine am Höhensteuer fest. Da eine Landung auf dem Flugfeld zur Zerschmetterung des Fallschirmabspringers hätte führen müssen, landete Flugzeugführer Gartenfeld mit größter Geschicklichkeit auf einem schmalen Kanal. Leutnant Loeber trug eine leichte Gehirnerschütterung davon, befindet sich aber bereits auf dem Wege der Besserung.«

Nach solcherart Bravourstücken fühlte sich Wulf Schmidt verhältnismäßig sicher, als er spät abends beim Einstieg in die He 111 sein Leben der deutschen Luftwaffe anvertraute, die in diesen Tagen ihre schwersten Bombenangriffe gegen England flog. Nach dem infernalischen »Blitz« auf London mußten die Überlebenden, die aus den Kellern krochen, durch Feuer und Qualm sogar zusehen, wie am 7. September 1940 ein deutscher Flieger hoch über ihrer

Stadt das Hakenkreuz in den Himmel schrieb, ein vorwitziges Siegeszeichen, das die Engländer zu unerbittlichem Kampf gegen die deutschen Knobelbecher aufrief, die drauf und dran waren, ihr Land zu zertreten.

Zur gleichen Zeit, als Wulf Schmidt gegen England startete, bestieg laut einer DNB-Meldung (die damals in Deutschland nicht veröffentlicht werden durfte!) Reichsmarschall Hermann Göring höchstpersönlich eine Ju 88 und flog unter Begleitschutz von zwei Jagdflugzeugen gegen England. Als er Sonntag nacht wieder in seinem Hauptquartier in Nordfrankreich landete, war er von den »gewaltigen Zerstörungen durch die Bombenangriffe seiner Flieger« tief beeindruckt: »Ich bin stolz, daß ich aus meiner Luftwaffe eine so starke Waffe gemacht habe«, sagte er bei seinem DNB-Interview. »Sie hat in Polen, in Norwegen und im Westfeldzug den Sieg gebracht – und sie soll jetzt auch im Kampf gegen England die Entscheidung herbeiführen!« –

Die Männer, die auf dem Flughafen Paris-Orly ins »Agenten-Taxi« stiegen, trugen graue Overalls; darunter ihre Fliegeruniformen – außer Wulf Schmidt, der in einem unauffälligen enggeschneiderten Tweedanzug steckte. In seiner Brusttasche waren vierhundert Pfund Sterling und gefälschte Ausweispapiere sowie englische Lebensmittelmarken versteckt. In der Hosentasche verwahrte der Agent ein Gläschen mit Pervitintabletten zum Wachbleiben und Durchhalten, falls er sich nach dem Absprung für längere Zeit verstecken mußte. Dann gab ihm Ritter, neben einer Pistole zur Verteidigung, noch eine Kleinigkeit mit auf den Weg, mit der Schmidt, im Falle seiner Gefangennahme, eventuell ein qualvolles Ende verkürzen konnte: eine Giftkapsel mit Zyankali!

Was von dem Agenten zurückblieb, war lediglich die Adresse seines nächsten Verwandten, seines Vaters in Berlin, »Unter den Eichen 16«. Für Hauptmann Gartenfeld war zur Verständigung im Falle seines Todes seine Frau registriert worden: »Margarete Gartenfeld geb. Benz, Oranienburg bei Berlin, Offizierssiedlung!«

Gartenfeld durfte bei dem geheimen Agentenflug, außer seinen zahlreichen Orden, lediglich seine ovale »Hundemarke« tragen, mit der Erkennungsnummer »53658 A/8 – Blutgruppe 0«.

Den Flug von Paris nach England, über dessen Einzelheiten Wulf Schmidt alias Harry Johnson sich bei unserem Nachkriegstreffen beharrlich ausschwieg, schilderte mir 1971 der damalige Flugzeugbeobachter der schwarzen Agentenmaschine, Karl-Heinz Süßmann, der nach dem Krieg bei der Hamburger Flughafengesellschaft Fuhlsbüttel tätig war:

»Ich war schon anderthalb Stunden vorher am Flughafen. Dort habe ich die Startvorbereitungen getroffen: Triebwerkstandlauf zur Erreichung der Betriebstemperatur für Öl und Kühlstoff. Die Öltemperatur lag bei 70 Grad, Kühlstoff-Temperatur bei 100 Grad. Erst wenn diese Temperaturen erreicht waren, konnte ich die Triebwerke auf Leistung prüfen. Und erst dann konnte ich hoch auf Vollast fahren. Das waren 2100 Umdrehungen. Nach dieser Prüfung wurde noch einmal nachgetankt und die Maschine für den Einsatz bereitgestellt. Vorher wurden noch die Radiosysteme und Elektrosysteme überprüft. Dann meldete ich an Gartenfeld: ›Flugzeug einsatzklar!‹

Für die Agentenverbringung nach England brauchten wir immer Mondlicht. Wir sind grundsätzlich solo geflogen. Das war auch damals so, als wir mit Schmidt von Orly abhoben. Paris war dunkel. Es war Krieg – und wir sahen nur vereinzelt ein paar Lichter. Dann haben wir uns an den bekannten Flußläufen orientiert, die wie silberne Streifen unter uns lagen und die nur ab und zu von Nebelfeldern unterbrochen wurden. Die Flughöhe betrug zwischen 7200 und 7600 m.

Beim Start wurden Schmidt und der Absetzer Achtelik aus Oberschlesien an eine Sauerstoff-Flasche gehängt. Die Geräte waren von der Firma Dräger hergestellt worden. Jeder bekam seinen Schlauch mit einem Mundstück dran. Der Laderaum der Maschine, in dem der Absetzer mit seinem Agenten saß, war durch eine

Funksprechanlage mit der Pilotenkanzel verbunden. Absetzleiter Gartenfeld sprach über Mikrofon mit Achtelik, der Schmidt dann das Absprungzeichen geben sollte. Der Absetzer hatte auch auf den Höhenmesser zu achten.

Bei 3000 m wurde Schmidt für den Höhenflug vorbereitet. Er bekam die Maske aufgesetzt, die neben seinem Sitz hing. Im Laderaum, in dem normalerweise die Bomben verstaut waren, dröhnte es zum Verrücktwerden. Mit der Maske wurde der Lärm erträglicher, allerdings konnte man sich nicht mehr unterhalten. Rauchen war natürlich unmöglich.

Vor dem Abflug hatte Schmidt einen mit Pelz gefütterten Overall angezogen. Darunter trug er seinen Zivilanzug mit Mantel. In der Maschine war es ja eiskalt. Schmidt benutzte einen sogenannten Rückenfallschirm, der auf der Brust über Kreuz gegurtet war. Vor dem Absprung wurde dann das Funkgerät vorn festgebunden. Außerdem bekam der Agent einen kleinen Spaten, mit dem er nach dem Absprung den Fallschirm vergraben konnte.

Nach Überqueren des Kanals nahm uns fast jedesmal englisches Flakfeuer in Empfang. Als wir die Insel Wight passiert hatten, flogen wir in nordöstlicher Richtung am Festland entlang und kamen weiter nördlich auf London zu. In höchster Spannung tasteten wir uns am Nordrand der Stadt weiter, geradewegs von Osten nach Westen fliegend. Dann kamen die Kommandos von Gartenfeld:

›Fertigmachen ... noch fünfundzwanzig Minuten ... noch zwanzig Minuten ... noch fünfzehn Minuten!‹

Inzwischen wurden im Laderaum der Maschine die Absprungvorbereitungen getroffen. Wir gingen auf Anflughöhe. Oberleutnant Nebel, der neben Hauptmann Gartenfeld saß, nahm das Gas weg, um möglichst kein Motorengeräusch zu erzeugen. Kurz vor dem Absetzen sind wir dann im Gleitflug weitergeschwebt. Die Luftschraube stand auf Segelstellung.

Bis zu den letzten Sekunden vor dem Absetzen kurvten wir im

Slalomflug durch die Ballonsperren bis zu unserem Ziel, das nördlich der Verbindungstraße zwischen High Wycombe und Oxford lag. Zwischen den Halteseilen für die Ballonsperren fühlten wir uns verhältnismäßig sicher, weil uns die englischen Jagdflugzeuge nicht mehr verfolgen konnten. Unsere Flughöhe betrug dann nur noch 800 m.

Etwa zehn Minuten vor dem Absprung hatte Achtelik Wulf Schmidt an die Absprungluke geführt. Dort wurden seine Fallschirmgurte noch einmal mit der Taschenlampe abgeleuchtet. Achtelik mußte schreien, weil Schmidt unter seiner Haube kaum etwas verstehen konnte. Schmidt wurde dann vor die Absprungrampe hingestellt, seine Leine eingehakt. Dann brüllte Achtelik noch:

›Mach's gut!‹

Bevor Schmidt absprang, gab Gartenfeld über die Funksprechanlage seine knappen Anweisungen an Achtelik, der die Absprungbefehle an Schmidt weitergab:

›Achtung . . . wir müssen gleich dort sein!‹

Dann berichtete Gartenfeld konzentriert das, was er beim Anflug auf das Ziel gerade sah:

›Diese Scheißballons . . . Moment . . . da unten ist es . . . da war doch das Waldstück und die Straßenkreuzung!‹

Dann wurde noch eine Runde gedreht und das Ziel noch einmal angeflogen. Wieder hörte Achtelik die Stimme Gartenfelds:

›Achtung, da ist es . . . da kommt's . . . Achtung . . . Moment . . . Achtung . . . jetzt . . . absetzen!‹

In diesem Moment gab Achtelik dem Agenten einen Klaps auf die Schulter. Dabei stolperte Schmidt mit dem Kopf voraus über eine kniehohe Holzverschalung, fiel mit dem Bauch auf eine Rutsche aus Sperrholz und tauchte so – mit dem Kopf voran – in die Nacht hinunter . . .

Das einzige Andenken, das von dem Agenten zurückblieb, war seine Leine, die am sogenannten Lebenshaken hing. Am Ende dieser Leine befand sich der dunkle Umhüllungssack, in dem vorher der Fallschirm verstaut war.

Nachdem wir Schmidt aus etwa 150 m abgesetzt hatten, sind wir noch, soweit es ging, im Gleitflug weitergeflogen – und haben erst später wieder Gas gegeben, um den Agenten an seinem Landungsplatz nicht zu gefährden . . .«

Das große Spionagenetz – mit preußischer Raffinesse gesponnen

Harry Sawyers Ingenieurbüro in der 42. Straße West, New York, funktionierte nach Ritters Vorstellung »phantastisch«!

Ritter war stolz auf seinen großen Fang und befriedigt darüber, daß er sich auf seinen Landsmann Sebold alias Harry Sawyer aus Mülheim (Ruhr) hundertprozentig verlassen konnte, vor allem jetzt, als seine geheimdienstliche Leistungskapazität fast ausschließlich mit der Bewältigung von Spezialaufgaben im Rahmen des Unternehmens SEELÖWE in Anspruch genommen war:

»Canaris wollte mich zum Abwehrchef in England machen!«

Diese Karriere stand im September 1940 allen Ernstes zur Debatte, obwohl – was die beiden damals noch nicht wissen konnten – Admiral Canaris und sein Paradepferd Nikolaus Ritter ihre geheime Schlacht gegen die USA längst verloren hatten. Die ahnungslose Abwehr sollte sogar ihr aufwendiges Amerikanetz noch bis zum 28. Juni 1941 weiter finanzieren. Erst als an diesem Tag – wenige Monate vor Kriegsausbruch zwischen Deutschland und den USA – die Bombe platzte, sollten der großsprecherische Major Ritter etwas kleinlauter und der »stets ruhige und besonnene Admiral Canaris« etwas aufgeregter werden:

Am 28. Juni nämlich werden dreiunddreißig Mitglieder des von Ritter aufgezogenen deutschen Spionageringes in New York und in anderen Städten der USA schlagartig von Agenten des FBI verhaftet und unter Spionageanklage gestellt. Am 3. September 1941 wird vor dem Bundesbezirksgericht der Prozeß beginnen, der – wären nicht Menschenleben betroffen – eher als Komödie bezeichnet werden könnte, in der die deutsche Abwehr im Hintergrund die Hauptrolle spielen wird.

Aber noch war es nicht soweit. Gerade jetzt, wo es im September 1940 nach England gehen sollte, war Canaris der festen Überzeugung, daß in Amerika »alles wie am Schnürchen läuft!«

Mit den Worten »Keiner der Agenten kennt meinen richtigen Namen, Herr Admiral!« hatte Ritter damals, bevor er nach Amerika ging, seinen Abwehrchef und sich selbst in Sicherheit gebettet. »Ich weiß genau, wie ich mich zu verhalten habe – und ich bin überzeugt, daß ich meine Aufgabe ohne Pannen lösen werde!«

Ritter sollte sein blindes Durchhaltevermögen und seinen Spürsinn auch noch weiterhin unverdrossen unter Beweis stellen. Obwohl sämtliche Mitglieder des deutschen Spionagerings bereits hinter Schloß und Riegel saßen, wurde von Hamburg ahnungslos noch ein Funkspruch an Sawyer durchgegeben:

»unterbrechen sie ihre sendungen zwei monate lang stop wir haben den Eindruck dass sie von amerikanischen abwehragenten beobachtet werden stop!«

Die Peinlichkeit wird – um dem Ablauf der Ereignisse vorzugreifen – noch größer, wenn man bedenkt, daß am 3. September 1941 der Agent Sebold alias Harry Sawyer als Kronzeuge der amerikanischen Regierung im Zeugenstand erscheinen und unter dem Gelächter der Geschworenen (neun Männer und drei Frauen) berichten wird, wie ihn Major Ritter alias Dr. Renken zum Abwehr-Chefagenten für Amerika machte; daß er, als Beweis für die Schuld der Angeklagten Duquesne, Roeder, Lilly Stein u. a., Hunderte Fotos sowie Tausende Meter Schmalfilm und Tonspulen präsentieren wird, die das FBI in monatelanger Beschattungsarbeit der deutschen Agenten hergestellt hatte. Die Unkosten dieses vom amerikanischen Geheimdienst inszenierten »Deutschlandspiels« (bis hin zum Gehalt eines speziellen FBI-Radio-Operators, der monatelang die Funkstelle Hamburg-Wohldorf mit falschen Meldungen fütterte) bestritt treu und brav die Abwehr in Berlin.

So »befähigt«, saß Ritter jetzt am Schaltpult der deutschen Geheimdienstoperationen gegen England und – tappte in die nächste Falle. Mit gleichem Erfolg, wie die amerikanische FBI-Funkstelle von Long Island die Abwehr seit acht Monaten an der Nase herumführte, begannen Mitte September 1940 auch die Engländer ihr »Doppelspiel« mit den Deutschen, ängstlich darauf bedacht, keinen Fehler zu begehen, um vom Gegner möglichst viele Einzelheiten über die geplante deutsche Invasion zu erfahren.

Mit dem Wehrmachtsfunkgerät Carolis – es stand im Vernehmungslager Ham Common, einem ehemaligen Sanatorium zur Heilung nervengeschädigter britischer Offiziere – versetzte der Secret Intelligence Service zunächst Nikolaus Ritter in hektische Aktionen. Die vom englischen Geheimdienst präparierte Meldung –

»habe mir beim absprung fuss verletzt werde versuchen irgendwo zwischen oxford und buckingham als flüchtling unterschlupf zu finden« –

hatte zielsicher den hilfsbereiten Kameraden in Nikolaus Ritter wachgerufen, der bei seinen folgenden Entscheidungen das von ihm so gepriesene »nüchterne Kalkulieren« anscheinend völlig vergaß und prompt auf den Leim stieg, den ihm die Engländer hingestrichen hatten:

Wie erwartet, alarmierte Ritter sofort seinen bis dahin erfolgreichsten England-Spion 3504 – einen vierzigjährigen Walliser Elektrogerätehändler mit schwarzer Stoppelfrisur, der Arthur G. Owens hieß und den seine Hamburger Auftraggeber »Jonny« nannten. Dieser kleine, etwas schief gewachsene Engländer mit verklemmten Schritten, halbsteifem Nacken und ungleicher Schulterhöhe, der nur zwei Worte in perfektem Deutsch sprechen konnte (nämlich: »Ein Bier!«), sollte »vorsichtig und unverzüglich« den verletzten Agenten Goesta Caroli in Sicherheit bringen!

»Jonny« Owens, den Major Ritter in dessen Wohnung in Hampstead glaubte, empfing die Funkzeichen seines Chefs bereits nicht mehr als freier Mann, sondern im Gefängnis von Wandsworth. Hier hatte die Spionageabwehr (MI 5) den schiefen Agenten eingesperrt, der jahrelang die Deutschen an die Engländer »verkaufte«

und mit noch größerer Skrupellosigkeit umgekehrt auch seine Landsleute an die Deutschen verriet.

Dennoch – oder gerade deshalb mußte sich der englische Geheimdienst wohl oder übel dieses Mannes bedienen, da ihm die Deutschen, wie aus den Funksprüchen zu erkennen war, damals noch grenzenloses Vertrauen schenkten. Mit diesem Vertrauen seitens der Abwehr war Owens (die Engländer gaben ihm den Decknamen SNOW) zur wichtigsten Figur geworden, mit der der SIS (Secret Intelligence Service) in seinem Geheimdienstspiel gegen die Deutschen fortan operierte. –

Bei meiner Suche nach dem Verbleib dieses zwielichtigen deutsch-englischen Doppelagenten habe ich nach dem Krieg im Jahre 1972 in Irland seine Spur entdeckt. Viele Jahre hatte er sich auf der Flucht vor seiner Vergangenheit unter falschem Namen in Harristown versteckt. Dort fand ich das einzige, was von »Jonny« Owens noch übriggeblieben war: ein paar hastig geschriebene Zeilen, die er in höchster Bedrängnis an einen ehemaligen Mitgefangenen aus der englischen Gefängniszeit schicken wollte, bevor er für immer in den unendlichen Weiten Südamerikas untertauchte:

»Lieber J.! Heute habe ich einen Brief mit gefährlichen Drohungen aus England erhalten. Es scheint, daß sich die Burschen O. H. M. S. (On His Majesty's Service!) wieder mit mir beschäftigen, und ich fürchte, daß ich von hier schnellstens abhauen muß. Hast Du noch Kontakt zu H. in Südamerika? Könntest Du mir irgendwie helfen, um dort hinzukommen – oder wärst Du in der Lage, mir etwas Geld vorzustrecken, damit ich untertauchen kann?«

Die englische Regierung hatte den notorischen Verräter nach Kriegsschluß des Landes verwiesen. Sie schenkte ihm sein krankes Leben, das nach dem Sieg über die Deutschen im Mai 1945 keinen Cent mehr wert war. Zu Beginn des Krieges aber war Arthur Owens der wertvollste Gefangene, der sich im September 1940 in englischem Gewahrsam befand. Er, an dessen schiefen Schultern zeitweise das Schicksal einer ganzen Nation hing, war ein glühendes Eisen zwischen den Fronten. Jeder wollte es anfassen, um damit gegen den anderen zu operieren. Jeder hätte sich aber auch an Owens »verbrennen« können, die Deutschen genauso wie die Engländer:

Das risikovolle Spiel mit dem »glühenden Eisen« geriet in der Nacht vom 17. auf den 18. September 1940 in sein entscheidendes Stadium. Owens saß auf einem harten Holzstuhl in seiner Gefängniszelle im Wandsworth-Prison und drückte unter ständiger Bewachung die Taste seines Afu-Gerätes. Der »Abwehr-Chefagent« für England mußte einen längeren Text nach Hamburg funken, den zwei Deutschland-Experten des SIS für ihn aufgesetzt hatten.

In der Funkstelle Hamburg-Wohldorf empfingen die Funker Koehn und Baruth Owens' Meldungen aus England. Die beiden kannten die »Handschrift« ihres Walliser Agenten. Aufgrund seiner individuellen Gebeweise – »Er kam meistens mit qsa 5 herein!« (das bedeutete: einwandfreie Verständigung von beiden Seiten!) – bestand für die Deutschen kein Zweifel daran, daß Owens selbst an der Taste saß und völlig frei funken konnte. Deshalb schluckte Ritter arglos die entscheidende Meldung seines englischen Chefagenten, die von der Funkstelle Wohldorf per Hellschreiber ins Generalkommando in der Knochenhauerstraße weitergeleitet wurde – und die er jetzt auf den fein säuberlich aufgeklebten Schreibstreifen mit Rührung lesen konnte.

Der langen Mitteilung entnahm er, daß Owens den verletzten Caroli durch einen Walliser Unteragenten am Bahnhof von High Wycombe abholen ließ:

»3726 (Carolis Abwehr-Decknummer!) hat sich im regen erkältet befindet sich jetzt mit hohem Fieber im bett meines freundes in londoner wohnung absolut sicher!«

Und Ritter seufzte:

»Na, Gott sei Dank!«

Am 27. September 1940 erfuhr Major Ritter, abermals durch Owens, daß sich Caroli inzwischen wieder erholt habe, worauf ihn die Abwehr sofort in die Gegend London – Colchester – Southend dirigierte.

Goesta Caroli aber konnte seit seiner Fallschirmlandung in England keine Exkursionen mehr unternehmen. Im Gegenteil. Der kräftige Seemann mußte inzwischen schärfer bewacht werden als alle anderen Gefangenen, weil er in den damaligen Wochen seine Posten bedrohte und anbrüllte:

»Wenn die Wehrmacht hier einmarschiert, werdet ihr für all das büßen müssen, was ihr mir angetan habt!«

Nach solchem Aufbäumen folgten gewöhnlich stundenlange Weinkrämpfe. Und dann wollte Caroli wieder alles zertrümmern, was um ihn war.

Am 23. Oktober 1940 war es den Engländern endlich gelungen, ihren randalierenden Gefangenen – dem sie inzwischen den Decknamen SUMMER gegeben hatten – so weit zu bändigen, daß er sich bereit erklärte, nunmehr eigenhändig nach Hamburg zu funken. Mit dieser Erpressung hätte der englische Geheimdienst schlagartig alles verlieren können, was er bis dahin aufgebaut hatte. Dennoch ging der SIS (Secret Intelligence Service) dieses Risiko ein.

Caroli war unberechenbar. Darauf waren seine beiden reaktionsschnellen Bewacher gefaßt, die ihm sofort auf die Finger geschlagen hätten, wenn er absichtlich aus seinem Rhythmus gekommen wäre – und den Deutschen dadurch bedeutet hätte, daß er gefangen war. Ohne verdächtige Abweichung von seiner üblichen Gebeweise funkte Caroli:

»befinde mich jetzt südlich cambridge werde von hier aus weiter arbeiten melde mich wieder brauche geld!«

Diese letzte Bitte, die Caroli in seiner Funkmeldung äußerte, hatte in der Hamburger Knochenhauerstraße Major Ritter abermals dazu verleitet, sich noch tiefer in das Spiel zu verstricken, das die Engländer inszeniert hatten:

»Selbstverständlich muß Caroli sofort unter die Arme gegriffen werden!«

Jetzt erhielt »Jonny« die nächste Anweisung seines Chefs, den er (in Erinnerung an gemeinsame Abende im »Münchner Kindl« auf der Reeperbahn) im Funkverkehr einfach »Biermann« nannte. Verschlüsselt kamen die Morsezeichen von Wohldorf direkt ins Wandsworth-Prison zurück:

»bitte ausbezahlt zweihundert pfund an siebenunddreißigzwosechs«.

»Jonny« Owens, also der englische Geheimdienst, entnahm das Geld für Caroli der letzten »Betriebsmittelsendung« aus Berlin. Die Devisen wurden im Rahmen der geheimen Abwehroperation STEINBUTT von Madrid nach London befördert und dort dem Owens-Mitarbeiter George Williams übergeben, der – als abgetakelter Walliser Polizeiinspektor aus Swansea – für die Deutschen von ganz besonderer Wichtigkeit war. So glaubte man wenigstens in Berlin und in Hamburg!

STEINBUTT – ein spanischer Journalist namens del Pozo – und WILLIAMS – der »Englandhasser aus Swansea« – hatten mit den Deutschen aber nur insofern zu tun, als sie sich ihre Geheimdienstaktionen vom »Oberstintendanten der deutschen Abwehr« von Berlin aus finanzieren ließen. In Wirklichkeit bildeten die beiden ein raffiniertes Agentenduo, das für den britischen SIS auf der Route London – Lissabon – Madrid jahrelang erfolgreich tätig war. Wie sehr die deutsche Abwehr an »ihre« beiden Agenten STEINBUTT und WILLIAMS glaubte, geht aus einer Eintragung im geheimen Kriegstagebuch der Abwehr-Sabotageabteilung vom 14. November 1940 hervor:

»Gemäß Meldung des Referats II, 1 West, hat der von Abwehr II über Madrid und Lissabon nach England entsandte spanische V-Mann STEINBUTT in London mit dem Nationalistenführer WILLIAMS eine Zusammenkunft gehabt. STEINBUTT übersandte einen mit Geheimtinte geschriebenen Bericht über den Stand der wallisisch-nationalistischen Organisation, aus dem die rege Tätigkeit der Walliser V-Leute im Sinne der von Abwehr II gestellten Aufgaben hervorgeht. WILLIAMS forderte zur weiteren Aktivierung der Sabotagearbeit erneut Geld an.«

Die von Owens geleitete Walliser Gruppe sollte mit zwanzigtausend Reichsmark »... durch Brandzerstörung der drei wichtigsten Hauptadern erreichen, daß es der britischen Heeresleitung nicht möglich ist, das rollende Material frühzeitig nach Norden abfließen zu lassen. Dies ist für die deutsche Operation von besonderer Wichtigkeit wegen des schmaleren Profils der englischen Bahnen.«

So hieß es im geheimen Kriegstagebuch am 6. September 1940. Auch Goesta Caroli, der am selben Tag mit dem Fallschirm über England absprang, war neben seinen Spionageaufträgen befohlen worden, wenn möglich auch englische Bahngeleise in die Luft zu sprengen. Und Ritter wartete darauf, daß Caroli, fit und mit zweihundert Pfund versorgt, jetzt an seine Arbeit gehen würde. Aber sein Warten war vergeblich; denn es explodierten weder Bahngeleise noch erreichten weitere Funksprüche von ihm die Antennen von Wohldorf.

Was während der folgenden Funkstille wirklich passierte, könnten – wenn sie nicht heute noch an ihre strengen Geheimhaltungsvorschriften gebunden wären – die englischen Militärärzte berichten, die Goesta Caroli nach zwei Selbstmordversuchen das Leben retteten. Über den wahren Grund seiner Sendepause konnte – nachdem er sein Bewußtsein wiedererlangt hatte – jener englische Posten aussagen, der Caroli ein paar Tage in einem Haus in der Nähe von Hinxton bewachen mußte – und den der Schwede unvermittelt niederschlug und fesselte, um dann mit dem Motorrad seines wehrlosen Bewachers zu flüchten. An die Verfolgungsjagd werden sich Tausende englischer Polizisten erinnern, denen es schließlich gelang, Goesta Caroli in Ely zu verhaften. Mit den Folgen der dramatischen Festnahmeaktion mußten sich abermals Ärzte beschäftigen, Neurologen, die bei dem Gefangenen später eine sogenannte retrograde Amnesie diagnostizierten; was so viel heißt, daß sich Goesta Caroli an vergangene Ereignisse nicht mehr erinnern konnte!

Die Fallschirmlandung Wulf Schmidts in England vollzog sich offenbar planmäßig, sowohl aus der Sicht der Abwehrstelle Hamburg als auch hinsichtlich der Spekulationen des britischen Geheimdienstes: Major Ritter höchstpersönlich hatte den Engländern nämlich die Ankunft eines »neuen Agenten aus Südafrika« (Schmidt stieß, aus Kamerun kommend, zur Abwehr!) bereits bei seiner »geheimen« Zusammenkunft mit Arthur Owens am 27. April 1940 in Lissabon avisiert:

»Wir werden den Agenten mit Fallschirm absetzen«, offenbarte er Owens gegenüber seine geheimsten Pläne. »Und zwar von Brüssel aus! Diesen Mann werden wir dann als Ihren Assistenten einsetzen. Sie werden sich sicher gut mit ihm verstehen!«

Ritter konnte offen mit seinem englischen Vertrauten reden, und das um so mehr, als Owens noch einen zweiten »zuverlässigen« Mitstreiter aus seiner wallisischen Widerstandsgruppe mitbrachte, der für Sabotageakte zuständig war. Ihm gegenüber äußerte Ritter, welch raffinierte Sabotagematerialien wo und wann per Fallschirm in England abgeworfen würden:

»Das Zeug ist britischen Ursprungs ... damit man unsere Handschrift nicht erkennt!« frohlockte der Rheinländer bei seinem konspirativen Meeting.

Die Dreierkonferenz in Lissabon fand »gänzlich unauffällig« in der Privatwohnung einer Señora Rodriguez statt, deren Mutter aus Norddeutschland stammte. Die charmante Deutsch-Portugiesin arbeitete als Vertrauensperson bei der Lissabonner Außenstelle der »Reichsbahn-Zentrale für den deutschen Reiseverkehr«. Ihr größtes Verdienst war die Vermittlung eines portugiesischen Marineoffiziers, der die deutsche Abwehr während des Krieges fortlaufend mit den Frachtlisten der ein- und auslaufenden Schiffe versorgte.

Señora Rodriguez betrieb eine Art »Lissabonner Karussell«, auf dem jeder jeden kennenlernen konnte und im Rahmen dieses internationalen gesellschaftlichen Wirbels rückhaltlos alles erfuhr, was ihn interessierte. Just auf diesem Karussell hatte auch Ritter seine Lissabonner Agententreffs – »meist mit vier- oder fünffacher Absicherung« – arrangiert:

»Man kann nie vorsichtig genug sein!«

Mit gleicher Umsicht hatte Major Ritter seine »Freunde aus England« noch ein paarmal in Portugal getroffen. Bei der letzten Zusammenkunft im August 1940 gab er dem Owens-Begleiter neben dreitausend Pfund Sterling zur besseren Verständigung sicherheitshalber noch ein weiteres Wehrmachtsfunkgerät mit nach England:

»Gerade jetzt darf unsere Verbindung unter keinen Umständen abreißen!«

Denselben Wunsch der Aufrechterhaltung einer kontinuierlichen Verbindung hegten auch Ritters Gegenspieler beim SIS in London – und rechneten zusammen, daß ihnen die Abwehr aus Hamburg bis dahin vier Wehrmachtsfunkgeräte samt Bedienungsanleitung und Geheimcodes kostenlos nach England geschickt hatte.

Ein fünftes Afu-Gerät schwebte in der Nacht vom 3. zum 4. Oktober 1940 vom Himmel, begleitet von dem Hamburger Abwehragenten »Mr. Gander«, der in Wirklichkeit Reysen hieß. Ritter erinnerte sich später an seinen Schützling:

»Reysen war klein, schmal, bescheiden, krank und wehruntauglich. Aber er wollte dennoch den Einsatz mitmachen. Wir ließen ihn vorher noch in Hamburg operieren, und dann schickten wir ihn auf sein Himmelfahrtskommando, von dem er nie mehr zurückkehrte. Seiner Witwe, die mit ihren Eltern in der Nähe von Bremen lebte, haben wir aber dann ein schickes Friseurgeschäft eingerichtet.«

Das sechste Funkgerät – es fiel den englischen Sicherheitsbehörden am 2. Januar 1941 in die Hände – brachte der Fallschirmagent Joseph Jakobs mit, ebenfalls von der Abwehrstelle X in Hamburg. Auch er hatte auf die Umsicht des Majors Ritter gebaut, als er einsatzfreudig in die schwarze He 111 des Hauptmanns Gartenfeld stieg, um dann sein junges Leben, das er bis dahin in Berlin verbracht hatte, an den Fallschirm zu hängen, den ihm der wortkarge Achtelik ein letztes Mal über Kreuz an die Brust gurtete. Auch ihm sagte Achtelik zum Abschied noch:

»Mach's gut!«

Das waren die letzten wohlgemeinten Worte, die Jakobs auf seinem Weg begleiteten, der vom Himmel direkt in die Hölle führte; in die Gefangenschaft, die nach endlosen Vernehmungen im Morgengrauen des 15. August 1941 endete: Joseph Jakobs hatte durch die schwarze Augenbinde, die ihm ein Soldat des englischen Exekutionskommandos an seinem Hinterkopf zusammenknotete, das Licht dieses Tages nur noch verschwommen wahrgenommen. Dann fesselten sie den deutschen Agenten an den Erschießungspfahl im Hof des Londoner Tower. Ein paar Minuten später lebte Jakobs nicht mehr.

Wie bei einer tödlichen Schachpartie hatte durch die Gefangennahme Jakobs' der englische Geheimdienst wieder eine Figur gewonnen, die er jedoch nach langen Überlegungen gleich wieder aus dem Spiel zog und hinrichten ließ. Was von dem deutschen Spion in den englischen Geheimakten übrigblieb, waren – neben einem umfangreichen Vernehmungsprotokoll – lediglich seine Ausweispapiere, die auf den Namen James Rymer lauteten. Diese Papiere stellten ein wahres Meisterstück dar, das aus der Paßfälscherabteilung der deutschen Abwehr in Berlin stammte und den SIS-Offizieren höchste Bewunderung abnötigte. Noch größer als ihre Bewunderung der technischen Perfektion aber war ihre diebische Freude darüber, daß sämtliche Personalangaben in den Papieren des James Rymer haargenau mit den Daten übereinstimmten, die der englische Geheimdienst durch seinen Funker Arthur Owens der Hamburger Abwehrstelle mitteilen ließ.

»Die Papiere müssen selbstverständlich haargenau stimmen«, sagte sich der Spionage-Experte Ritter. »Sonst fliegt der Agent schon bei seiner ersten Kontrolle auf!«

Um den anderen »Stümpern« zu zeigen, wie's gemacht wird, jagte Ritter -zig Funksprüche nach London: Sein pfiffiger Chefagent Owens sollte das Kunststück fertigbringen, einen geeigneten englischen Namensträger zu finden, der wenigstens vorübergehend nicht existent war, der aber dennoch einen Beruf hatte und unter einer bestimmten Anschrift registriert war!

Da »Jonnys« Bewegungsfreiheit äußerst begrenzt war (in seiner Zelle konnte er vier Schritte von vorn nach hinten und zwei Schritte von links nach rechts gehen!), wurden Ritters Wünsche entgegenkommenderweise von zwei Männern des britischen SIS erfüllt. Owens hatte nur noch die penibel erstellten Angaben nach Hamburg weiterzugeben. Er fungierte – genauso wie Ritters »Chefagent in den USA«, Harry Sawyer – nur als Katalysator, als Afu-Gerät, das empfangen mußte, was die Deutschen funkten, und zu senden hatte, was ihm der englische Geheimdienst vorschrieb.

Wenn auch die deutschen Geheimdienstaktionen gegen England bis dahin paradoxerweise vom SIS diktiert waren und sich fahrplanmäßig unter seiner Kontrolle abspielten, so sollte doch nach der Absetzung und Verhaftung der ersten Spione etwas passieren, womit die Engländer nicht gerechnet hatten:

Major Ritter drängte plötzlich darauf, jetzt – da ihm Verschiedenes offenbar spanisch vorkam – seinen Chefagenten Arthur Owens schnellstens wieder in Lissabon persönlich zu sehen, um ausführlich über die letzten Ereignisse mit ihm zu sprechen und ihm dabei in die Augen zu sehen und seine Stimme zu hören, ob sie zittern oder mit dem Ton der Überzeugung klingen würde. Vor allem aber wollte Ritter endlich den ominösen zweiten Mann sehen; jenen englischen Royal-Air-Force-Experten, der, wie Owens beim letzten Lissabonner Gespräch dargelegt hatte, bis über beide Ohren in Schulden steckte, dringend Geld brauchte und aus England desertieren wollte, um den Deutschen wertvolle Geheimnisse zu verkaufen.

Die englische Regierung hatte die Chance, durch ein halbes Dutzend deutscher Funkgeräte und ebenso viele »umgedrehte«

Spione direkt mit der Nervenzentrale des Oberkommandos der Wehrmacht verbunden zu sein, klar erkannt. Diese Direktleitung ins Hirn der deutschen Operationsplanungen konnte kriegsentscheidend werden, wenn es gelang, die Verbindung der Abwehr zu »ihren« Spionen in England nicht abreißen zu lassen.

Um ihre leichtgläubigen Hamburger Gegenspieler weiterhin in blindem Vertrauen zu wiegen, wurde deshalb unter Leitung von John Masterman das sogenannte »Doublecross-Committee« gegründet, eine Elitemannschaft, die ihre Spezialisten aus allen Abteilungen des Secret Intelligence Service holte; Männer, die alle Eigenschaften in sich vereinigen mußten, um die Schlacht mit der Waffe des Intellekts zu gewinnen. Der berühmte Historiker Professor Hugh Trevor-Roper von der Universität Oxford u. a. unterstützte das Team der Täuschungsspezialisten des Intelligence Service, das im Januar 1941 in London seine erste geheime Sitzung abhielt. Von nun an sollten über die Antennen der Abwehrfunkstelle in Hamburg-Wohldorf systematisch die Absichten der deutschen Kriegsführung ausgeforscht werden!

Bereits bei seiner ersten Konferenz aber war das sogenannte Doublecross-Committee mit einem heiklen Problem konfrontiert, das ihm Major Ritter, unwissentlich oder vorbedacht, aufgetischt hatte und von dessen Lösung – wie sich im späteren Verlauf des Krieges herausstellen sollte – die Entscheidung abhing, ob der britische SIS seine geheime Schlacht gegen die deutsche Abwehr gewann oder verlor:

Ritters Einladung an Owens und dessen »verratswilligen Freund«, nach Lissabon zu kommen, war eine Zwickmühle, die für beide Parteien gleichermaßen gefährlich werden konnte. Es war ein Fischzug, von dem sich der englische Geheimdienst großen Erfolg erhoffte. Vielleicht würde es sogar gelingen, Ritter selbst zu kidnappen und nach England zu bringen, um von ihm als dem Abwehr-Experten für deutsche Luftwaffenbelange die tiefsten Geheimnisse über das damals noch immer akute Unternehmen SEELÖWE zu erfahren.

Auf deutscher Seite bereitete man sich in gleicher Weise auf die Zusammenkunft in Lissabon vor. Man kannte die Bedingungen, unter denen Owens' neuer großer Fang der Abwehr »wertvolle Geheimnisse aus der englischen Luftwaffenindustrie« verraten würde. Man wußte seinen Preis. Ort und Zeit sowie die geheimen Erkennungszeichen, die von allen Beteiligten bei der Zusammenkunft im Lissabonner »Avenida Palace« zu beachten sein würden, waren in tagelangem Funkverkehr zwischen Hamburg und London vereinbart worden. Das einzige aber, was nach minuziöser Erledigung aller Detailprobleme von den Hamburger Abwehroffizieren nicht geklärt werden konnte, war die Kernfrage der bevorstehenden Operation:

Sind Owens und sein Begleiter echt oder wird der britische SIS die beiden nur als Köder auswerfen, nach dem die Deutschen gierig schnappen und dabei in einen Widerhaken beißen sollen, von dem sie nicht mehr loskommen?

Als die Betreuer Owens' Zelle im Wandsworth-Prison aufsperrten und dem Gefangenen mit dem Habichtgesicht eine Rückflugkarte London–Lissabon in die Hand drückten, war für den SIS nur so viel sicher, daß der Walliser Doppelspieler auf jeden Fall das Hinfahrt-Ticket benützen würde. Ob er nach seiner Zusammenkunft mit Ritter jemals wieder nach England zurückkehren würde, um sich abermals ins Gefängnis sperren zu lassen, bezweifelten alle, die auf englischer Seite mit den Vorbereitungen dieser riskanten Operation zu tun hatten. Mit neunundneunzigprozentiger Sicherheit war vorauszuberechnen, daß Owens seine wahre Rolle den Deutschen offenbaren und Ritter um Schutz und Asyl bitten würde, dies um so mehr, als der »Hasardeur aus Hampstead« vor dieser Reise mit seinen Nerven bereits restlos am Ende war.

Die Chance hingegen, daß Arthur Owens wieder *freiwillig* nach London zurückkehrte, betrug höchstens ein Prozent. Das wußte keiner besser als »Jonny« selbst, der 1942 einem späteren Zellengenossen, dem Dänen Jörgen Börresen (er war als deutscher Spion auf der Insel Jan Mayen von den Engländern gefangengenommen worden), von seinem letzten Lissabonner Abenteuer berichtete:

»Hier waren die Engländer. Dort waren die Deutschen – und dazwischen brannte das Feuer«, erklärte Owens Börresen gegenüber seine Ausweglosigkeit. »Wenn ich nicht gespurt hätte, wäre ich gehenkt worden. Entweder in England oder in Deutschland. MI 6 hätte mich kaltlächelnd an die Abwehr verraten, als ›Dank‹ dafür, daß ich meinen Landsleuten so viel geholfen hatte«, beschwerte sich der »verratene Verräter«, der sich von allen Seiten dazu erpreßt gefühlt hatte, jene Handlungen zu vollziehen, die ihm am Ende – seiner Doppelrolle entsprechend – auch einen doppelten Nachruf einbrachten: »Dreckschwein« von der deutschen und »bloody traitor« von der englischen Seite.

Anfang 1941 – das Datum läßt sich nicht mehr genau ermitteln – bestieg Owens in London eine PANAM-Maschine, um zur »Festigung seines Vertrauens« zu seinen deutschen Auftraggebern nach Lissabon zu fliegen. Gleichzeitig begab sich auch der »verratswillige RAF-Experte«, der sich den Deutschen als »Mr. Dickitts« vorstellen sollte, per Schiff auf seine Reise nach Portugal. Er mußte wie ein Wachhund auf Owens aufpassen und sich mit dem vom SIS sorgfältig zusammengestellten »Spielmaterial« – scheinbar wertvolle Informationen über englische Küstenbefestigungen und technische Entwicklungen auf dem Luftwaffensektor – bei Major Ritter einschmeicheln. Dickitts sollte um jeden Preis das Vertrauen der Abwehr gewinnen, da man in London mittlerweile befürchtete, daß der deutsche Geheimdienst seinen »Chefagenten« Arthur Owens eines Tages fallenlassen könnte. Damit wäre der vertrauensselige Dialog zwischen dem britischen SIS und der Wehrmacht wahrscheinlich für immer unterbrochen gewesen. Und das durfte unter keinen Umständen passieren, am wenigsten jetzt, da jede Information über die Landungsabsichten der Deutschen für die Engländer von lebenswichtiger Bedeutung war.

Mr. Dickitts – er diente im Ersten Weltkrieg bei der Royal Air

Force und war 1939 nicht mehr reaktiviert worden – hatte sich wochenlang gründlich auf die Durchführung seines für die englische Kriegführung wichtigen Auftrages vorbereitet. Er studierte alle verfügbaren Berichte über vorangegangene Zusammenkünfte von Owens und dessen Partnern in der deutschen Abwehr. Er las die Vernehmungsprotokolle von Caroli, Reysen – und die besonders aufschlußreichen Informationen Wulf Schmidts, der nach seinem Absprung aus der Gartenfeld-Maschine dem britischen MI 5 direkt in den Schoß gefallen war.

Die Tatsache und die Umstände seiner Gefangennahme wurden von dem engen Kreis der Eingeweihten wie ein Atombombengeheimnis gehütet. Allerdings war die Wirkungsweise der Atombombe längst verraten und inzwischen allgemeines Wissensgut geworden. Über den Kernpunkt aber, wie und warum Wulf Dietrich Schmidt vom deutschen ins englische Lager überwechselte und sich im Kampf gegen das Dritte Reich zu einer ebenso dauerhaften wie wirkungsvollen Geheimwaffe umfunktionieren ließ, wird bei den britischen Sicherheitsbehörden noch heute hartnäckig geschwiegen.

Wulf Dietrich Schmidt alias Johnson spielte bei unserem ersten Gespräch in Watford noch den deutschen Helden, den – wie er behauptete – die Engländer nie erwischt hätten. Er lebe noch immer unentdeckt, quasi im Untergrund . . .

Was ich in England nicht herausbekommen konnte, erfuhr ich andeutungsweise 1960 auf Umwegen – zunächst über Amerika – durch Stanley P. Lovell, der als US-Geheimdienstoffizier während des Krieges dienstlichen Kontakt zu den Spitzen des Secret Intelligence Service in London unterhielt. So erinnerte sich – was das Doppelspiel Wulf Dietrich Schmidts indiziert – Mr. Lovell an eine Schilderung, die ihm der Geheimdienst-General Sir Colin Gubbins gegeben hatte. Demnach habe der Secret Intelligence Service alle deutschen Agenten ins Gefängnis gesperrt, bis auf einen einzigen Spion, den sie mit seinem Wehrmachtsfunkgerät in relativer Freiheit beließen. Dieser »Mann bäuerlicher Herkunft« sei ein überzeugter

Nazi gewesen, der sich weder durch Bestechungen noch durch Drohungen einschüchtern ließ:

»Er gab zu verstehen«, so schilderte Mr. Lovell, was ihm angeblich General Gubbins erzählt hatte, »daß seine Großmutter adelig gewesen sei. Gerade diese Bemerkung enthüllte dem SIS die Achillesferse des Spions. So wie ein Sachsen-Coburg zu einem Windsor oder aus einem Battenberg ein Mountbatten wurde, versprach man auch dem Spion einen britischen Adelstitel, wenn er für die Engländer arbeiten würde. Man erzählte mir sogar eine Geschichte, wonach der König selbst dem Mann einen Besuch abgestattet und ihm sein königliches Versprechen gegeben habe. Das konnte wahr sein, denn plötzlich wurde der unbekannte Funkagent zur wichtigsten Kriegsbeute . . .«

Den nächsten spärlichen Hinweis auf Schmidts Gefangennahme hat – erst zehn Jahre nach Lovells Information aus Amerika – der Chef des ehemaligen Doublecross-Committees, Sir John Masterman, gegeben:

»TATE (Wulf Dietrich Schmidt) hat bei den Vernehmungen schließlich selbst aufgegeben. Er wurde Doppelagent und nahm Mitte Oktober 1940 Funkkontakt mit den Deutschen auf . . . Er wurde einer unserer vertrauenswürdigsten Funkagenten . . . Sein Leben wurde sorgsam bewacht und sein Geheimnis derart streng gehütet, daß er allen wie ein ganz normaler englischer Bürger erschien . . . Seine Arbeit war von großem Wert, zuerst für unsere Gegenspione und später für unsere Täuschungsoperationen . . .«

Schmidt hatte also sein Leben gerettet, indem er den Engländern bereitwillig sein phänomenales Erinnerungsvermögen zur Verfügung stellte und detailliert die charakterlichen Eigenheiten aller maßgeblichen Hamburger Abwehroffiziere schilderte.

Gerade diese Personenbeschreibungen waren für Mr. Dickitts jetzt besonders wichtig, damit er sich auf jene Männer einstellen konnte, die ihn in Portugal und in Deutschland ins Kreuzverhör nehmen würden. Dickitts war sich voll bewußt, daß vom Ausgang des bevorstehenden tödlichen Frage- und Antwortspiels sein Weiterleben abhängen würde. Wenn er angesichts dieser Gefahr dennoch seinen Kopf in die Schlinge der Deutschen steckte und sich als englischer Spion in die Hölle wagte, so zählt diese Tat zu den mutigsten Aktionen, die während des Zweiten Weltkrieges vollbracht wurden.

Vielleicht wäre Mr. Dickitts nicht so waghalsig an die Erfüllung seines Geheimauftrages herangegangen, wenn er gewußt hätte, welche Fallen die Abwehr in Hamburg inzwischen für ihn aufgestellt hatte:

Außer einer Schar von wißbegierigen Heeres-, Marine- und Luftwaffensachverständigen, die auf den RAF-Experten warteten, lag zum Empfang des englischen Gastes bereits die vom Generalkommando beschäftigte Prostituierte »Anna« erwartungsvoll in ihrem verführerischen Doppelbett. Zwei Techniker der Wohldorfer Funkstelle hatten in dem Liebesnest, in dem die blonde Agentin ihrem Engländer nicht nur männliche Potenz, sondern auch brauchbare Worte entlocken sollte, Geheimmikrofone installiert. In einem Safe der Abwehrstelle in der Knochenhauerstraße waren vorsorglich schon überstarke Schlafmittel aufbewahrt worden, die Mr. Dickitts sekundenschnell in vorübergehende Bewußtlosigkeit versetzen sollten.

Gefährlicher aber als die Mikrofone am Bett der schönen Anna, die Knockout-Tabletten oder die Fragen der Vernehmungsspezialisten, die sich wie Galgenschlingen um den Hals von Mr. Dickitts legen sollten, mußte für den Engländer die Gestapo sein, die ihrerseits mißtrauisch die geheimen Abwehrvorbereitungen überwachte und sich ebenfalls mit Mikrofonen, Chloroform, Pistolen und Handschellen neben dem präparierten Gästezimmer einquartierte, das die Abwehr für Mr. Dickitts im Hamburger Hotel »Vier Jahreszeiten« reserviert hatte.

Es ist fraglich, ob der als Deserteur getarnte Mr. Dickitts, der im

Auftrag des SIS als englischer Spion die Hamburger Abwehrstelle ausforschen sollte, jemals in die Hölle von Deutschland gefahren wäre, wenn er seinen bullenhaften Bewacher vorher gekannt hätte; jenen Georg Sessler vom Boxclub »Hamburg-St. Pauli«, der auch Wulf Dietrich Schmidt bis zu seinem nächtlichen Abflug nach England bewachen mußte und bei dem es kein Entrinnen gab. Leutnant Sessler bereitete sich ebenso sorgfältig auf seine Aufgabe vor, wie sich auch Owens und Dickitts mit den Eventualitäten beschäftigten, die bei ihrer Zusammenkunft mit den Deutschen auftreten konnten.

Ritters ehemaligen »Kettenhund« Georg Sessler habe ich bei meinen Nachforschungen erst am 5. 6. 1973 auf einem einsamen Landsitz in der Nähe von Marseille getroffen. Er hatte sich lange geweigert, mich zu einem Gespräch über seine damalige Geheimdiensttätigkeit zu empfangen:

»Ich bin froh, daß ich damals mit heiler Haut davongekommen bin«, wehrte er sich bei unseren Telefongesprächen immer wieder. »Und ich möchte mit diesem dreckigen Geschäft nichts mehr zu tun haben!«

Ähnlich wie bei meinen Gesprächen mit Wulf Dietrich Schmidt alias Harry Johnson, versuchte ich, auch Sessler umzustimmen:

»Aber die Ereignisse, um die es geht, sind mittlerweile versteinerte Geschichte geworden. Die Dinge liegen ein Vierteljahrhundert zurück!«

»Das mag sein«, erwiderte Monsieur Sessler, der nach dem Kriege eine Korsin geheiratet hatte, in Frankreich untergetaucht war und nach all den Jahren nach Worten seiner Muttersprache suchen mußte, um einigermaßen zusammenhängend einen deutschen Satz sprechen zu können:

»D'accord! Die Zeiten sind passé. Da mögen Sie recht haben. Aber die Leute von damals haben den Krieg überlebt. Und viele von ihnen sind wieder im alten ›Geschäft‹ tätig. Wer da mal ›reingeschlittert‹ ist, der kommt so schnell nicht wieder raus!«

Nach dieser telefonischen Fühlungnahme saß ich Monsieur Sessler endlich auf der Terrasse seines Landsitzes bei Aix-en-Provence gegenüber. Er sagte:

»Fühlen Sie sich wie zu Hause!«

Mit diesen Worten legte er mir eine alte belgische Armeepistole auf den Tisch, zog das Magazin heraus, um mir zu zeigen, daß es gefüllt war:

»Damit können Sie sich helfen!«

Unvermittelt brüllte er dann ein paarmal »Alusch!« in die einsame Hügellandschaft. Und als sich in der Hütte, die in einer entfernten Obstplantage versteckt war, nichts rührte, pfiff er mit der Trillerpfeife, die er wie ein Schiedsrichter um seinen Hals hängen hatte.

Daraufhin raschelte es plötzlich im Gebüsch hinter mir – und ein tunesischer Leibwächter mit abgebrochenen vergilbten Schneidezähnen und einer scharfen Dogge stand zu Diensten. Der hagere Mann mit schwarzen lustigen Augen verbeugte sich mehrmals mit breitem Lachen, redete aufgeregt und unverständlich auf mich ein und beendete seinen Wortschwall jedesmal mit dem servilen Kompliment:

»Deutscher Mann gutt!«

Mit dieser Überzeugung und einem permanent entsicherten Gewehr bewachte Alusch schon seit vielen Jahren das Leben des Hamburger Ex-Geheimdienstoffiziers!

»Der Bursche ist stinkfaul. Tagsüber taugt er wirklich nur zum Whisky-Servieren. Aber dafür macht er sich bezahlt, wenn's dunkel wird. Der Tunesier ist nämlich nachtsichtig«, rühmte Georg Sessler die phänomenale Veranlagung seines Dieners. »Und da sollte mal einer probieren, im Finstern hier ranzuschleichen!«

Dabei zeigte Sessler auf die Schießscharte hinüber, die sich Alusch in Augenhöhe quer durch die Tür seiner Holzhütte ausgesägt hatte.

Die Sicherheitsvorkehrungen, die er getroffen hatte, paßten

eigentlich gar nicht zu dem unerschrockenen Boxer aus Hamburg. Aber es schien, als lägen noch Andenken aus dem Kriege in den Schränken seines französischen Bauernhauses, als hockte die Angst drunten am leeren Swimming-pool – und als hätte sich irgend etwas Unbeschreibliches in den vielen Zimmern seines Gästehauses einquartiert, das man fürchten mußte:

»Haben Sie schon mal was von der ›Roten Kapelle‹ gehört?« fragte mich Georg Sessler, während er nervös sein Whisky-Glas ansetzte.

Ich wußte nicht, warum er von der »Roten Kapelle« zu sprechen begann, wo ich ihn doch nach Mr. Dickitts gefragt hatte, den er zu Beginn des Krieges nach Hamburg begleiten mußte.

»Haben Sie Dickitts jemals gefunden?« wollte Sessler von mir wissen.

Ich sagte:

»Nein!«

»Wissen die Engländer, wohin er verschwunden ist?«

»Keine Ahnung!«

»Dann sollten Sie seine Spuren mal weiterverfolgen, wenn Sie wirklich ›Geschichte‹ schreiben wollen – und nicht nur eine Story ausschlachten, die zwar interessant ist, aber kein Ende hat!«

»Aber was hat Dickitts mit der ›Roten Kapelle‹ zu tun?« wollte ich wissen.

»Haben Sie Schmidt gefunden?«

Ich sagte mit einigem Stolz:

»Ja. Das ist mir nach jahrelangen Recherchen endlich gelungen!«

»Ich meine nicht Wulf Schmidt«, korrigierte Sessler. »Ich meine Dr. Schmidt; das ist auch ein Fang von Ritter, der für uns als Haupt-V-Mann auf dem Balkan arbeitete – und dem ich ein Funkgerät nach Budapest bringen mußte!«

Die Geschichte wurde für mich immer komplizierter und unheimlicher. Es schien, als hätte ich mich in einem Netz verstrickt, aus dem ich am Ende nur schwer herausfinden sollte.

Völlig aus dem Zusammenhang gegriffen, wollte Sessler jetzt von mir wissen:

»Haben Sie Kim Philby jemals gesprochen?«

»Aber der ist doch in Moskau!« antwortete ich.

Hier unterbrach Sessler unser Gespräch, weil Alusch den Rasenmäher nicht starten konnte. Er stand auf und ließ mich allein am Tisch zurück. –

Die britischen Geheimakten über Operationen des Intelligence Service, insbesondere die Dokumente des gegen Deutschland geführten Täuschungsmanövers, in dem Kim Philby eine bis heute undurchsichtige Hauptrolle spielte, werden mit Sicherheit bis zum Jahre 2000 geschlossen bleiben. Aber auch wenn die englische Regierung diese Akten morgen für die Geschichtsschreibung öffnete, würde darin jener Bericht fehlen, den mir Monsieur Sessler gab, nachdem er seinen Rasenmäher wieder in Schwung gebracht hatte. Dieser Bericht schildert nicht nur die atemberaubende Tat eines alliierten Geheimagenten, der mutig seinen Kopf in den Rachen des »deutschen Löwen« steckte, sondern klärt vieles, was Sir John Masterman und gleichermaßen auch den Männern seines damaligen »Doublecross-Committee« an ihrer Aktion CELERY – die Reise Mr. Dickitts' nach Deutschland – heute noch rätselhaft vorkommt.

Bei den Aufträgen, mit denen Mr. Dickitts im März 1941 in den »deutschen Karpfenteich« springen sollte, handelte es sich um fünf Punkte, bei deren Erfüllung man ihm »völlig freie Hand« ließ:

Dickitts sollte feststellen,

- inwieweit der deutsche Geheimdienst seinem vermeintlichen Chefagenten Arthur Owens noch vertraut;
- mit welchen Personen die deutsche Abwehr in Portugal zusammenarbeitet;
- mit welchen Aufgaben bestimmte Personen, die er in Deutschland kennenlernen wird, betraut sind;
- welche operativen Absichten die Deutschen im Zusammenhang mit ihrer geplanten England-Invasion hegen; was er aus den Fragen erkennen kann, die sie ihm stellen werden;

– wie hoch die inzwischen in England abgesetzten Fallschirmagenten bei der Abwehr im Kurs stehen, insbesondere Wulf Dietrich Schmidt, den der englische Geheimdienst mit allen Mitteln zur wichtigsten Verbindung zwischen London und Hamburg aufbauen wollte.

Nachdem »Chefagent Arthur Owens« bei seinen deutschen Auftraggebern offenbar stark an Vertrauen verloren hatte, sollte die Abwehr von nun an systematisch über den von Wulf Schmidt bedienten Kanal 3725 mit den »wertvollsten Informationen aus dem Feindesland« versorgt werden. Die Chance, gerade dieses Vorhaben erfolgreich realisieren zu können, sollte Mr. Dickitts anläßlich seiner Reise nach Deutschland zu ergründen versuchen. Seine Feststellungen würden den Ausgang der geheimen Schlacht maßgeblich beeinflussen. –

»Admiral Canaris« – so schilderte mir Georg Sessler die Operation CELERY aus der damaligen deutschen Sicht – »stand der Angelegenheit skeptisch gegenüber und war der Auffassung, daß es sich bei Dickitts wahrscheinlich um einen Top-Agenten des Intelligence Service handele. Major Ritter aber hatte seinen Kopf darauf verwettet, daß es Dickitts ehrlich mit uns meine und tatsächlich bereit sei, uns wichtige militärische Geheimnisse zu verraten.

Die Spekulationen meiner Vorgesetzten waren mir damals egal. Ich konzentrierte mich nur auf meine Aufgabe, die darin bestand, die beiden Agenten Owens und Dickitts vor, während und nach ihren Gesprächen mit Major Ritter unauffällig zu beschatten. Das, so stellte ich mir vor, mußte sich in dem neutralen Portugal verhältnismäßig einfach bewerkstelligen lassen.

Problematisch sollte erst der zweite Teil unserer Geheimaktion werden: Ich hatte nämlich den Auftrag, Mr. Dickitts, der angeblich kein Wort Deutsch verstand, nach Hamburg zu bringen und ihn bei der Reise durch Portugal, Spanien und Frankreich gegen alle Wehrmachts- und Gestapokontrollen abzuschirmen. Keiner durfte erfahren, daß ein Engländer in geheimer Mission nach Deutschland kam!

Genauso vorsichtig wie unsere beiden England-Agenten Owens und Dickitts flogen Major Ritter und ich auf getrennten Routen zu unserem Treffen von Hamburg nach Lissabon. Bereits am Abend desselben Tages saß ich in der Halle des Hotels ›Avenida Palace‹ und sah zum erstenmal unseren großen England-Spion Arthur Owens, der schon zwanzig Minuten vor der verabredeten Zeit an mir vorbeiging, ohne mich beachtet zu haben. Dickitts sollte erst am nächsten Tag per Schiff eintreffen . . .

Ich beobachtete, wie sich Owens jetzt in meiner Nähe an einen Tisch setzte, kurz zum Ausgang hinüberblickte und sich so benahm, als würde er auf niemanden warten. Nur als die Zeit seiner Verabredung mit Ritter näher rückte, bemerkte ich, wie die Angst in seinen Augen zu flackern begann – und da bröckelte der Nimbus des ›großen Spions‹, auf den man in Hamburg ›Kirchen baute‹, ab – und der Engländer erschien mir eher wie ein technischer Tüftler oder ein penibler Buchhalter, der sich jetzt fürchtete, von seinem Vorgesetzten zur Rede gestellt zu werden. Ich sah, wie ein Ober an den Tisch von Owens herantrat, später wiederkam und ihm ein Glas Portwein servierte.

Dann kam Major Ritter alias Dr. Rantzau in die Halle, ging geradewegs auf seinen alten Bekannten Owens zu und setzte sich an den Tisch des Geschäftspartners aus England. Während sie die ersten Sätze miteinander sprachen, blickte Ritter ein paarmal zu mir herüber – und es dauerte nicht lange, bis er mich an den Tisch heranwinkte. Ich war für einen Moment überrascht, daß mich mein Vorgesetzter in so offener Art und Weise mit seinem englischen Hauptagenten bekanntmachte und mir damit die Möglichkeit nahm, diesen Mann weiterhin unauffällig zu beschatten, wie mir in Hamburg befohlen wurde:

›How nice to see you!‹ begrüßte mich Ritter und stellte mich Owens als George Sinclair vor.

Vollkommen unprogrammgemäß saß ich plötzlich am Tisch der beiden und versuchte, so gut es ging, dem Engländer glaubhaft zu machen, daß ich amerikanischer Seemann sei, aus New York käme und mich gegenwärtig mit meinem Chef hier in Lissabon aufhalte. Nachdem ich meine Cover-Story mit einiger Überzeugung herausgestammelt hatte, sprach Ritter – was mich abermals überraschte – unbekümmert offen mit Owens über seine Wünsche. Dabei ging es um Flughäfen in Südengland, um Produktionszahlen bestimmter Flugzeugfabriken und um Wettermeldungen, die Owens nach Hamburg senden sollte. Ich war damals als Leutnant des deutschen militärischen Nachrichtendienstes dreiundzwanzig Jahre alt, und ich muß gestehen, daß unsere Geheimaktion den Hauch von Kino an sich hatte, wobei Ritter und Owens die Hauptrollen spielten. In meinem Idealismus, mit dem ich an die Sache heranging, wäre mir aber nie der Gedanke gekommen, daß ein Mann, dem meine Vorgesetzten hundertprozentig vertrauten, eventuell vom gegnerischen Geheimdienst ›umgedreht‹ sein konnte. Das Wort ›Gegenspieler‹ war mir nicht einmal vom Hörensagen bekannt.

Als Ritter seinem Chefspion jetzt munter und wichtig die geheimsten Aufträge erteilte, war es Owens, der mit skeptischen Blicken und einer ablenkenden Frage, die an mich gerichtet war, den Redeschwall meines Vorgesetzten zu bremsen versuchte:

›When are you going back to the States, George?‹

Jetzt endlich hatte sich Ritter daran erinnert, daß er mich gerade als Amerikaner vorgestellt hatte, in dessen Gegenwart man nicht derart offenherzig hochbrisante Spionageaufträge erörtern sollte. Ritter war in seiner jovialen Art aber gleich wieder ›Herr der Lage‹ und beruhigte den beunruhigten Engländer:

›Unserem amerikanischen Freund kannst du seelenruhig vertrauen, Jonny! George und ich kennen uns schon zehn Jahre. Wir haben schon einiges zusammen gebechert. Nicht wahr, George?‹ sagte er in betont breitem amerikanischen Slang und klopfte mir dabei auf die Schulter.

Vor zehn Jahren war ich dreizehn, dachte ich. Aber Ritter lachte laut. Dadurch fiel offenbar der Unsinn, den er über unsere ›alte Freundschaft‹ erzählte, nicht besonders auf.«

Arthur Owens hatte sich in seiner Zelle des Wandsworth-Prison wahrscheinlich sicherer gefühlt als in der quälenden Freiheit, die er auf Befehl des britischen SIS jetzt im sonnigen Portugal verbringen mußte, zitternd um sein bißchen Leben, das nur noch an einem Faden hing. Major Ritter hatte ihm nämlich – nachdem Mr. Dickitts, endlich verspätet aus London kommend, in Lissabon eingetroffen war – unbarmherzig seine Pläne durchkreuzt und damit seine Illusionen zerschlagen:

»Dein RAF-Freund wird allein mit uns nach Deutschland fahren!«

»And what am I going to do?« fragte Owens erstaunt zurück.

»Du bleibst inzwischen hier in Lissabon –, draußen in Estoril«, sagte der deutsche Abwehrboß. Und als er die Angst bemerkte, die Owens' Kehle zuschnürte, sagte Ritter noch:

»Hier wird dir nichts passieren. Wir werden gut auf dich aufpassen!«

Nachdem sich Georg Sessler alias George Sinclair ab jetzt an die Fersen Mr. Dickitts' hängen mußte, übernahm die unsichtbare Bewachung von Arthur Owens, mit Schlagring und Pistole, der legendäre »Verbrecher-Schmidt«, neben dem sich »Jonny« mit seiner schiefen Figur wie ein aufrechter Junker ausnahm.

Der berüchtigte »Verbrecher-Schmidt« – er war mit einer Portugiesin verheiratet – wurde von der Abwehrstelle in Portugal als »Mädchen für alles« gegen Erfolgshonorar überall dort eingesetzt, wo es galt, lautlos und ohne Spuren krumme Sachen zu »begradigen«:

»Diesen Mann« – so erzählte mir der damalige Abwehr-Oberstabszahlmeister der Iberischen Halbinsel, Max Franzbach alias PAGO – »konnten wir mit seinem länglich-verdrückten Kürbisschädel nur nachts auf die Straße lassen. Tagsüber war man erschrocken, wenn man dieser Gestalt begegnete. Er sah aus wie der Glöckner von Notre-Dame!«

Noch schärfer, als die Deutschen es taten, wurde Owens während seiner unerträglichen Wartezeit in Estoril aber von Agenten der MI-6-Außenstelle in Lissabon bewacht. Ihnen lag das Leben ihres Gefangenen offenbar besonders am Herzen ... –

Über das Schicksal des SIS-Agenten Dickitts, der vor seiner riskanten Reise ins feindliche Deutschland beim englischen Geheimdienst unter dem Decknamen CELERY registriert worden war, berichtete mir Georg Sessler weiter:

»Mr. Dickitts kannte mich nicht. Er wußte nicht, wie ich aussah. Er wußte nur, daß er zu einer bestimmten Zeit an einem bestimmten Ort mit einem bestimmten Kennwort von einem bestimmten Mann in Englisch angesprochen werden würde. Dieser bestimmte Mann war ich, Georg Sessler, der sich George Sinclair nannte. Ich hatte den Vorteil, den Mann, den ich in den nächsten Wochen Tag und Nacht bewachen sollte, aus einer detaillierten Beschreibung zu kennen, die mir Major Ritter in Hamburg gegeben hatte.

Diesen Mann sah ich schließlich an der Bar des Hotels ›Avenida Palace‹ sitzen, als ich mich durch die herumstehenden Leute drängte. Ich ging ganz eng an Mr. Dickitts heran, stieß ihn wie aus Versehen etwas zur Seite und entschuldigte mich bei ihm. Ich drängte ihn bis ans Ende des langen Bartisches, dorthin, wo wir etwas abseits sitzen konnten. Mit den Entschuldigungsworten, die wir bei unserem vorangegangenen Funkverkehr mit ihm vereinbart hatten, nannte ich ihm meinen Namen:

›Sinclair!‹

Jetzt wußten wir beide, daß wir von nun an zusammengehörten: er als Engländer, ich als Deutscher. Wir mußten einander vertrauen, ob wir wollten oder nicht. Bei dem kurzen Bekanntmachen gab es nicht viele Worte. Wir sahen uns nur in die Augen, und jeder versuchte festzustellen, wie weit er dem anderen vertrauen konnte – wobei der Engländer mehr Vertrauen brauchte als ich; denn er war es, der in die Hölle ging. Ich war nur sein Bewacher.

Die Einzelheiten unserer Reise wollten wir irgendwo und irgendwann in der kommenden Nacht besprechen. Mir war klar, daß für Mr. Dickitts in dieser Nacht die letzte Entscheidung fallen würde. Noch immer befanden wir uns im neutralen Portugal. Noch immer hätte er es ablehnen können, mit mir nach Deutschland zu reisen. Wenn wir erst die Grenze nach Frankreich überschritten hatten, würde es für ihn kein Zurück mehr geben. Er mußte dann an meiner Seite weiter nach Hamburg fahren. Und dort würde sich zeigen, ob er ›ein Verräter in Geldnot‹ war, wie Ritter vermutete, oder ob sich Mr. Dickitts als einer der ›ausgekochtesten Agenten des Secret Intelligence Service‹ entpuppen würde, wie Admiral Canaris befürchtete.

Dickitts schien seine Chancen klar erkannt zu haben. Er wußte, daß den Deutschen ein Verrat – noch dazu in der kritischen Phase des Jahres 1940/41 – sehr viel wert sein mußte. Dickitts wußte aber ebensogut, was mit einem Geheimagenten passieren würde, den man während des Krieges der Spionage überführte!

In dieser letzten Nacht vor unserer Reise nach Deutschland fuhren wir nach Estoril hinaus und ließen es uns beide noch einmal gutgehen. Wir aßen Hummer, dann bummelten wir quer durch's Nachtleben von Lissabon. Aufreizende Portugiesinnen gingen an uns vorüber. Lichter flackerten auf und erloschen. Drinks wurden serviert und die leeren Gläser wieder abgeräumt. Musik erklang und verstummte . . .

Das alles aber schien Mr. Dickitts nicht zu interessieren. Obwohl er mich freundlich anlächelte, stand in seinen Augen immer die gleiche Frage: Wird mich dieser Bursche wieder lebend zurückbringen? Für den Engländer, der mich erst ein paar Stunden vorher kennengelernt hatte, war ich nichts weiter als ein Henkersknecht, ein Kidnapper aus der Hölle.

Ich erinnere mich noch, wie wir – als wir gerade aus einer Bar ins Freie traten – auf der Straße stehen blieben und Dickitts unvermittelt zu mir sagte:

›Sie sind zwar noch sehr jung. Ich kann nur auf den Eindruck bauen, den ich von Ihnen jetzt gewonnen habe. Aber ich glaube, daß Ihre Augen nicht lügen: Ich vertraue Ihnen mein Leben an, George!‹

Nach diesen Worten gaben wir uns stumm die Hände, wobei ich dem Engländer versprach:

›Ich bring' Sie heil wieder zurück. Verlassen Sie sich darauf!‹

Dickitts war damals etwa vierzig Jahre alt. Er trug einen englischen Anzug. Seine Augen und seine Stimme verrieten pure Angst, als ich ihn gegen drei Uhr früh in seinem Hotel absetzte und ihm ›Good-bye‹ sagte.

Jetzt, nach dieser nächtlichen Verabschiedung, begann für mich meine eigentliche Arbeit, deren Resultat entscheidend sein konnte für das weitere Schicksal meines ›Schützlings‹: Ich fuhr nicht, wie ich Mr. Dickitts vortäuschte, in meine Unterkunft zurück, sondern hielt mich zu seiner Beobachtung in der Nähe des Hotels auf, in dem er wohnte. Ich hatte alle Bewegungen Dickitts' genau beobachtet bzw. beobachten lassen. Würde er mit irgend jemandem Verbindung aufnehmen?

Ich hatte gesehen, wie er schon bald nach unserer Verabschiedung das Licht in seinem Zimmer löschte. Dennoch ging ich noch nicht schlafen, sondern beobachtete weiter. Erst kurz vor der verabredeten Treffzeit am nächsten Morgen begab ich mich in meine Unterkunft, um so zu tun, als hätte ich den Rest der Nacht hier angenehm verbracht.

Als mich Mr. Dickitts dann am Vormittag abholte, wußte ich, daß mein Begleiter kurz vor dem Auszug aus seinem Hotel eine bestimmte Lissabonner Telefonnummer angerufen hatte.

Der Hotelportier, von dem ich meine Informationen bekommen hatte, war sehr leicht und unkompliziert für diesen Beobachtungsdienst zu haben gewesen. Ich hatte ihm einfach gesagt, daß ich meinen Freund Dickitts hier im Hotel lassen würde. Dieser Mann sei ein wichtiger Exportkaufmann aus Amerika, an dem mir sehr viel läge. Im übrigen ginge es ihm gesundheitlich gar nicht gut. Es könne passieren, daß er nach einem Arzt verlange oder nach sonst jemandem. In jedem Fall sei es für mich wertvoll zu wissen, wenn er etwas brauche.

Und so erfuhr ich die Telefonnummer der britischen Gesandtschaft in Lissabon, mit der sich Dickitts hatte verbinden lassen. Was er mit seinen Leuten besprochen hatte, konnte ich nicht eruieren. Immerhin stand für mich fest, daß Dickitts, bevor er jetzt mit mir nach Deutschland fuhr, hier seinen Lebensfaden verknotet hatte.

Von jetzt an hatte ich Dickitts unsichtbar an meine Kette genommen. Am Nachmittag desselben Tages fuhren wir in die Stadt hinein. Ich ließ den Engländer in einem Café warten, während ich zu unserer Abwehr-Außenstelle ging, die im ersten Stock der Deutschen Botschaft untergebracht war. Dort holte ich für Mr. Dickitts und mich zwei deutsche Diplomatenpässe. In meinem Paß war mein richtiger Name, Georg Sessler, vermerkt. Meinen englischen Begleiter ließ ich unter dem Namen Werner Denker registrieren. Der Name Denker fiel mir spontan ein, als ich Dickitts auf der Botschaft in Lissabon einen deutschen Namen verpassen mußte. Werner Denker war ein guter Bekannter von mir, ehemaliger Besitzer des Hotels ›Timmendorferstrand‹.

Als ich Mr. Dickitts alias Werner Denker wieder in seinem Café abholte, habe ich ihm den Paß nicht ausgehändigt, sondern behielt ihn bei mir. Das war eine weitere Vorsichtsmaßnahme.

Vor unserer Abreise sind wir am Abend noch einmal nach Estoril hinausgefahren und haben uns dort für die bevorstehenden Strapazen, die vor allem Dickitts' Nervenkraft beanspruchen würden, ein letztes Mal mit Hummer gestärkt. Während des Essens fragte mich Dickitts immer wieder, ob ich ihn wirklich heil zurückbringen würde. Und ich sagte ihm noch einmal:

›Sure!‹

Nach Mitternacht fuhren wir dann gemeinsam vom Bahnhof Lissabon in Richtung Nord-Portugal ab. Dickitts hatte kein Gepäck bei sich, nicht einmal ein Hemd zum Wechseln. Ich weiß heute nicht mehr, ob er überhaupt Waschzeug mitgenommen hatte.

Der Zug, in dem die deutsche Gesandtschaft ein Diplomaten-Abteil Erster Klasse für uns bestellt hatte, war bis zur französischen Grenze überfüllt. Dicht gedrängt standen die Reisenden in den Gängen. Nur wir zwei hatten Platz genug. Dann kam die Grenzkontrolle, die in unserem Fall wortlos verlief: An Diplomaten stellt man keine Fragen!

Nachdem wir die erste Barriere überwunden hatten, fanden wir auf unserer Weiterreise sehr schnell ein Gesprächsthema, das uns beide interessierte. Es war der Sport. Meine Hobbys waren damals wie heute Fußball und Boxen. Ich habe ihm erzählt, daß ich einmal aktiver Boxer gewesen sei, beim Sportclub ›Hansa-Elf‹ in Hamburg – und daß ich schon im Alter von vierzehn Jahren bei ›Hamburg-St. Pauli‹ zu boxen begonnen hätte, in jenem Club, aus dem nicht nur Max Schmeling, sondern auch der damalige Europameister, Herbert Nürnberg, hervorgegangen sei.

Vom Boxen kamen wir sehr schnell auf St. Pauli zu sprechen, auf die Reeperbahn, die ich als Hamburger natürlich genau kannte und Mr. Dickitts in allen Farben schilderte. Obwohl wir noch anderthalbtausend Kilometer davon entfernt waren, war Dickitts immer erwartungsvoller geworden auf die Mädchen von der Reeperbahn. Um ihn langsam auf unsere Agentin vorzubereiten, die in Hamburg bereits gespannt auf den Engländer wartete, sagte ich Dickitts, daß ich ein tolles Mädchen kennen würde, langbeinig, vollbusig, schlank und – was man heutzutage selten findet – romantisch!

Auf dem langen Weg von Portugal nach Deutschland wurde unsere Abteiltür mehrmals aufgezogen – bis plötzlich Militärstreifen vor dem Engländer standen, der den Männern mit Stahlhelm wortlos ins Gesicht blickte. Hier im besetzten Frankreich brauchte ich nur meinen grünen Dienstausweis zu zeigen, den jede Wehrmachtskontrolle kannte, aber nur selten zu sehen bekam; denn es gab nur ein paar Dutzend Leute, die mit solchen Ausweisen ausgestattet waren, Geheimnisträger, die nur dem Führer direkt bzw. dem Oberkommando der Wehrmacht unterstanden.

Nachdem wir am übernächsten Morgen in Hamburg eingetroffen waren, führte ich Dickitts über den Bahnhofsplatz ins Phönix-Hotel hinüber. Dort verabschiedete ich mich von ihm und ließ ihn für die nächsten Stunden allein. Seine Beobachtung übernahmen vorübergehend der Hotelpächter, Herr Harbeck, und zwei Agenten, die vor dem Haus im Lieferwagen einer Hamburger Margarinefabrik saßen und den Ausgang bewachten.

Am nächsten Morgen holte ich Mr. Dickitts vom Phönix-Hotel wieder ab. Ich sah ihn über dieselben Stufen herunterkommen, über die vor vier Monaten auch Wulf Dietrich Schmidt ins Freie getreten war, um in unsere BMW-Limousine zu steigen. Im Gegensatz zu Schmidt aber, den ich damals nur abzuschirmen hatte, mußte ich auf Dickitts, der jetzt zu mir ins Auto stieg und leise ›morning‹ sagte, höllisch aufpassen.

Die Kunst bestand zunächst darin, ihm bei unserer Kreuz-und-quer-Fahrt durch Hamburg – wie in einem Spiegelkabinett – die Orientierung zu nehmen, damit er nicht mehr ausmachen konnte, wo er sich befand. Wir blieben in der Spaldingstraße stehen, stiegen aus und gingen zu Fuß das letzte Stück bis zum Haus Nr. 4, in dem sich eines unserer Tarnbüros befand: ›Reinhold & Co.‹

Der erste Zivilist, dem der Engländer die Hand drückte, war Kapitänleutnant Tornow, der aus Rußland stammte: Er leitete das Referat I M (Marinespionage) bei der Abwehrstelle Hamburg und sagte nicht, wer er war. Namen wurden von deutscher Seite aus nicht mehr erwähnt. Das war eine der ›Spielregeln‹, die ich mit Dickitts vereinbart hatte. Er durfte für die nächsten Wochen auch keinen Bleistift mehr benutzen, um sich Notizen zu machen. Schreibzeug wurde ihm erst dann ausgehändigt, wenn er unseren Vernehmern etwas näher erläutern sollte – geheime englische Konstruktionslösungen bestimmter Flugzeugteile, Lagepläne von Befestigungsanlagen in Südengland, vor allem aber die Hafensicherungen in Dover!

Daran waren Kapitänleutnant Tornow (er führte den Engländer Dickitts jetzt in den nächsten Raum) und ich besonders interessiert. Denn wir zwei hätten bei der geplanten Landung in England mit einem Fischerboot als erste in Dover landen sollen: Tornow als russischer Flüchtling. Ich als sein seemännischer Begleiter!

An der Türschwelle zum nächsten Raum begrüßte mein Chef, Major Ritter, den Gast aus England mit übertriebener Freundlichkeit und bat ihn, Platz zu nehmen. Es waren noch zwei andere Herren in Zivil anwesend, die ich aber nicht kannte. Während ihres ersten Gespräches mußte ich vor der Tür warten.

Etwa nach einer weiteren Stunde übergab mir Ritter wieder meinen Schützling:

›Nu machen Sie mal 'ne kleine Stadtrundfahrt mit Mr. Brown (so wurde als zusätzliche Vorsichtsmaßnahme Mr. Dickitts abwehrintern genannt!) und zeigen Sie ihm dabei, was seine RAF-Kameraden hier angerichtet haben. Damit er nicht meint: wir seien Unmenschen!‹

Ich hatte den Auftrag, Mr. Brown – wie wir ihn von nun an nannten – ein paar Zerstörungen zu zeigen, die bereits 1940 durch die ersten englischen Bomben verursacht worden waren.

›Er soll sich ruhig mal die Einschlagstellen etwas genauer ansehen‹, befahl Ritter, bevor wir losfuhren, noch einmal mit besonderer Betonung.

Die Route unserer Stadtfahrt mit genauen Aufenthaltszeiten bei den einzelnen Einschlagspunkten war ebenfalls schon vorher nach dem Grad der angerichteten Schäden genau ausgearbeitet worden und bildete den ersten Teil der psychologischen Vorbereitung des Engländers auf die bevorstehenden Vernehmungen. Wir wußten immer noch nicht, wer Dickitts wirklich war. Deshalb sollte ich seine Äußerungen – auch wenn sie noch so nebensächlich erschienen

– jeweils nach unseren Gesprächen notieren und zur Auswertung bei I/Luft in der Knochenhauerstraße abliefern. Die einzige Äußerung, die für seine Beurteilung aufschlußreich sein konnte und an die ich mich noch erinnern kann, gab Dickitts von sich, als ich ihm den Bombentreffer auf ein Krankenhaus zeigte. Als er das sah, war er – wie mir vorkam – etwas beschämt. Dennoch versuchte er, seine RAF-Freunde zu entschuldigen, und sagte auf Englisch: ›Aber unseren Piloten wurde immer wieder gesagt, daß die Deutschen auch ihre Rüstungswerke und Werften mit dem Roten Kreuz tarnen würden. Wie sollte man da einen Unterschied machen?‹

Wenige Stunden nach unserer Stadtrundfahrt prasselten im Hamburger Hotel ›Vier Jahreszeiten‹ die ersten Fragen auf Dickitts nieder, die aus einer Runde von Abwehroffizieren und Sachverständigen aus der deutschen Rüstungsindustrie an den Engländer gestellt wurden. Aus allen Teilen und Sparten des Reiches waren die Spezialisten nach Hamburg gekommen, um wie lästige Fliegen an den Informationen zu naschen, die der angebliche RAF-Deserteur aus London mitgebracht hatte. Daß sich Dickitts auch als klebriger Fliegenfänger herausstellen könnte, daran dachten damals die wenigsten.

Bei den zermürbenden Vernehmungen wurde nicht nur gefragt, sondern auch gedroht – und gezweifelt:

›Wie sollen wir kontrollieren, daß Ihre Angaben stimmen und daß Sie es ehrlich mit uns meinen?‹ fragten sie Dickitts immer wieder, worauf der Engländer den deutschen Abwehroffizieren ihre eigenen Waffen aus der Hand nahm und mit überzeugendem Lächeln zurückfragte:

›Glauben Sie allen Ernstes, daß ich als Spion freiwillig nach Hamburg gekommen wäre, um mich von Ihnen eventuell überführen oder gar aufhängen zu lassen? Sie können meine Angaben doch ohne weiteres durch Ihre Agenten in England überprüfen lassen!‹«

(Zum besseren Verständnis für den Leser sei hier eingefügt, daß Dickitts diesen Köder damals offenbar in der Hoffnung auswarf, die

Deutschen würden etwas näher »ranschwimmen« und wenigstens ein paar Andeutungen über ihre englischen Spione machen, die sich eventuell auch auf Wulf Schmidt beziehen konnten.) Das »Doublecross-Committee« hatte Schmidt für die kommenden Geheimoperationen vorsorglich schon den Decknamen TATE gegeben. Seine endgültige Rolle, die er von London aus weiterhin für den englischen Geheimdienst spielen würde, sollte in ihren Einzelheiten erst nach Dickitts' Rückkehr aus Deutschland festgelegt werden. –

Aber nach dem, was hinter den Kulissen des Hotels »Vier Jahreszeiten« inzwischen inszeniert wurde, erschien es von Stunde zu Stunde unwahrscheinlicher, daß Dickitts seinen Kopf jemals wieder aus der deutschen Schlinge herausziehen konnte: Zunächst hatte Major Ritter anläßlich einer Party auf der Reeperbahn eine Aktion veranlaßt, in deren Verlauf Mr. Dickitts hinter einer Trennwand der Bar in eine kurze Ohnmacht fiel. Das letzte Wort, das der Engländer, noch bei Sinnen, vernommen hatte, kam von dem Gastgeber Ritter:

»Prost!«

Daraufhin trank Dickitts sein Whisky-Glas leer und war bewußtlos. Dann zog Ritter dem Engländer einen Ring vom Finger, der vorher schon den kriminalistischen Spürsinn seiner Frau erregt hatte:

»Ob auf der Rückseite des Miniaturfotos seiner Geliebten nicht vielleicht Geheimzeichen stehen?«

Was Frau Ritter als Sekretärin ihres Mannes mit abwehrgeschulten Blicken argwöhnte, zeigte sich bereits wenig später in der Entwicklerschale des Fotografen Wolff, der als V-Mann für die Hamburger Abwehrstelle arbeitete: Als der Fotograf die Vergrößerung des ominösen Ringbildes näher an seine Dunkelkammerlampe hielt, entdeckte er tatsächlich einen geheimnisvollen Buchstaben-Code, der in Berlin – allerdings viel zu spät – als eine Deckadresse entziffert wurde, die der russische Geheimdienst in Lissabon benutzte. Zum damaligen Zeitpunkt waren Deutschland und Rußland durch den Ribbentrop-Molotow-Pakt noch »Freunde«. Allein aus diesem Grund hätte die Ausforschung einer russischen Deckadresse in Lissabon zu peinlichen Komplikationen führen können. Deshalb ist die Frage, *wer* Dickitts damals mit der russischen Geheimanschrift versorgt hatte, von deutscher Seite bis heute unaufgeklärt geblieben.

Der Secret Intelligence Service wird über die Details seiner Operationen auch weiterhin beharrlich schweigen. Aber es gäbe noch eine andere Quelle, die über die wahre Rolle des SIS-Agenten Dickitts berichten könnte; nämlich den ehemaligen Leiter der englischen Gegenspionage auf der Iberischen Halbinsel, Kim Philby, der als einer der tüchtigsten britischen SIS-Männer bekanntlich noch tüchtiger für den russischen Geheimdienst arbeitete. Er lebt heute in Moskau. Man kann ihn manchmal aus einiger Entfernung sehen, wenn er gelegentlich den Dserschinskij-Platz überquert. Aber es wäre unvorsichtig, sich Kim Philby zu nähern, um mit ihm über Vergangenes zu sprechen, denn das »Vergangene«, die Geheimnisse aus dem Kriege, werden in dem KGB-Gebäude am Moskauer Dserschinskij-Platz (Felix Dserschinskij war in den zwanziger Jahren Chef der russischen Geheimpolizei) nach wie vor zumindest ebenso sorgfältig gehütet, wie etwa die Engländer ihre »alten Verbindungen« nicht preisgeben – oder die Amerikaner jene geheimen Netze aus dem Zweiten Weltkrieg nach 1945 zum Beispiel im Rahmen der Gehlen-Organisation weitergesponnen haben. –

Wirkungsvolle Spionage ist etwas organisch Gewachsenes, ein weitverzweigter Baum mit zahllosen Ästen, der aus ein paar Wurzeln entstanden ist. Eine der Wurzeln, von denen der alles beschattende russische »Spionagebaum« genährt wurde, ist zweifelsohne Kim Philby. Er hat in den langen Jahren seiner Tätigkeit sein phänomenales Computerhirn bis auf den letzten Wissenstropfen zum Nutzen Rußlands ausgepreßt. Heute ist Kim, wie er erst 1974 eigenhändig an einen ehemaligen an der Côte d'Azur lebenden SIS-Freund schrieb, nur noch ein Wrack:

»... Was wollt Ihr mit mir«, resigniert Philby in seinem Brief aus Moskau. »Ich bin ein unausstehlicher alter Mann geworden. Ihr würdet Euch mit mir nur herumärgern!« Er sei nichts weiter als ein haltloser Säufer. Das sei alles, was von ihm noch übriggeblieben ist!

Zu Beginn der Arbeit an diesem Buch glaubte ich, der Heldenstory eines deutschen Meisterspions in England auf der Spur zu sein. Ich hatte in diesem Sinn bereits das Drehbuch »Brücke nach London« verfaßt, das die UFA zusammen mit RANK verfilmen wollte. In diesem Film wäre Wulf Dietrich Schmidt ein unerschrokkener, cleverer deutscher Spion gewesen, der den ganzen Krieg hindurch MI 5 (Spionageabwehr) in Atem hielt, der zu seiner Tarnung sogar eine Engländerin heiratete und im Mai 1945 unerkannt untertauchte, um fortan bei seinen Feinden zu leben, die er vier Jahre hindurch auf das härteste bekämpft hatte.

Die UFA-Berlin war mit RANK-London bereits in intensive Koproduktionsverhandlungen eingetreten –, als sich etwas Sonderbares ereignete: Wulf Schmidt alias Harry Johnson schrieb mir einen acht Zeilen langen Brief, in dem er in Form einer hintergründigen Bemerkung leichtfertig das preisgab, was durch eine Reihe englischer Gesetze (Defense Regulations, Official Secrets Act, Act of Method!) jahrelang krampfhaft geheimgehalten wurde; nämlich die Täuschungsaktion »Doppelspiel« – und die wahre Rolle, die er selbst im Rahmen dieser Aktion für England spielen mußte. Der Spion 3725 hatte sich durch seinen Brief schließlich selbst verraten:

»... Ich habe vor, meinen diesjährigen Urlaub in Deutschland zu verbringen, unter anderem auch in Hamburg. Vielleicht kann ich Sie dort treffen, oder werden Sie bald mal wieder nach England kommen? Sie scheinen sich ja eifrig zu bewegen auf der *Brücke nach London!* Wie stehen die Dinge? Haben Sie wieder was Brauchbares herausbekommen? Meine Informationsquellen arbeiten noch immer sehr ergiebig (und mit Höchstgeschwindigkeit!). Alles Gute und viele Grüße, Harry.«

Schmidts Bemerkung »Sie scheinen sich ja eifrig zu bewegen auf der *Brücke nach London!*« bezog sich eindeutig auf meinen Filmtitel »Brücke nach London«. Wie sich durch ein paar Telefongespräche, die ich mit Berlin und London führte, herausstellte, hatten die englischen Sicherheitsbehörden mein Drehbuch (RANK-Film mußte es wegen des geheimdienstlichen Inhalts zur Prüfung einreichen) zur Lektüre an Mr. Johnson weitergegeben. Seitdem wußte ich, wo Schmidt hingehörte, und es gab für mich keinen Zweifel mehr, daß der vermeintliche Superspion 3725 bereits seit den ersten Stunden seiner Gefangennahme als eine ebenso willige wie wertvolle Figur fungierte, die in dem englischen Geheimdienstspiel gegen die deutsche Abwehr nach den Erfordernissen der alliierten Kriegführung hin- und hergeschoben wurde.

Nachdem ich unter diesen neuen Vorzeichen dann den Lebensweg nahezu aller an dem »Spiel« beteiligten Spione bis ins Detail verfolgt hatte, stieß ich merkwürdigerweise immer wieder auf Abzweigungen, die nach Moskau führten. Und es wurde mir immer klarer, warum Wulf Dietrich Schmidt alias Harry Johnson sein penetrantes Schweigen in Watford mit den Worten entschuldigte: »Es steht zu viel auf dem Spiel. Vor allem, was die Russen betrifft!« – und warum mich Georg Sessler, der ein paar Monate nach unserem Interview auf seinem Landsitz in der Provence von unbekannten Tätern überfallen wurde, nach Kim Philby fragte.

1941, so scheint es heute, hatte auf die Rückkehr von Mr. Dickitts nach London keiner dringlicher gewartet als Kim Philby. Es kann mit höchster Wahrscheinlichkeit angenommen werden, daß Philby alle Informationen des nach Hamburg entsandten SIS-Agenten seinem eigentlichen Auftraggeber in Moskau in die Hände spielte. Aber Anfang 1941 befand sich Dickitts noch in der Zange der deutschen Abwehr . . .

Hier, bei den Vernehmungen in Hamburg, war plötzlich nicht nur Dickitts in Gefahr. Auch andere Abwehroffiziere, die mit der

Sache zu tun hatten, wurden beschattet; allen voran Leutnant Sessler, der durch eifersüchtige Überwachungsaktionen und die Bespitzelung durch Gestapoagenten unvermittelt seine Rolle tauschen mußte: Aus dem Bewacher Sessler sollte in den kommenden Wochen ein Gejagter werden, der sich mitten im Kriege mit Dickitts, einem Engländer, gegen die Gestapo verschwören mußte, um am Ende nicht selbst am Galgen zu landen.

Wie bei einer russischen Matrjaschka eine Puppe über die andere gestülpt wird, so kam seit Beginn des Unternehmens CELERY zu Mißtrauen immer wieder noch größeres Mißtrauen hinzu: Den schief gewachsenen Arthur Owens sollte Dickitts kontrollieren. Auf den ausgekochten SIS-Agenten Dickitts wiederum mußte Sessler aufpassen. Und für Georg Sessler waren die zuständigen Abwehroffiziere in Hamburg verantwortlich, bis – zu guter Letzt – der gefürchtete Chef des Reichssicherheitshauptamtes, SS-Obergruppenführer Reinhard Heydrich, sein Mißtrauen wie ein schwarzes Tuch über alles legte. Denn die Vorgänge im Hotel »Vier Jahreszeiten« waren für ihn höchst undurchsichtig. Heydrich wollte als Chef des RSHA die Dinge klarsehen und nötigenfalls auch an sich reißen.

So begann innerhalb Deutschlands ein Geheimdienst hinter dem anderen herzuspionieren. In dem intrigenreichen Kopf-an-Kopf-Rennen zwischen dem Sicherheitsdienst des SS-Obergruppenführers Heydrich und dem militärischen Nachrichtendienst des Admirals Canaris war es Heydrich gelungen, sich rücksichtslos nach vorn zu schieben. Ein Jahr zuvor, am 9. November 1939, hatte Heydrich Adolf Hitler gezeigt, wie man durch einen raschen und entschlossenen Zugriff ohne großen Aufwand an brisante Geheimnisse des Gegners gelangen konnte, zu deren Ausforschung der weißhaarige Geheimdienstkonkurrent Canaris ein riesiges Agentennetz aufbauen mußte, das langsam arbeitete und dementsprechend viel Devisen fraß. Damals bereits hatte sich Heydrich – ebenso wie es jetzt im Falle Dickitts zu befürchten war – in ein von der Abwehr in Holland begonnenes Geheimdienstspiel mit dem britischen SIS eingemischt und die Initiatoren kurzerhand aus dem Geschehen gedrängt.

Wie sich damals schon zeigte, hatten auch die Engländer ihre »Ritter«, die dem Gegner leichtfertig Funkgeräte übergaben, um sich nicht nur mit »Spielmaterial« füttern, sondern auch noch in die Falle locken zu lassen, wie es am 9. November 1939 den beiden westeuropäischen Intelligence Service-Leitern Captain Best und Major Stevens passiert war. Ihre Kurzbeschreibung in den Geheimakten des Reichssicherheitshauptamtes lautete: Captain S. Payne Best, 55 Jahre alt. Besondere Kennzeichen: Trägt stets Monokel. Nach außen hin Teilhaber einer Handelsfirma in Den Haag. In Wirklichkeit Offizier des Secret Service . . . Major Richard Stevens, 45 Jahre alt. Berufsoffizier, Leiter des Passport Control Office des britischen Generalkonsulats in Den Haag. In seinem Büro laufen die Fäden des englischen Geheimdienstes in Holland zusammen. –

Als die beiden Engländer vor dem holländischen Grenz-Café Backus auf ihre deutschen Unterhändler warteten und Captain Best durch sein eingeklemmtes Monokel die vermeintlichen Widerstandskämpfer aus Berlin auszumachen versuchte, bedurfte es nur zweier Worte Heydrichs, um seinen alten Kieler Kampfgenossen und Kidnapper mit dem gebrochenen Nasenbein, Alfred Naujocks, wie einen Jagdhund in Aktion zu setzen:

»Hol sie!«

Mit der Entführung der beiden englischen Geheimdienst-Offiziere hatte Naujocks seinem Chef Heydrich zwei »reife Zitronen« in die Hand gelegt, so daß der SD seit über einem Jahr bei Adolf Hitler in sonniger Gunst stand – und Canaris in den Schatten gedrängt war.

Aber jetzt schien es, als hätte durch die »geschickten Manipulationen« seines Paladins (Major Nikolaus Ritter) Admiral Canaris seinerseits eine »Zitrone« ergattert, die in der Person des Mr. Dickitts im Hamburger »Vier Jahreszeiten« der Abwehr tropfenweise Saft spendete. Nach den Erfahrungen im Falle Best und

Stevens war es nicht schwierig, Heydrichs teuflischen Plan zu erraten, als er an einem naßkalten Wintermorgen des Jahres 1940/41 wiederum seinen bewährten Kidnapper Alfred Naujocks zu sich befahl und sich gleichzeitig auch eine Zusammenfassung der bisherigen Vernehmungen der beiden Geheimdienst-Offiziere ins Büro bringen ließ, die ihrerseits mit Ketten an ihre Betten im KZ Sachsenhausen gefesselt waren und auf »weitere Verwendung« warteten. Obersturmbannführer Naujocks sollte sich mit den Unterlagen vertraut machen – er sollte sich mit den Kriminalräten Dr. Schambacher, Dr. Schaefer, Grothe und dem Kriminalkommissar Fehmer unterhalten – nur oberflächlich –, um zu begreifen, warum der SD den in Hamburg weilenden RAF-Deserteur Dickitts dringend in Berlin benötigte.

Noch sorgfältiger als den Vorgang »Best und Stevens« aber hatte Naujocks die Berichte seiner Hamburger SD-Männer studiert. Sie hatten sich Unterlagen von den Vernehmungen beschafft, die mit Dickitts im Hotel »Vier Jahreszeiten« durchgeführt worden waren. Ein letztes Warnzeichen, das aus Hamburg kam, besagte, daß der Engländer mit seinem Bewacher – einem gewissen Leutnant Georg Sessler – Vorbereitungen traf, um sich an einen unbestimmten Ort abzusetzen!

Damit Sessler keine unkontrollierten Wege ging, setzte Reinhard Heydrich den bewährten SS-Obersturmbannführer Naujocks auf die Fährte des schlagkräftigen Dickitts-Bewachers, der sich beim Hamburger Boxclub »St. Pauli« zu verteidigen gelernt hatte. Naujocks hingegen war kein so geübter Boxer wie Sessler. Dafür aber hatte er in solchen »Geschäften«, wie er sie jetzt zu erledigen hatte, eine weitaus größere Erfahrung. Sein Name stand fettgedruckt in den Suchlisten der alliierten Geheimdienste: »Alfred Helmuth Naujocks, Leiter der technischen Abteilung des SD, Obersturmbannführer; geboren am 2. 9. 1911 in Kiel; 185 cm groß; blond, blauäugig; besondere Kennzeichen: Schädelverletzungen, Schußwunden am linken Oberschenkel, Nasenbeinbruch und Brandwunden an den Händen.«

Nach der Machtübernahme im Jahre 1933 durch Adolf Hitler war der damals 22jährige Alfred Naujocks am Aufbau des Sicherheitsdienstes (SD) maßgeblich beteiligt. Seine erste außenpolitische Aktion führte ihn in die Tschechoslowakei, wo er einen von dem Emigranten Rudolf Formis betriebenen Propagandasender mit einer Sprengladung außer Betrieb setzte.

Die deutsche Regierung gelangte während des spanischen Bürgerkriegs in den Besitz wichtiger Geheimdokumente, die von Moskau aus über den spanischen Konsul in Hamburg nach Madrid geleitet werden sollten. Naujocks hatte mit seinen Leuten den Konsul unmittelbar vor seinem Haus in Hamburg überfallen und ihm die Aktenmappe mit den wichtigen Dokumenten geraubt. Später wurde er pro forma wegen dieses Raubüberfalles von einem deutschen Gericht verurteilt. Die Aktenmappe mit den Dokumenten wurde gefunden. »Der Täter interessierte sich offenbar nur für das Geld«, entschuldigte man sich bei den Spaniern.

Am 31. August des Jahres 1939 hatte Naujocks auf Befehl Adolf Hitlers sein für die gesamte Menschheit verhängnisvollstes Geheimunternehmen durchzuführen: Er lieferte seinem Regierungsoberhaupt durch den vorgetäuschten Überfall auf den Rundfunksender Gleiwitz einen »moralischen Grund«, um Polen zu überfallen und damit den Krieg zu beginnen.

In dem amerikanischen »Book of records« ist Alfred Naujocks als der größte Geldfälscher der Geschichte registriert gewesen. In der Tat war er der Initiator der legendären Fälschung von 125 Millionen englischer Pfundnoten. Durch eine großangelegte, getarnte Vertriebsorganisation wurden diese hervorragend gefälschten Fünf-Pfund-Noten in den internationalen Zahlungsverkehr geschleust. Die englische Wirtschaft hat noch in den Nachkriegsjahren unter dieser Aktion empfindlich gelitten. –

Am frühen Nachmittag des 9. November 1939 hatte Naujocks, wie gesagt, die Verschleppung Bests und Stevens' aus Holland durchgeführt. Dabei war ein Begleiter der beiden Engländer verletzt

Admiral Wilhelm Canaris, Chef der deutschen Abwehr

Major Ritter: An jedem Finger ein Spion

Erwin von Lahousen,
Sabotagechef
der deutschen Abwehr

Richard Wein, Leiter
der Abwehrfunkstelle
Hamburg-Wohldorf

Agentenquartier Phönix-Hotel

Dr. Praetorius, »Gesellschafter« der Exportfirma Stegemann

Dr. Scholz alias Huckriede-Schulz mit einer seiner Agentinnen

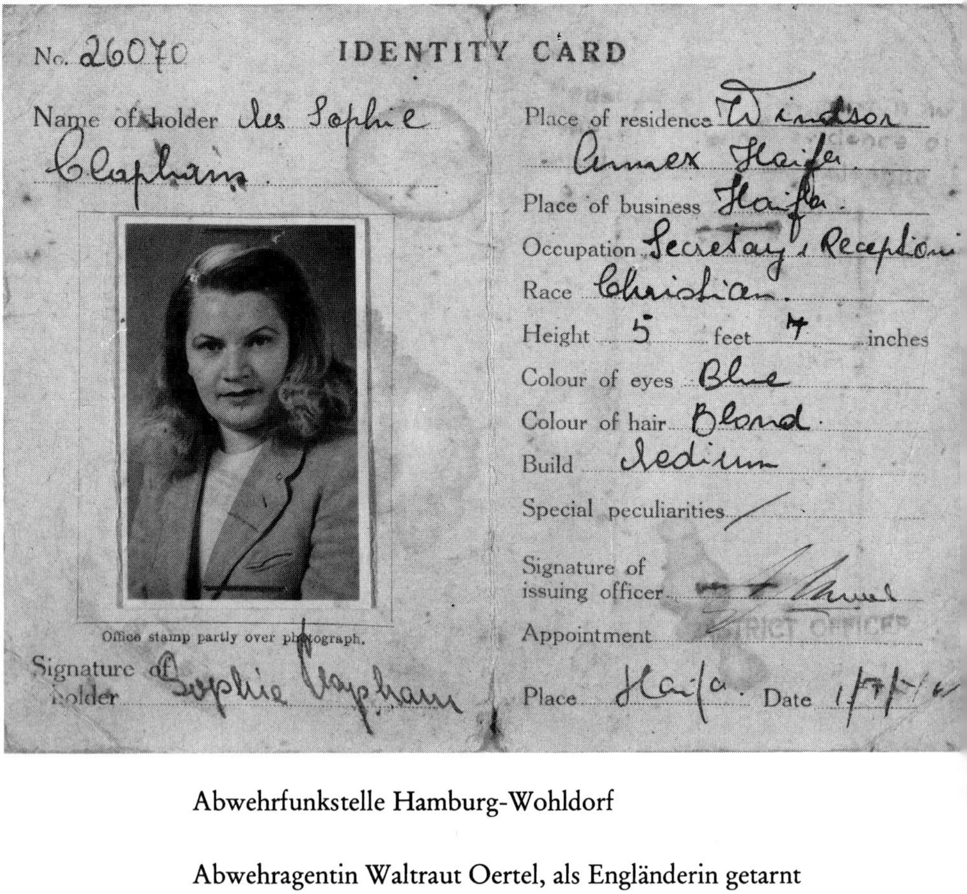

No. 26070 IDENTITY CARD

Name of holder Mrs Sophie Clapham

Office stamp partly over photograph.

Signature of holder Sophie Clapham

Place of residence Windsor Annex Haifa.

Place of business Haifa.

Occupation Secretary & Receptioni[st]

Race Christian.

Height 5 feet 4 inches

Colour of eyes Blue

Colour of hair Blond.

Build Medium

Special peculiarities —

Signature of issuing officer

Appointment [DIST]RICT OFFICER

Place Haifa. Date 1/7/4[.]

Abwehrfunkstelle Hamburg-Wohldorf

Abwehragentin Waltraut Oertel, als Engländerin getarnt

Wulf Schmidt alias Mr. Johnson alias 3725 alias TATE als Ehrengast der Stadt Mainz

Wulf Schmidt beim Mainzer Oberbürgermeister Stein

Schmidts Unterschrift

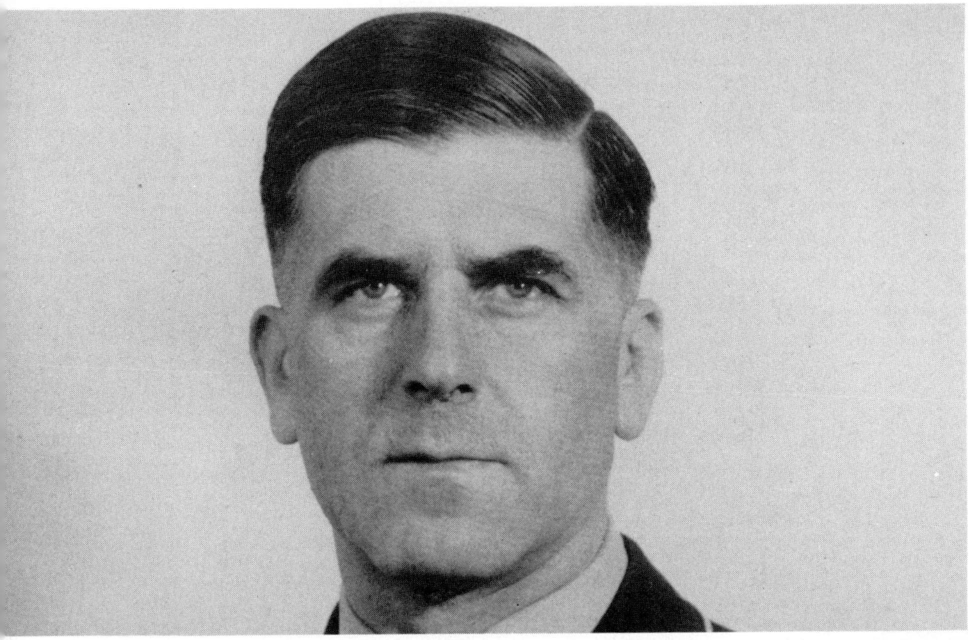

Agentenflieger Gartenfeld

Georg Sessler, der Leibwächter Dickitts'

Alfred Naujocks vom Sicherheitsdienst

Major
Albert von Karsthof
(Deckname)

Seine Sekretärin »Mausi«

Doppelagent Dusko Popov alias IWAN alias TRICYCLE

Tor Glad alias TEGE alias JEFF

Agentendompteur Angermaier

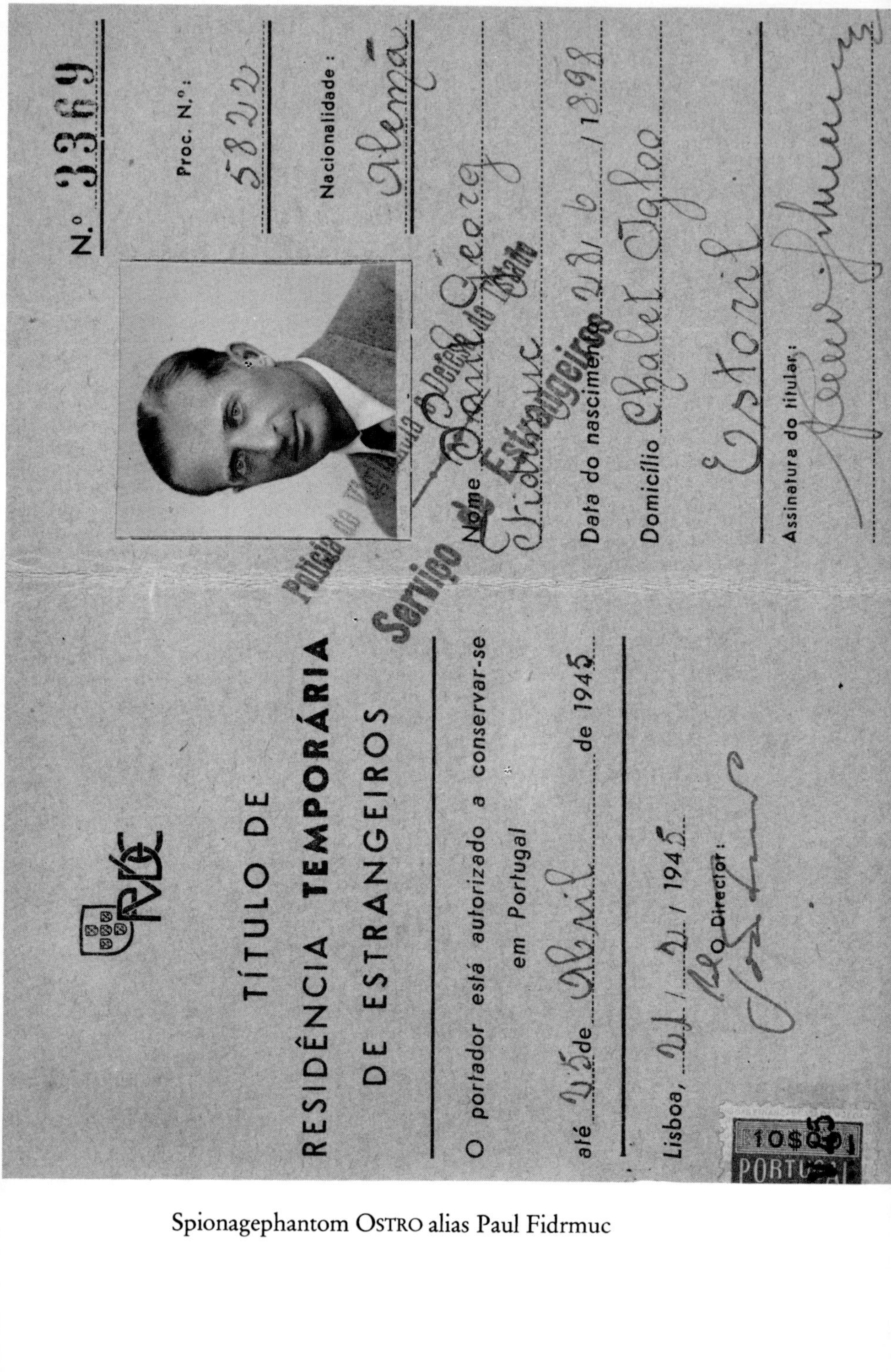
TÍTULO DE
RESIDÊNCIA TEMPORÁRIA
DE ESTRANGEIROS

O portador está autorizado a conservar-se em Portugal

até 25 de Abril de 1945

Lisboa, 21 / 2 / 1945

O Director:

N.º 3369

Proc. N.º: 5822

Nacionalidade: Alemã

Polícia de Vigilância e Defesa do Estado

Serviço de Estrangeiros

Nome Paul Georg Fidrmuc

Data do nascimento 28 / 6 / 1898

Domicílio Chalet Igloo Estoril

Assinatura do titular:

PORTUGAL 10$00

Spionagephantom OSTRO alias Paul Fidrmuc

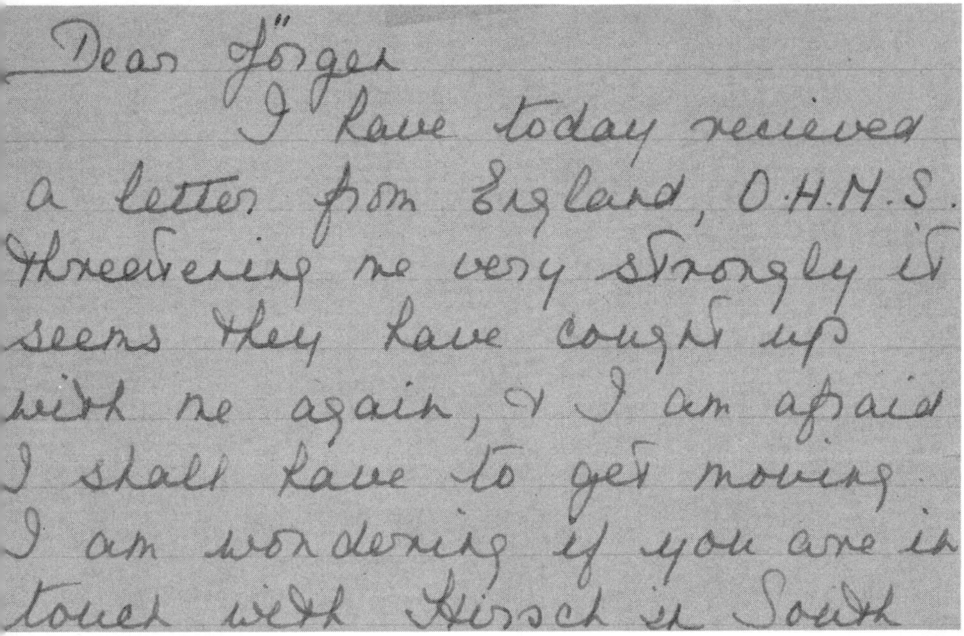

Dear Jörger
I have today recieved
a letter from England, O.H.M.S.
threatening me very strongly it
seems they have caught up
with me again, & I am afraid
I shall have to get moving.
I am wondering if you are in
touch with Hirsch in South

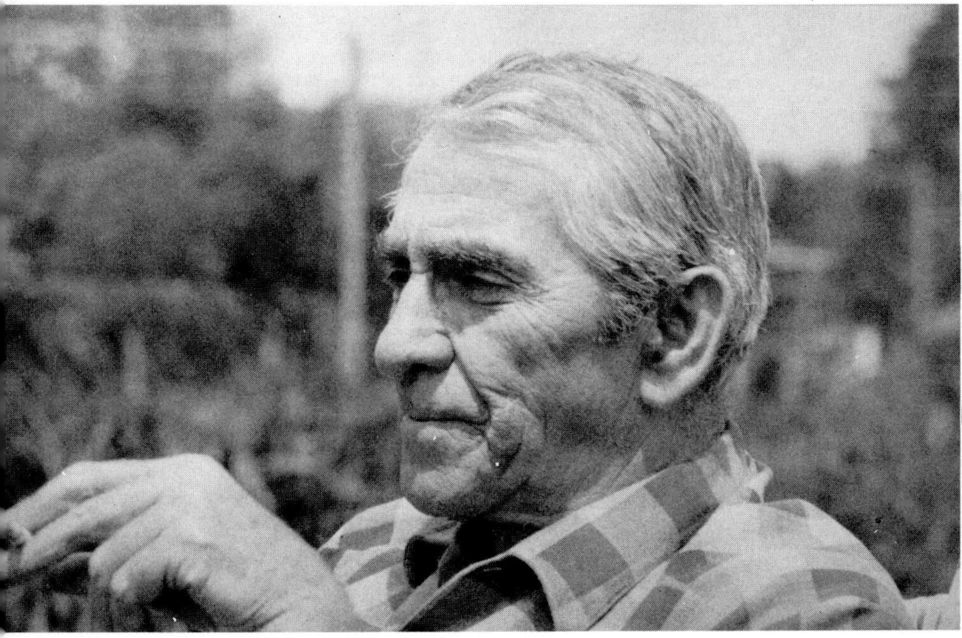

Jonny Owens alias SNOW: Lebenszeichen aus Irland

Sonderführer Andreas Folmer alias PAT alias Mr. Clark

Leibbrandt alias Kempf: für einen Erinnerungsfilm festgehalten

worden. Der Mann wurde ebenfalls aus dem neutralen Holland auf deutschen Boden geschleppt. Seine Leiche identifizierte man später als den ehemaligen Oberleutnant Klop vom holländischen Generalstab! Klops Leiche präsentierte Hitler später der Weltöffentlichkeit als Beweis der Neutralitätsverletzung: Ein Generalstabsoffizier eines neutralen Landes begibt sich mit Geheimdienstdirektoren einer Feindmacht ins Grenzgebiet. Klop war somit der moralische Kriegsgrund für den Einmarsch der Deutschen in Holland. Die beiden Secret Intelligence-Leiter Best und Stevens wurden außerdem noch der Vorbereitung des Attentates auf Hitler – im Münchner Bürgerbräu – beschuldigt.

Alfred Naujocks, der mit seinem »Überfall auf den Gleiwitzer Sender« 1939 Europa in Flammen setzte, packte in seiner Berliner Wohnung, Derfflinger Straße 8, II. Stock, seinen Schlafanzug samt Rasierzeug in eine Aktentasche, um sich zur Durchführung seines Befehls nach Hamburg zu begeben:

»Ich sollte den Engländer, den die Abwehr wie ein rohes Ei hütete, zu einer Gegenüberstellung mit Best und Stevens ins Prinz-Albrecht-Palais nach Berlin bringen. Nötigenfalls mit Gewalt«, erzählte mir Naujocks 1964 in einem Hamburger Nachtlokal (dort machte er sich mit seiner Kriegserfahrung als Rausschmeißer noch halbwegs nützlich!). »Ich stellte mir vor, daß meine Aktion ohne Schwierigkeiten verlaufen würde, da sie ja auf deutschem Reichsgebiet durchgeführt werden sollte; noch dazu in Hamburg, wo ich mich auskannte wie in meiner Westentasche. Ich wollte meine Arbeit unerkannt erledigen. Deshalb setzte ich, bevor ich von Berlin abfuhr, zur Tarnung eine Hornbrille auf . . .«

Obwohl die meisten jüdischen Geschäfte in der »Kristallnacht« des Jahres 1938 von den Nazis zertrümmert und ausgeraubt worden waren, rettete in einer kleinen Gasse hinter dem Hamburger »Vier Jahreszeiten« ein Jude nicht nur sein Leben, sondern für einige Zeit auch noch seinen Juwelierladen, weil er der Hamburger Abwehrstelle als Vertrauensmann ab und zu wertvolle Dienste leistete. Das tat er auch, als Mr. Dickitts mit dem Bewacher Georg Sessler sein kleines Geschäft betrat. Hier sollte der Engländer ein letztes Mal auf die Probe gestellt werden.

Bei unserer Nachkriegsbegegnung in Aix-en-Provence erzählte mir Georg Sessler die Fortsetzung seiner Geschichte, die weder der englische noch der deutsche Geheimdienst jemals erfahren haben:

»Um mich ein letztes Mal zu vergewissern, daß Dickitts kein falsches Spiel mit uns trieb, ließ ich ihn mit dem Juden für ein paar Minuten absichtlich allein und tat so, als müsse ich im Café gegenüber auf die Toilette gehen. Bevor ich das Geschäft verließ, wollte ich Dickitts noch eine kleine ›Freude‹ bereiten und sagte: ›Such dir ein schönes Schmuckstück für deine Freundin aus!‹

Und während der Engländer sich aus den offerierten Broschen und Ketten etwas Passendes auswählte, sollte sich – wie vorher mit dem Geschäftsinhaber, unserem Vertrauensmann, verabredet war – dieser dem vermeintlichen RAF-Deserteur gegenüber scheinbar hilfesuchend offenbaren. Er sei als Jude von den Nazis bedroht und suche nach einem Fluchtweg aus Deutschland: ›Could'nt you help me with that?‹ sollte er den Engländer fragen.

Aber Dickitts reagierte höflich abweisend und sagte – wie mir unser Kontaktmann anschließend berichtete – mit aller Vorsicht lediglich:

›I am awfully sorry. But I can *not!*‹

Meine Idee, den Engländer durch einen ›bedrohten Juden‹ überprüfen zu lassen, sollte bereits in den nächsten Stunden als Bumerang zurückschwirren und meinem eigenen Kopf gefährlich werden. Als wir den Schmuckladen wieder verlassen hatten, ahnte ich plötzlich, daß wir bereits in diesem Moment alle drei in einer Falle des SD saßen; Dickitts ebenso wie der Juwelier – und auch ich. Ein Freund in der Hamburger SD-Stelle hatte mir nämlich vorher – auf Ehrenwort, keinem Menschen etwas davon zu sagen – ein Fernschreiben gezeigt, das gerade vom Reichssicherheitshauptamt eingetroffen war. Ich hatte somit gesehen, was ich nicht sehen durfte:

... der bei der Abwehrstelle des Wehrkreises in Hamburg weilende Engländer sollte bei passender Gelegenheit verhaftet und an das RSHA-Amt VI in Berlin überstellt werden!

Ich überlegte blitzartig und handelte jetzt auf eigene Faust.

Als ich Dickitts noch in derselben Nacht aus seinem Bett im ›Vier Jahreszeiten‹ reißen wollte, um mit ihm sofort aus Hamburg zu verschwinden, zeigte sich plötzlich ein neues Verhängnis, das unsere Flucht vor den SD-Verfolgern erheblich erschweren sollte: Anna, unsere kühle Blondine, hatte sich inzwischen nämlich nicht unterhalb, sondern auch oberhalb ihres Nabels mit dem Engländer liiert; ein Phänomen, das man bei Prostituierten häufig findet, wenn sie für einen bedrängten Mann ihre verkümmerte Mutterliebe entdecken. Der mütterliche Schutz, den ihm Anna gewährte, war für Dickitts jetzt wichtiger als sexuelle Ablenkung, besonders in dem Moment, als wir hinter dem Rücken von zwei SD-Männern aus dem Hotel ›Vier Jahreszeiten‹ verschwanden.

Unsere nächsten Fluchtstationen waren wie heiße Herdplatten, auf denen wir unweigerlich verbrannt wären, wenn wir uns dort auch nur eine Minute länger aufgehalten hätten. Von Hamburg aus rasten wir in ein Versteck an der Ostsee, ins Hotel ›Timmendorferstrand‹.

Als nach zwei Tagen unsere SD-Verfolger, mit braunen Ledermänteln bekleidet, durch den Vordereingang die Halle des Hotels betraten, entwischten wir in derselben Sekunde durch den Hinterausgang und fuhren wieder nach Hamburg zurück. Dort versteckte ich Dickitts für die nächsten vierundzwanzig Stunden in einem Absteigequartier in der Königgrätzstraße, draußen in Hamburg-Hochkamp. Und während er, mit der blonden Anna unter einer Decke liegend, auf mich wartete, fuhr ich mit dem Nachtzug nach Berlin, um mich für meine weiteren Handlungen der Rückendekkung meines Amtschefs, Admiral Canaris, zu vergewissern. Das

Verhalten des Admirals, den ich zufällig auf dem Gang im Abwehrgebäude am Tirpitz-Ufer traf, hinterließ bei mir den Eindruck, als sei er über die Aktion des konkurrierenden SD genau informiert gewesen. Aus diesem Grund gab es zwischen uns auch keine Fragen und keine langen Erörterungen mehr. Canaris sagte nur:

›Dieser Mann muß wieder nach Hause. Verstehen Sie mich?‹

Keiner verstand besser als ich, was der Amtschef mit diesen Worten meinte.

Die Nummer des Hauses, in dem ich Dickitts in der Hamburger Königgrätzstraße zurückgelassen hatte, habe ich längst vergessen. Aber der Weg dahin ist mir bis heute noch genau in Erinnerung geblieben; denn ich habe auf jedem Meter dieses Weges damals damit gerechnet, daß uns die Gestapo hier, kurz vor unserer nächtlichen Abreise, verhaften würde.

Als ich Dickitts zwischen zwei und drei Uhr morgens bei unserer Agentin abholte, saß er bereits, fertig angezogen, fluchtbereit auf dem Bett von Anna. Er küßte seine deutsche Geliebte noch einmal. Dabei habe ich Anna, die ich schon seit vielen Jahren kannte, zum erstenmal weinen gesehen. Dann hörte ich Dickitts sagen:

›Good-bye, Anne. God bless you!‹

Nach diesen Worten konnte ich mich nur noch auf mein Glück verlassen und auf meinen grünen Dienstpaß der deutschen Abwehr. Dieser Ausweis zeigte jedem, der mich kontrollieren wollte, daß ich im Auftrag des Oberkommandos der Wehrmacht, Amt Ausland/Abwehr, in geheimer Mission unterwegs war. Noch nie war diese Legitimation so wichtig wie gerade in diesen Nachtstunden, als Dickitts und ich mit meinem schwarzen Mercedes über die Elbbrücken fuhren; weiter über die Autobahn in Richtung Stuttgart, wo uns ebenfalls jede Minute eine Streife der Geheimen Feldpolizei anhalten und verhaften konnte.

Die Ausweiskontrolle am Stuttgarter Flughafen war die nächste Klippe, die Dickitts und ich mit heiler Haut passierten. Aber als unsere Lufthansa-Maschine in Barcelona zur Landung ansetzte, hatte der SD seinen langen Arm auch schon nach Spanien ausgestreckt. Das erfuhr ich durch einen Telefonanruf bei unserem dortigen Abwehr-Vertreter, der mich erschrocken fragte:

›Wo sind Sie?‹

Auf diese Frage habe ich den Telefonhörer sofort wieder auf die Gabel gelegt und bin – bis zu unserem Weiterflug nach Madrid am nächsten Morgen – mit Dickitts in Barcelona untergetaucht.

Der gleiche Vorgang spielte sich tags darauf in Madrid noch einmal ab: Ein Abwehroffizier unserer KO in Spanien forderte mich am Telefon auf, sofort ins Palace-Hotel zu kommen und dort in der Halle auf ihn – wahrscheinlich auf meine Häscher – zu warten. Ein solches Rendezvous war mir aber viel zu riskant. Deshalb schlug ich vor, besser außerhalb der Stadt, an einer bestimmten Wegkreuzung, aufeinander zu warten. Dort, wo ich das Gelände überblicken konnte, würde ich mich sicherer fühlen, dachte ich.

Bevor ich mich mit dem Abwehroffizier traf, hatte ich in dem Café, in dem wir saßen, noch eine ernste Aussprache mit Dickitts. Mir war klar, daß der wichtigste Geheimagent der Alliierten, den die Deutschen jemals in ihren Klauen hatten, mir hier in Madrid ohne Schwierigkeiten entwischen konnte:

›Ich habe mein Wort gehalten‹, sagte ich zu Dickitts. ›Ich hab dich aus Deutschland wieder heil zurückgebracht. Laß mich jetzt bitte nicht im Stich. Wenn du abhaust, wird man mich in Deutschland an die Wand stellen!‹

Am Anfang hatte ich ihn in der Hand gehabt, jetzt hatte mich Dickitts in seiner Gewalt. Ich bat ihn, hier im Café so lange sitzen zu bleiben, bis ich von meiner Zusammenkunft mit dem Abwehroffizier der KO Madrid wieder zurück sein würde. Als ich ihn nach drei Wochen jetzt zum erstenmal verließ, um ins nächste Taxi zu steigen, gab es nur noch zwei Dinge, durch die wir uns aneinander gebunden fühlten: In meiner Tasche steckten fünftausend Pfund, die ich Dickitts als Informationshonorar erst am Ende unserer Reise in Lissabon ausbezahlen durfte. Und in meiner Hand, mit der ich jetzt die abgegriffene Klinke der Taxitür herunterdrückte, war ein englisches Ehrenwort, daß Dickitts auf mich warten würde.

Ich war trotzdem überrascht, daß er tatsächlich nach vier Stunden noch auf mich wartete. War es seine englische Ehre, die er nicht verlieren wollte, oder wartete er auf seine fünftausend Pfund? Schon am nächsen Tag sollte ich jedoch am eigenen Leib verspüren, daß es meinem englischen Begleiter weder um die Ehre noch ums Geld ging.

Dickitts wartete auf meinen Kopf!

Der schien ihm am Ende unserer Reise am wichtigsten zu sein; wichtiger noch als der geheimnisvolle Koffer, den ich von der Zusammenkunft mit meinem Madrider Abwehrkollegen mitbrachte und den ich jetzt – als Diplomatengepäck getarnt – über die Grenze nach Portugal schmuggeln sollte.

Der Koffer war versiegelt. Mir war ausdrücklich befohlen worden, ihn ständig bei mir zu tragen und ihn keine Sekunde aus der Hand zu geben. Allerdings habe ich während unserer langen Taxifahrt bis zur portugiesischen Grenze immer wieder mein Ohr an den verschnürten braunen Pappkoffer gehalten, um mich zu vergewissern, daß im Innern des Gepäckstückes keine Uhr tickt. Denn es hätte durchaus in das Konzept des SD gepaßt, uns mit unserer eigenen Bombe auf die Reise ins Jenseits zu schicken.

An der spanisch-portugiesischen Grenzstation stiegen wir aus dem Taxi. Ich bezahlte. Dann zückten wir beide unsere Diplomatenpässe. Dickitts war für ein paar Minuten noch einmal zum deutschen Ministerialrat Werner Denker aus Berlin geworden. Die weiteren Formalitäten verliefen ohne Beanstandungen. Wir waren wieder im neutralen Portugal. Hier hatten wir gleich viel oder gleich wenig zu sagen.

Unser dienstliches Zusammensein endete übrigens in Lissabon an derselben Bar des ›Avenida Palace‹, an der wir unser ›Spiel‹ vor drei Wochen begonnen hatten. Wir nahmen noch einen Drink. Und dann war es Dickitts, der sich für die Gastfreundschaft in Deutschland noch einmal revanchieren wollte. Inzwischen hatte ich ihm fünftausend Pfund ausbezahlt, seinen ›Verräterlohn‹ – wie man in Hamburg und in Berlin dachte –, von dem er unser letztes gemeinsames Mahl in Estoril mit Leichtigkeit bezahlen konnte.

›What are we going to have?‹ fragte er.

Ich sagte lachend:

›Lobster!‹

Und während wir mit ein paar Aperitifs auf unseren Hummer warteten, lehnte sich Dickitts in seinem Stuhl zurück und unterbreitete mir ein sonderbares Angebot, das keinen Zweifel mehr an seinem wahren Auftrag offenließ:

›Ich bezahl' dir, was du willst, wenn du mich jetzt nach England begleitest. Man wird dich in London genauso freundschaftlich empfangen, wie ihr mich in Hamburg verwöhnt habt‹, sagte Dickitts zynisch, aber mit scherzhafter Rückendeckung.

Ohne diesem Angebot ernsthaft näherzutreten, fragte ich, welche Garantien er mir für mein Überleben geben könne. Darauf sagte er, daß er persönlich gar nichts garantieren könne. Er müsse zuerst mit London sprechen – und das würde zwei bis drei Tage dauern. Als ich ihm dann erwiderte, daß er sich diese Mühe sparen solle und ich doch lieber wieder nach Hamburg zurückkehrte – ich würde schon irgendwie durchkommen! –, sprach Dickitts noch einmal von der SS und auch von Major Ritter:

›It was unfair to knock me out with these sleeping pills!‹ beschwerte er sich rückblickend über seine etwas unfeine Überrumpelung auf der Reeperbahn.

›It's part of the game‹, fügte der Engländer hinzu, nicht etwa um Ritters Handlungsweise zu entschuldigen, sondern um moralisch das zu rechtfertigen, was er selbst jetzt mit mir vorhatte, und woran ich mich dann nur noch schleierhaft erinnern konnte:

Zuerst kam der Hummer. Unsere Weingläser wurden mehrmals gefüllt. Wir stießen an – und Dickitts sagte vergnügt ein paarmal ›Prosit!‹ Dabei sprach er die zweite Silbe des Wortes jedesmal mit einer hintergründigen Betonung aus. Das fiel mir aber erst im nachhinein in einem Lissabonner Krankenhaus auf, als ich am Nachmittag des nächsten Tages die Vorgänge unseres letzten Abends noch einmal zu rekonstruieren versuchte. Ich wußte nur noch, daß mir in Estoril schlagartig hundeübel wurde; daß ich zur Toilette hinausstürzte, mich übergab . . . daß es mir schwarz wurde vor den Augen und daß ich dann in einem Taxi durch Lissabon gefahren wurde. Und ich weiß noch, daß ich irgendwann ›tschau!‹ zu Dickitts sagte. Dabei hatte sich sein Gesicht vor meinen Augen ein paarmal gedreht, bis es gänzlich verschwommen und verschwunden war.

Dickitts hatte offenbar versucht, mich – zur Krönung seiner Deutschlandreise – als ›Souvenir‹ nach England mitzunehmen. Dieser Verdacht bestätigte sich schon ein paar Tage später im Lazarett Hamburg-Wandsbek, wo ich drei Wochen lang von schweren Vergiftungserscheinungen kuriert wurde, deren Symptome dieselben waren, wie man sie auch bei zwei anderen deutschen Abwehragenten feststellte, die vom englischen Geheimdienst ›eingeschläfert‹ werden sollten, um sie problemlos via Gibraltar nach London entführen zu können.

Während meines Lazarettaufenthaltes in Hamburg kam mir noch einmal das ›Prosit!‹ in den Sinn; jenes Wort, mit dem Dickitts mir zum Abschied ein letztes Mal zutrank, bevor ich ahnungslos die englischen Knockout-Pillen schluckte. Da ich selbst nie Latein gelernt hatte, fragte ich einen jungen Wehrmachts-Sanitätsoffizier nach der tieferen Bedeutung dieses lateinischen Wortes, besonders der zweiten Silbe, die Dickitts so auffallend betont hatte. Der Arzt konjugierte ›prosim, prosis, prosit . . .‹ Und dann sagte er:

›Prosit – es möge nützen!‹«

Die »Helden« der Aktion CELERY wurden nach Erfüllung ihrer Aufträge nicht mit Orden behängt, sondern mit erniedrigender Skepsis behandelt. Die beiden englischen Doppelagenten waren gemeinsam wieder nach London zurückgekehrt, wobei Dickitts aufgrund seiner abenteuerlichen Deutschlandreise wertvolle Informationen für den englischen Geheimdienst mitgebracht hatte. Während seines Aufenthaltes in Hamburg hatte Dickitts der Reihe nach die wichtigsten Männer kennengelernt, die ihre Aufgaben für die Besetzung Englands zum damaligen Zeitpunkt bereits zugeteilt bekommen hatten: Kapitänleutnant Tornow, der als erster bei Dover landen sollte; Major Ritter, der seit Jahren die militärische Erkundung Südenglands betrieb und in bezug auf die luftwaffenstrategische Eroberung Englands über detaillierte Kenntnisse verfügte; er begegnete einem anderen Mann, der als Funkoffizier die Antennen kontrollierte, die von deutschen Spionen in England und Übersee aufgebaut wurden. Dickitts hatte sich mit Richard Wein angefreundet, dem Funkstellenleiter in Wohldorf – und er war mit maßgeblichen Luftwaffen- und Marine-Experten zusammengetroffen, die ihn nach allen Regeln der Kunst über technische Geheimnisse der Engländer ausgequetscht hatten. Zweifelsohne hatte Dickitts der englischen Regierung viele Antworten geliefert auf die lebenswichtige Frage: Wann, wo und wie werden die Deutschen landen?

Dennoch lösten die beiden Heimkehrer Dickitts und Owens durch widersprüchliche Darstellungen ihrer Erlebnisse auf dem Kontinent beim englischen Geheimdienst ein spekulatives Rätselraten aus. Sir John Masterman, der als Leiter des Doppelspiel-Komitees in London damals durch endlose Vernehmungen die Widersprüchlichkeiten zwischen Owens und Dickitts zu klären versuchte, fragt sich heute noch:

»Wenn SNOW (englischer Deckname für Arthur Owens) tatsächlich alles preisgab – warum wurde dann CELERY (englischer Deckname für Dickitts) nicht qualvoll von den Deutschen hingerichtet; es sei denn, er wäre zum Feind übergewechselt? Wenn, auf der anderen Seite, alles preisgegeben wurde – warum haben die Deutschen dann SNOW (Owens) noch einmal zehntausend Pfund gegeben?«

Auf deutscher Seite erinnert sich Georg Sessler wehmütig daran, daß ihn seine Hamburger Abwehrkollegen nicht einmal im Lazarett besucht hatten:

»Fräulein Rehder (Sekretärin des damaligen Abwehrstellenleiters Kapitän Wichmann) war die einzige, die sich in Wandsbek um mich kümmerte. Das habe ich ihr nie vergessen!«

Sessler, der unbarmherzig zuschlagen konnte, hatte – wenn es nötig war – ebenso kurz wie direkt seine Meinung geäußert. Das war sein Fehler. Denn was er seinem Vorgesetzten über die Erfahrungen mit Dickitts berichtete, klang so, als wollte er die Karriereleiter Major Ritters ansägen:

»Nachdem ich erlebte, wie naiv die verantwortlichen Offiziere den Triumph ihres grandiosen Vernehmungserfolges auskosteten, sagte ich ihm (Ritter) klipp und klar meine Meinung über Dickitts und erzählte ihm von dem eindeutigen Angebot, ich solle mit nach England kommen!

Aber Ritter beharrte weiter auf seinem Standpunkt:

›Dieser Mann ist niemals ein Spielagent. Ich bin überzeugt, daß er uns seine Geheimnisse freiwillig anvertraute; denn sonst hätte er sich niemals bis Hamburg vorgewagt!‹«

Was hätte Ritter – auf den obersten Sprossen seiner Karriereleiter stehend – auch anderes sagen sollen? Noch dazu jetzt, da der jungvermählte Pseudo-Doktor den Ehrgeiz verspürte, sogar Diplomat zu werden, Militärattaché in Brasilien.

Trotz verschiedener Zweifel an Dickitts Echtheit gab er ihm sogar noch eine Reihe von Spionageaufträgen, aus denen die Engländer unschwer erkennen konnten, wohin die Deutschen schießen wollten. Dickitts sollte über elektrisch gesteuerte Landminen und Geschützstellungen in Südengland berichten, über neue Panzerabwehrkanonen sowie über britische Schiffsbewegungen im Kanal.

Seine Verbundenheit mit »Jonny« Owens dokumentierte Ritter dadurch, daß er ihn zum Abschied in Lissabon noch mit einem Mann zusammenbrachte, den Owens und damit auch der englische Geheimdienst bis dahin noch nicht näher kennengelernt hatten:

nämlich den damaligen deutschen Sabotageboß für Portugal, Hauptmann Rudolf, der seinerseits Ritters bewährten »Chefagenten« ebenfalls mit Abschiedsgeschenken überhäufte. Er gab ihm vor allem Füllfederhalter mit eingebauter Zeitzündvorrichtung, die besonders »unauffällig« mit der deutschen Marke »Pelikan« getarnt worden waren.

Dessen nicht genug, drückte Major Ritter Owens auch noch zehntausend Pfund in die Hand. Dazu erzählte mir Nikolaus Ritter im Februar 1953:

»Er war ein armes Schwein, das mir irgendwie leid tat!«

Auch wenn Owens nach seiner Rückkehr nicht mehr für Deutschland gearbeitet hätte, wären allein die detaillierten Unterlagen über deutsche Landemöglichkeiten in Nordirland – er hatte sie anläßlich seines letzten Besuches nach Lissabon mitgebracht – jene zehntausend Pfund wert gewesen, die Major Ritter ihm damals zum Abschied mit auf die Reise gab.

Die von Owens nach Portugal geschmuggelten Unterlagen aus Irland waren für das geplante SEELÖWE-Unternehmen im allgemeinen und für Ritters Geheimschlacht gegen England im besonderen von großer Wichtigkeit. Denn Ritter verließ sich nicht nur auf den »Erfolg« seiner Direktaktionen, sondern operierte nebenbei auch noch mit dem alten »Feldherrn-Schlieffen-Trick«: Er setzte seine Agenten an die Flanken des Feindes!

Die östliche Flanke der englischen Insel ließ er im Schutz zweier Abwehragenten von seiner bildhübschen Spionin VIOLA stürmen (darüber mehr im nächsten Kapitel), während er von Westen her, über Irland, das englische Mutterland nur mit draufgängerischen männlichen Agenten bekämpfte.

Diese Draufgänger, von denen ich u. a. den Spion Walter Simon, den »Geistersegler« Christian Nissen und den Fallschirmagenten Günther Schuetz selbst interviewen konnte, waren mit U-Booten, Flugzeugen und französischen Fluchtkuttern gelandet, um mit der IRA (Irish Republican Army) gemeinsame Aktionen gegen England zu inszenieren. Alle deutschen Agenten waren aber unmittelbar nach ihrer Landung ins Gefängnis geworfen worden, mit Ausnahme des aus Lübeck stammenden Hauptmanns Dr. Hermann Goertz, der sich noch neunzehn Monate im irischen Untergrund bewegen konnte – und dem es mit viel Einsatz und Glück gelang, seinen wichtigsten Auftrag für die deutsche Abwehr zu erfüllen. Goertz sollte im Rahmen des Unternehmens KATHLEEN – eine als Ouvertüre zur Besetzung Englands geplante Invasion Nordirlands – geeignete Landeplätze für die Fallschirmjägereinheiten des Generals Student erkunden und nach Hamburg melden. Deutsche Luftlandetruppen sollten bei Divis Head und Lisburn landen, um Belfast mit seinen starken britischen Militärkontingenten vom restlichen Irland abzuschneiden.

Auch bei der von Berlin inszenierten Vorbereitung des Unternehmens KATHLEEN ging Major Ritter mit gewohnter Vorsicht ans Werk. Die Verbindung der Abwehrstelle Hamburg mit ihrem Agenten Goertz erfolgte notgedrungen über einen Funker der IRA, von dem man nie wissen konnte, ob er vielleicht Agent des englischen Geheimdienstes war. Aus diesem Grund arbeitete Ritter bei seinen irischen Aktionen mit doppeltem Netz:

Dem IRA-Funker wurden raffinierte Erkennungsparolen gesendet, Fragen, auf die ihm Hauptmann Goertz alias Dr. Brandy bei ihrer Zusammenkunft ganz bestimmte Antworten geben mußte. Als sich die beiden Konspiranten schließlich trafen, erkundigte sich der Ire bei dem Deutschen:

»Wie heißt die bedeutendste Import-Export-Firma in Hamburg?«

Darauf antwortete Dr. Goertz vereinbarungsgemäß:

»Reinhold & Co.«

»Wer ist der Firmeninhaber?«

Abermals kam dann von Goertz das erlösende:

»Major Ritter!«

Danach, so schien es, konnte nichts mehr schiefgehen. Denn der

Name Ritter klang auch im kriegerischen Irland wie eine Zauberformel, wundersam wie der Werbeslogan einer Versicherungsgesellschaft. »Ritterversichert«, überzeugte sich dann Hauptmann Goertz persönlich von den Landungsmöglichkeiten für seine deutschen Fallschirmjäger in Lisburn und Divis Head, um anschließend mit dem schwierigsten Problem seiner Spionagetätigkeit konfrontiert zu werden: Wie befördere ich meine Informationen – die Karten mit den eingezeichneten Landemöglichkeiten, Flugplätzen und Standortbeschreibungen englischer Truppenverbände – am schnellsten und sichersten nach Hamburg?

Auch dafür hatte Ritter vorgesorgt, indem er Goertz den Namen und die Adresse seines englischen Hauptagenten Arthur Owens genannt hatte, der immer helfen würde, wenn Not am Mann sei!

Just dieses Kontaktes bediente sich Goertz, als ihm in Anbetracht der Wichtigkeit seines Geheimmaterials sämtliche anderen Verbindungswege nach Hamburg – via Lissabon oder Madrid – nicht sicher genug erschienen. Abermals waren geheime Erkennungszeichen im Dreiecksverkehr zwischen Hamburg, Irland und London vereinbart worden mit dem Ziel, das für die deutsche Landung in Nordirland so wichtige Material möglichst schnell und mit hundertprozentiger Sicherheit Arthur Owens zu übergeben – was sich in der Praxis so abspielte:

Ein katholischer Priester aus Armagh, Anhänger der irischen Nationalisten-Bewegung, der mehrmals im Monat nach London reiste, versteckte die von Goertz geschriebenen Geheimdokumente unter seinem hochgeschlossenen Hemd. Das wertvolle deutsche Spionagematerial aus Irland, das mit großem Aufwand beschafft worden war, befand sich somit an der keuschen Brust eines Geistlichen, der über die geheime IRA-Funkstelle in Rathlin genaue Anweisungen aus Hamburg erhalten hatte, wie er mit den Dokumenten verfahren sollte.

Gleichzeitig benachrichtigte die deutsche Abwehr durch einen Funkspruch an Arthur Owens unwissentlich auch den englischen

Geheimdienst, der somit wußte, daß die wichtigen Papiere in einer Londoner Kirche, der Brompton Oratory, in Empfang genommen und nach Lissabon befördert werden sollten.

Durch diese Transaktion durfte der gefangene Arthur Owens wieder für ein paar Stunden Londoner Stadtluft schnuppern. Dann betrat er scheinheilig die von SIS-Männern überwachte Brompton Oratory, um den geheimnisschwangeren Mittelsmann aus Irland zu kontaktieren. Owens trat an den Priester aus Armagh heran, der am äußeren Ende einer Bank Platz genommen hatte, und fragte, ob er bereit wäre, seine Beichte zu hören:

»Selbstverständlich, mein Sohn«, sagte der Ire und begleitete den deutschen »Chefagenten 3504« zum Beichtstuhl hinüber. Hier nahm der englische Geheimdienst das von Hauptmann Hermann Goertz erstellte Spionagematerial mit stillem kollegialen Dank entgegen.

Nachdem die Unterlagen fotokopiert waren, wurde Owens damit auf die Reise nach Lissabon geschickt. Und dort nahm Major Ritter unter den üblichen Vorsichtsmaßnahmen die für die deutsche Kriegführung so wichtigen Aufzeichnungen in Empfang. Diese Aufzeichnungen – so tröstete man sich in Hamburg – waren ihre Pfunde wert, auch wenn ein paar Monate später die deutsche Abwehr ihren Chefagenten Arthur Owens fallenließ und die Funkstelle Wohldorf auf seine Rufzeichen nicht mehr antwortete. –

Und was geschah nun mit Dickitts, der nach dem Ausfall von Owens das Vertrauensverhältnis zwischen Hamburg und London weiterhin aufrecht erhalten sollte?

»Im März 1941 haben wir ihn noch einmal nach Lissabon geschickt. Von dieser Reise ist er nicht mehr zurückgekehrt«, erinnert man sich beim englischen Geheimdienst. Auch für die deutsche Abwehr ist Dickitts ein Rätsel geblieben:

»Im März 1941 haben wir vergeblich in Lissabon auf ihn gewartet«, erzählte mir später Georg Sessler.

»Aber der Mann kann sich doch nicht in Luft aufgelöst haben«, wandte ich ein.

Monsieur Sessler lachte und riet mir, mich über das Schicksal seines ehemaligen Schützlings am besten in Moskau zu erkundigen:

»Dort wird man am ehesten wissen, wer Mr. Dickitts wirklich war!«

Abwehragent 3725 – ein Juwel für beide Seiten

Dr. Martin Toeppen – als Oberstintendant der deutschen Abwehr für die Devisenversorgung der Agenten verantwortlich – war der einzige, der einen halbwegs nüchternen Überblick über die bis dahin undurchsichtigen Geheimdienstoperationen gegen die westlichen Alliierten erlangen konnte. Nach seinen buchhalterischen Erkenntnissen erschien ihm für den Spionagekrieg gegen England nur noch jene Investition von hundert Pfund erfolgversprechend zu sein, die Arthur Owens nach seiner Rückkehr aus Portugal per Einschreiben an Wulf Dietrich Schmidt gesandt hatte, der mit diesem geringen Startkapital von nun an zum deutschen Hauptagenten in England avancieren sollte.

In Übereinstimmung mit der Bilanz des peniblen Abwehrzahlmeisters ermahnte auf der praktischen Ebene Major Ritter seine unerfahreneren Geheimdienstkollegen, in der psychologischen Behandlung Wulf Schmidts jetzt mit noch größerer Umsicht ans Werk zu gehen:

»3725 ist die sicherste Stütze für unsere weiteren Aktionen gegen England.«

Auf der gegnerischen Seite hatte natürlich auch die englische Regierung den Wert ihres Gefangenen Wulf Dietrich Schmidt längst genau erkannt. Allein aus den hofierenden Funksprüchen konnte sie das blinde Vertrauen herauslesen, das die Deutschen »ihrem Mann in London« entgegenbrachten. Der kleine Schmidt war unvermittelt zu einer Art Wunderbaby geworden, das im goldenen Bettchen lag und von zwei kriegführenden Mächten verwöhnt und verhätschelt wurde. Die Deutschen waren auf sein Wohlwollen ebenso angewiesen wie der englische Geheimdienst, der Schmidt unter dem Decknamen TATE jetzt systematisch zu seinem Hauptagenten gegen die Wehrmacht aufzubauen begann. John Masterman und die anderen Offiziere des »Doppelspiel-Komitees« warteten gespannt darauf, wie die Deutschen mit Schmidt verfahren würden. Die Abwehrstrategen von Hamburg waren am Zug:

»Schmidt möchte etwas Großes für Deutschland leisten«, analysierte Hauptmann Huckriede-Schulz die Triebfeder der Handlungen von 3725. Major Ritter sah die Dinge aus seiner Sicht und meinte, Schmidt ringe um Selbstbestätigung. Ergo:

»Vielleicht sollten wir ihm mal das EK verleihen!«

Die englischen Psychologen gaben sich bei der Wahl der Beeinflussungsmöglichkeiten in bezug auf ihren Gefangenen, den sie freundschaftlich »Harry« nannten, weitaus größere Mühe. Aus ihren wochenlangen Gesprächen mit ihm hatten sie die wichtigsten Schlüsse gezogen: Harry brauchte in erster Linie Vertrauen. Er war sentimental und glaubte an Freunde. Er fühlte sich einsam und suchte Kontakte. Er war ständig in der Fremde und wünschte sich ein Zuhause. Sein Vater hatte ihn mit unerbittlicher Strenge erzogen; also erwartete Harry von seiner neuen Umgebung Verständnis. Seine Mutter war frühzeitig verstorben. Daher sehnte er sich nach Wärme, nach einer Familie!

Diese familiäre Bindung gewährte dem Deutschen der unmittelbare Chef der »Doublecross-Abteilung« des britischen Geheimdienstes, Major T. A. Robertson, höchstpersönlich. Zusammen mit seiner hübschen Frau Joan und ihrem Töchterchen bot die Robertson-Familie ihrem Hamburger Gast Wärme und Geborgenheit. Diese Geborgenheit in einem unauffälligen Haus in Watford wurde durch Männer des MI 5 Tag und Nacht abgeschirmt und von Polizisten dezent bewacht. So hüteten die Engländer den neuen deutschen »Chefagenten 3725«, von dem Major Ritter bis dahin nur so viel wußte:

»Unmittelbar nach seiner Landung hatte 3725 bei einer Prostituierten Unterschlupf gefunden. Später gelang es ihm, auf einer Farm Arbeit zu finden, wo er sich mit der Tochter anfreundete. Durch diese Tochter wiederum mußte er wohl ein anderes Mädchen kennengelernt haben, das bei einem Ministerium in London arbeitete, mit den tollsten Beziehungen . . .«

Ritter wußte nicht nur dies, sondern er kannte auch noch eine andere Variante aus dem gängigen Spionagevokabular, die ihn zu weiteren Aktivitäten inspirierte:

»Die drei wichtigsten Voraussetzungen für eine erfolgreiche Geheimdiensttätigkeit sind: Erstens Geld, zweitens Geld und drittens Geld!«

So dachten auch die Engländer und diktierten zur sicheren Etablierung des deutschen Hauptagenten 3725 ihrerseits die nächsten Aktionen, die die Abwehr prompt erfüllte: Auf Schmidts Lock-Funkspruch »Brauche dringend Geld!« kreiste eines Nachts die rußschwarze Gartenfeld-Maschine über einer einsamen Weide nördlich von London, um dreitausend Pfund für den Agenten 3725 zu überbringen. An diese ungewöhnliche Devisentransaktion erinnert sich der damalige Flugzeug-Beobachter Karl-Heinz Süßmann:

»Einmal mußten wir einen Einsatz fliegen, um einen Agenten mit Geld zu versorgen. Die Abwurfstelle wurde uns durch drei kleine Feuerchen angezeigt. Die Pfundnoten waren in Aushöhlungen dicker Äste verstaut, die vorher zu Reisigbündeln zusammengebunden wurden. An das genaue Abwurfgebiet kann ich mich nicht erinnern. In jedem Fall war es im Norden von London, in einem Gebiet voller Ballonsperren . . .«

Mit den Pfundnoten aus Berlin schien die deutsche Abwehrbasis in London für weitere Operationen hinreichend gewappnet zu sein. Nach der Devise »Mit Geld erreicht man alles!« konnten von Hamburg aus jetzt mehrere Spionagetrupps in alle Himmelsrichtungen ausschwärmen, mit dem Endziel, England von allen Seiten her anzubohren. Für alle Unternehmungen – ob sie direkt oder indirekt (über Schweden, Spanien oder Portugal) erfolgten – sollte

Wulf Dietrich Schmidt als eine geheime Versorgungsstation dienen, als eventuelle Anlaufstelle für Agenten, die sich vom englischen Geheimdienst verfolgt fühlten.

Der stärkste und zugleich geheimnisvollste Faden nach London wurde – ausnahmsweise ohne Major Ritters Einflußnahme – im Rahmen des Unternehmens OSTRO von Lissabon aus gesponnen. Obwohl sie zwanzig Jahre lang fieberhaft nach ihm fahndeten, war es bis Kriegsende keinem Geheimdienst der Welt gelungen, Ostro, den höchstbezahlten Spion der deutschen Abwehr, zur Strecke zu bringen; weder den Russen noch den Tschechen, weder den Franzosen noch den Amerikanern – und auch nicht den Engländern, die einen ihrer fähigsten Agenten, Kim Philby, auf das Spionagephantom von Lissabon ansetzten. Ostro geisterte vor und während des Zweiten Weltkrieges kreuz und quer durch Europa. Seine Meldungen kamen aber auch aus Kanada und den USA.

»Wir haben verschiedene Aktionen gestartet, um Ostro unschädlich zu machen«, schreibt Sir John Masterman in seinem später freigegebenen Most Secret Report über deutsche Spionage gegen England. »Aber wir hatten keinen Erfolg. Ostro war es gelungen, weiter zu arbeiten – und er hat uns bis zum Kriegsende beschäftigt!«

Fast zur gleichen Zeit, als Sir John Masterman nach dem Kriege für die englische Regierung seinen Geheimbericht verfaßte, wurde der von den Russen gefangengenommene deutsche Abwehr-Chef, Generalleutnant Hans Piekenbrock, nach dem erfolgreichsten Agenten der deutschen Abwehr gefragt. Er nannte unumwunden Ostro und bezeichnete diesen Agenten als »ein besonderes Beispiel der erfolgreichen Arbeit gegen England«!

Piekenbrock verschwieg bei seinen Vernehmungen in Moskau wohlweislich, daß Ostro – unter anderen Decknamen – seit 1933 auch in fast allen osteuropäischen Ländern tätig war. Unter Admiral Canaris galt der geheimnisumwitterte Spion Ostro als »fährtensicherer Spürhund« des deutschen Geheimdienstes:

Bevor die deutschen Truppen das Sudetenland dem Dritten Reich eingliederten, hatte Ostro die Befestigungen und Bereitstellungsräume der Tschechen ausgekundschaftet. Bevor Hitler seine österreichische Heimat »befreite«, war es abermals der Spion Ostro, der durch seine direkte Verbindung zum österreichischen Nachrichtendienst über wichtige Abwehrmaßnahmen im Verteidigungsministerium in Wien informiert war.

Für Hitlers Überfall auf Polen hatte Ostro seinen Dienstherrn Canaris mit Aufmarschplänen des polnischen Generalstabs versorgt. Bevor die deutschen Truppen den Balkan besetzten, war es wiederum Ostro, der wichtige Produktionspläne und Lieferverträge der Ölraffinerien von Ploesti in seine Hand bekam.

Vor der deutschen Offensive im Westen besorgte Ostro umfassende Geheimberichte über die französische und belgische Rüstungsindustrie, um nach Erfüllung seiner Aufträge, kurz vor der Besetzung Dänemarks, in Kopenhagen aufzutauchen. Dort wurde er nach Ausspähung hochbrisanter militärischer Geheimnisse zusammen mit seiner Frau verhaftet und in einem sensationellen Spionageprozeß zu langjähriger Gefängnisstrafe verurteilt. Aber bevor ihn die Dänen zur Verbüßung dieser Strafe in seine Zelle führten, hatten die deutschen Behörden alle Hebel in Bewegung gesetzt, um Ostro wieder freizubekommen. Er wurde gegen vier skandinavische Spione ausgetauscht und nach Berlin überstellt.

Inzwischen hatte sich Ostro sieben Jahre hindurch an nahezu allen geheimen Fronten Europas bewährt. Jetzt sollte er im Rahmen der kriegerischen Auseinandersetzung mit England und Amerika sein Meisterstück liefern: Dazu hatten Wirtschaftsexperten der deutschen Abwehr für Ostro in Lissabon ein hervorragend getarntes Handelsunternehmen etabliert, das – mit dem belgischen Kaufmann Brugger und dem österreichischen Emigranten Camillo Frank als Teilhaber – gutgehende Ex- und Importgeschäfte in aller Welt tätigen sollte. Ostro stieg als dritter Mann in diese Firma ein. In seiner Tarnung als seriöser Kaufmann mit internationalen Handelsbeziehungen konnte er alles, was er hatte, ausspielen: nicht nur seine Intelligenz, seinen Charme, seine phänomenale Sprachbegabung, seine spezifischen technischen und kaufmännischen Kenntnisse. Zur Ausspähung der englischen und amerikanischen Rüstungsvorhaben und strategischen Pläne standen ihm vor allem Geldmittel in unbegrenzter Höhe zur Verfügung.

Wertvoller als alle Schätze der Abwehr aber war in all den Jahren seine Frau, eine bildschöne, blonde Skandinavierin, die mit dem harmlosesten Engelsgesicht glühenden Verehrern aller Nationen nicht nur ihre Herzen öffnete, sondern auch ihre Zungen löste.

Wer Ostro in Wirklichkeit war, stand nicht einmal in den Dossiers der Abwehr am Tirpitz-Ufer. Nur Admiral Canaris und ein paar auserwählten Vertrauten war seine Identität bekannt. Auf meiner Suche nach diesem Spionagephantom bin ich – ebenso wie im Falle Wulf Dietrich Schmidts – einen weiten und dunklen Weg gegangen, der auf einem Friedhof in Barcelona endete. Dort, so schien es, hatte Ostro seine Geheimnisse am 20. Oktober 1958 mit ins Grab genommen.

Zum Glück aber fand ich auf dem Umweg über die Personalabteilung eines bekannten Hamburger Verlages in einem romantischen Fischerdorf an der Costa Brava Ostros Frau, jene skandinavische Schönheit, die dreißig Jahre ihres Lebens mit dem höchstbezahlten deutschen Spion verbrachte. Ihr Mann hat ihr wertvolle Schmuckstücke hinterlassen, mit denen sie ihr Witwendasein fristet. Aber die Geheimnisse, die ich zu erfahren hoffte, kannte auch sie nicht:

»Ich habe nie gewußt, was mein Mann all die Jahre wirklich getan hat. Ich wollte es auch gar nicht wissen!«

Das war der entmutigende Anfang, mit dem ich die Lebensgeschichte des raffiniertesten deutschen Geheimagenten zu recherchieren begann, der als Lissabonner Bindeglied ebenfalls an der unsichtbaren Spionagekette hing, die durch Wulf Dietrich Schmidt in London verankert war. Der legendäre Spion selbst konnte meine vielen Fragen leider nicht mehr beantworten. Dennoch bin ich über seine nebulosen Aktivitäten gut informiert worden. In einem alten Lederkoffer nämlich, den die Witwe seither nicht mehr geöffnet hatte, fand ich Ostros Memoiren, fünfhundert handgeschriebene Seiten (der Spion hatte sie nach dem Kriege geschrieben), auf denen der »happy spy« seinen englischen und amerikanischen Geheimdienstgegnern erzählt, wie er u. a. Kim Philby (er sollte Ostro im Auftrag des britischen Geheimdienstes aufspüren und eliminieren!) immer wieder entwischen konnte.

Bekannte Historiker haben sich nach dem Krieg mit dem Ostro-Phantom beschäftigt. Einige von ihnen bezweifeln sogar heute noch seine Existenz. Aus der Ferne betrachtet, war auch für mich Ostro undurchsichtig wie der Nebel. Seine Konturen zeigten sich mir erst, als ich in seinen engeren Lebenskreis trat, den er selbst 1958 für immer verlassen hatte:

Hinter dem Decknamen Ostro verbarg sich der ehemalige k. u. k. Reserveoffizier Paul Fidrmuc, geboren am 28. 6. 1898 in Jägerndorf/CSR als Sohn eines Rechtsanwalts. 1918 geriet er in italienische Kriegsgefangenschaft. Nach seiner Flucht und Heimkehr nach Jägerndorf wurde er wegen Auflehnung gegen die Tschechen zu einer langjährigen Zuchthausstrafe verurteilt. Er konnte fliehen und übernahm eine kaufmännische Tätigkeit in Berlin; daneben war er in Leichtathletik- und Ruderclubs aktiv. 1922 siedelte er nach Lübeck über, wo er in der Verkaufsabteilung einer Stahl-Exportfirma angestellt war. 1923 heiratete er eine siebzehnjährige Skandinavierin; die Hochzeitsreise führte nach Indien. Nach seiner Rückkehr arbeitete er als Journalist für in- und ausländische Handelszeitschriften und technische Fachblätter. Er bot seine Dienste und Verbindungen zum österreichischen und tschechischen Nachrichtendienst zunächst der alten Reichswehr an und wurde nach Hitlers Machtübernahme als Reserveoffizier übernommen. Zur besseren Tarnung seiner diversen Spionageaufträge übte er die Tätigkeit als Journalist und Kaufmann weiterhin aus. –

Was Paul Fidrmuc alias Ostro von Lissabon aus inszenierte, um während des Krieges herauszufinden, wann und wo welche Truppen in Amerika eingeschifft wurden und wo sie in Europa landen würden, sowie wohin das Hauptquartier General Eisenhowers verlegt und wie es bewacht wurde, erinnert in der Raffinesse der Durchführung an gewisse Szeneneinfälle der bekannten James-Bond-Filme. Ostro hat nicht nur dem britischen Botschafter, Sir Ronald Campbell, ein geheimes Notizbuch »geklaut«, sondern auch den Schreibtisch des Air Commodore Fullard im Lissabonner RAF-Büro »geöffnet«. Ostro hat – wie aus erbeuteten Originalmeldungen zu ersehen ist – dem Oberkommando der Wehrmacht zu entscheidenden Kriegsereignissen detaillierte Kommentare geliefert. Er hatte die Landung der Amerikaner in Afrika ebenso vorausgesehen wie den Zeitpunkt der Alliierten-Invasion in der Normandie. Ob der Abwehrchef Canaris an die »wertvollen Meldungen« seines Lissabonner Agenten damals wirklich geglaubt hat, bleibt dahingestellt. In jedem Fall waren die am Berliner Tirpitz-Ufer begehrten Ostro-Informationen Anlaß (oder auch nur Vorwand), um Devisen, Gemälde, Gold und Schmuck von Deutschland per Kuriergepäck ins neutrale Portugal zu transferieren. Das wertvollste Stück, das Admiral Canaris Ostro alias Paul Fidrmuc während des Krieges überbringen ließ, war eine mit Brillanten verzierte Tabakdose, ein gesuchtes Sammlerstück, das einst sogar Napoleon sein eigen nannte.

Nach Kriegsschluß wurde Ostro von den Spaniern verhaftet und nach Deutschland ausgeliefert. Im Vernehmungslager Oberursel haben die Amerikaner für ihn doppelte Sicherheitsvorkehrungen getroffen. Dabei lag ihnen weniger das Leben Paul Fidrmuc' am Herzen als vielmehr sein geheimes Wissen aus fünfundzwanzigjähriger Spionagetätigkeit. Seine Geheimverbindungen nach Moskau, Prag und Warschau brachten dem Sudetendeutschen 1947 seine Freilassung und Rückführung nach Spanien ein. Ein Auslieferungsbegehren der Tschechen wurde von den Amerikanern abgelehnt. Einen Spion, der so viel weiß, hängt man nicht!

Das haben auch die Spanier erkannt, als sie ihn kurz nach seiner Rückkehr abermals ins Gefängnis warfen – um ihn nach wenigen Wochen wieder freizulassen, so frei, wie ein Spion eben sein kann. Das Festessen, das der spanische Geheimdienst im Beisein der Witwe Admiral Canaris' zu Ostros Ehren im Ritz-Hotel von Barcelona gab, war der Auftakt einer neuen Liaison. Generalissimus Franco hatte einen wertvollen Fang gemacht.

Obwohl Ostros eigentliche Dienstherren nach dem Kriege nicht mehr in Berlin, sondern in Madrid und anderswo saßen, hat Paul Fidrmuc seinen Tarnberuf als Journalist nie aufgegeben: Hitlers höchstbezahlter Spion fungierte bis zu seinem Tod im Jahre 1958 als Spanienkorrespondent für den SPIEGEL in Hamburg.

»Ein Spion«, so schreibt Paul Fidrmuc in seinen Memoiren, »sollte in seinem vorgetäuschten Beruf ein Experte sein, damit man ihm seine Tarnung glaubt!«

VIOLA, das nächste Geheimunternehmen, das Major Ritter – mittlerweile Hansdampf auf allen Kriegsschauplätzen – zur flankenmäßigen Unterstützung von Wulf Dietrich Schmidt inszenierte, war eine Tragikomödie. Das Spiel endete anders, als es sich sein Regisseur vorgestellt hatte: nämlich mit drei Toten. Die von allen umbuhlte Geliebte war nach ihrer Landung in England spurlos von der Szene verschwunden, ein Mysterium, worauf sich Herr Ritter auch viele Jahre nach dem Krieg noch immer keinen Reim machen konnte. Dabei hatte die Geschichte bereits im Sommer 1939 so überaus erfolgversprechend begonnen, weniger für den deutschen als vielmehr für den englischen Geheimdienst, der seinerseits nacheinander drei Frauen nach Deutschland schickte, allesamt Kuckuckseier, die Major Ritter behutsam in sein Nest legte und hütete:

Zunächst traf Ritter – wie zufällig – auf einer Teegesellschaft im zweiten Stock eines Hamburger Mietshauses in der Isestraße mit der ersten britischen Agentin zusammen und beförderte sie quasi stehenden Fußes zu seiner Spionin. Der fünfundvierzigjährige Lockvogel aus London hieß Mrs. May Erikson. Sie hatte, wie sich Major Ritter erinnerte, »vertrauenerweckende sanfte Rehaugen und kastanienbraunes Haar«. Sie war in Deutschland geboren, in Schweden verheiratet und geschieden. Jetzt betreute sie als Gesellschaftsdame einen hohen Offizier der Royal Navy auf dessen Gut bei Grimsby.

Ein englischer Landsitz – Kaminfeuer – Offizierspartys – Whiskys on the rocks und dazwischen, wie die Nymphe an der Quelle, eine lustige Gesellschaftsdame wie Mrs. Erikson, die offiziell aus Schweden eingewandert war, aber in der Stunde der Gefahr ihrem deutschen Vaterland dienen wollte: Idealer konnte die zukünftige Agentin der Hamburger Abwehrstelle nicht placiert sein. So wurde Ritters Teebekanntschaft aus der Isestraße fortan als »Forscherin« in Grimsby und London eingesetzt, mit der Aufgabe, dem deutschen Geheimdienst weitere vertrauenswürdige Kontaktpersonen zuzuführen. Daß Mrs. May Erikson etwa vom britischen SIS hätte engagiert sein können, paßte nicht zu einer Deutschen und war für Major Ritter im übrigen unvorstellbar:

»Zu Lady May hatte ich absolutes Vertrauen!«

Dieses Vertrauen beflügelte Ritter zu mehreren Reisen nach Den Haag, Oslo und Schweden. In Stockholm, wo die beiden Kinder von Mrs. Erikson gerade mit ihrem Studium begonnen hatten, fingerte Ritter wie ein geübter Zauberer einen pensionierten schwedischen Major aus dem Zylinder und baute auch ihn mit Geld und konspirativen Schwüren in sein engmaschiges Spionagenetz ein, das nach seinem Ermessen »feindsicher« gesponnen war. Der schwedische Offizier wurde »Briefkasten«. Er konnte auf diese Weise noch ein bißchen Krieg spielen, indem er die geheimen Nachrichten, von London oder Hamburg kommend, umkuvertierte und an die jeweiligen Adressaten weiterleitete – entweder an Mrs. Erikson in Grimsby oder an Major Ritter in Hamburg.

Nachdem Ritter mit großem Aufwand seinen, wie er glaubte,

undurchschaubaren »skandinavischen Meldeweg« ausgebaut hatte, schob der englische Geheimdienst seine zweite Dame auf die Bildfläche, eine italienische Gräfin, die die deutsche Abwehr vorsichtshalber mit dem Decknamen »Herzogin Château-Thierry« tarnte. Die Herzogin war ein Fang der »Forscherin«, Mrs. Erikson, den sie in einem besonderen Brief eilends der Abwehrstelle Hamburg mitteilte. Dabei legte der britische SIS größten Wert darauf, daß das deutsche Beförderungsverfahren via Stockholm strikt befolgt wurde, damit die Nachricht mit Sicherheit auch in die Hände Major Ritters gelangte. Der Inhalt des Briefes war nämlich psychologisch auf dessen Mentalität abgestimmt worden. Mrs. Erikson hatte ihrem Abwehrboß in Hamburg den Mund wäßrig gemacht, indem sie ihm von den hervorragenden Spionagemöglichkeiten der ältlichen Herzogin berichtete und die Phantasie ihrer deutschen Auftraggeber wie mit Hilfe einer Brausetablette aufschäumen ließ. In ihrem Londoner Haus im Stadtteil Kensington verkehrten angeblich die höchsten britischen Offiziere, Minister, Journalisten und Industrielle:

»Die Herzogin könnte unter Umständen sehr wertvoll für uns sein«, las Ritter im Brief seiner Forscherin, »wenn . . .«

Das »Wenn« erledigte Major Ritter persönlich. Mit einer Ruckzuck-Aktion waren ein paar oberbayerische Grundstücke, die der alten Herzogin Château-Thierry ihr verstorbener Mann hinterlassen hatte, verkauft und – was noch wichtiger war – die Devisen mit Hilfe der Abwehr auf Schleichwegen an die alte Dame nach London transferiert worden. Durch diese Illegalität hatte – wie es Ritter dünkte – der deutsche Geheimdienst die Herzogin fest in seiner Hand. Ebenso schnell, wie die Grundstücksprobleme der Engländerin gelöst worden waren, wies man ihr in Hamburg auch die Aufgaben zu, die sie für die deutsche Abwehr fortan zu leisten hatte: Die Herzogin sollte, nach den Vorstellungen Major Ritters, in London-Mayfair einen Tee-Salon eröffnen . . .

Der Ring der geheimnisvollen Damen hatte sich, kurz vor

Kriegsausbruch, im Hamburger Alsterpavillon vollends geschlossen, als die dritte ominöse SIS-Agentin am Arm ihres ostfriesischen Geliebten, des damaligen Chefs der Marinespionage bei der Abwehrstelle X, Hilmar Dierks, an den Kaffeetisch trat. Bevor sie sich setzten, hatte Ritter die Herzogin Château-Thierry gebeten, das junge Mädchen – eine Vera von Schalburg – auf ihre Eignung zu prüfen, sie eventuell als Unterhaltungsdame in ihren Londoner Tee-Salon einzubauen. Ritter machte seiner englischen Besucherin gegenüber kein Geheimnis daraus, wer Vera von Schalburg wirklich war:

»Sie arbeitet seit längerem für uns. Wir nennen sie ›Viola‹!«

Ein gutes Jahr nach ihrer Zusammenkunft im Alster-Pavillon, bei der die alte Herzogin mit deutschen Geheimdienstplanungen zur Eroberung Englands vertraut gemacht wurde, sollte die Kaffeeklatschidee des Tee-Salons in Kensington in die Tat verwandelt werden . . .

Das Folgende ereignete sich an genau den Tagen, als Wulf Dietrich Schmidt zusammen mit Goesta Caroli in Paris auf Mondlicht warteten, das ihren Fallschirmabsprung über England begünstigen sollte. In diesen Nächten war es auch in Hamburg heller als sonst, obwohl die Hansestadt von dichtem Herbstnebel bedeckt war.

Der Abwehragent Erwin Druecke, Kaufmann von Beruf, lenkte nach ihrer Abschiedsfeier im Feudalrestaurant »Jakobs« den grauen DKW seines Chefs und Freundes in Richtung Innenstadt. Auf dem feuchten Fest hatten sich die drei Männer noch einmal Mut angetrunken: Hilmar Dierks für eine geheime Englandoperation von Holland aus; die Agenten Druecke und Waelti für eine halsbrecherische Flugbootlandung an der schottischen Küste, an der auch der Liebling der Hamburger Abwehrstelle teilnehmen sollte: die Spionin VIOLA alias Vera von Schalburg!

Vera betrat – von einer Unterredung mit Hauptmann Boeger im

»Reichshof« kommend – etwa zur selben Zeit ihr Untermieterzimmer in der Pappenhuderstraße, als ihre Abwehrkollegen draußen bei »Jakobs« ihr Besäufnis beendeten. Bei ihrer Abfahrt mußte es Mitternacht gewesen sein, denn der Deutsch-Schweizer Waelti, der vorn neben Druecke saß, erinnerte sich noch an das endlose Mitternachtsläuten der Eppendorfer Kirche – und daß er vor sich hinlallte:

»Hört uff mit dem blöden Gebimmel!«

Später meinte er, das Läuten habe vielleicht schon Hilmar Dierks gegolten. Dierks, Referatsleiter I M (Marinespionage), saß im Heck des DKW, direkt hinter Waelti. Dierks war betrunken. Dadurch ist ihm das Ende seiner Liebschaft mit Vera von Schalburg erspart geblieben, jenes Ende, das für ihn selbst kurz und schmerzlos war, begünstigt dadurch, daß er seinen Kopf an die rechte hintere Karosseriestrebe gelehnt hatte. Gerade dort krachte der Wagen – nachdem er ins Schleudern geraten war – gegen einen Baum.

Als das Unglück passiert war, alarmierte der Geheimagent Waelti von der nächsten Telefonzelle aus die Retter, für die es allerdings nichts mehr zu retten gab. Auch die Polizei wußte, nachdem sie die Papiere des Schwerverletzten geprüft hatte, was in diesem Fall noch zu tun war. Nämlich nichts. Bei Hilmar Dierks handelte es sich um einen sogenannten Geheimnisträger. Daher wurden die Einzelheiten des Vorfalles, vor allem die Namen der Beteiligten, mit Stillschweigen übergangen.

Während die Sanitäter den bewußtlosen deutschen Marinespion auf ihre Bahre legten, zog Waelti – in momentaner alkoholischer Verwirrung – seine Mauser-Pistole aus der Tasche, um Selbstmord zu verüben. Mit derselben Pistole sollte er wenig später bereits einen englischen Polizisten bedrohen. Nach dieser unüberlegten Handlung deuteten dann automatisch alle Hinweistafeln seiner Wegstrekke in Richtung Galgen.

In Vertretung von Major Ritter – er mußte eben mal in Budapest nach dem Rechten sehen, damit auch der bevorstehende Balkanfeldzug in die richtigen Wege geleitet wurde – eilte dessen Beauftragter, Hauptmann Julius Boeger, zunächst an die Unfallstelle in der Sierichstraße und dann weiter ins Hamburger Hafenkrankenhaus. Dort zeigte man ihm ein letztes Mal das Gesicht seines Abwehrkameraden Dierks. Es war weiß wie das Tuch, mit dem man nach ihrem Abschied den Kopf des Toten wieder bedeckte.

Schlimmer als die Konfrontation mit dem toten Dierks war für Hauptmann Boeger die anschließende Begegnung mit Vera von Schalburg, die in ihrem Untermieterzimmer in der Pappenhuderstraße noch von ihrem Geliebten träumte und Pläne für die Zukunft schmiedete. Diese Pläne wurden jäh durchkreuzt, als Boeger ihr gegen drei Uhr früh eröffnete:

»Hilmar ist tot!«

Zwanzig Jahre nach dieser Szene fragte ich aus bestimmten Gründen den Hamburger Exportkaufmann Boeger, wie Vera von Schalburg seinerzeit auf die Mitteilung vom Tode ihres Geliebten reagiert habe. Veras Vergangenheit erschien mir nämlich ebenso unergründlich wie ihre dunklen Augen, die ich natürlich nur von Fotos her kannte. Ich war, um die wahre Rolle der vielleicht größten Spionin des vergangenen Krieges aufhellen zu können, auf Indizien angewiesen:

»Russische Rotgardisten hatten in Petersburg Veras Vater ermordet«, erinnerte sich der Ex-Abwehroffizier, der im späteren Verlauf des Krieges von Berlin aus auch für die Betreuung von Karl Richter und Wulf Dietrich Schmidt verantwortlich war. »Das war der tiefe und überzeugende Beweggrund, warum sich Vera von Schalburg, aus Wut gegen die Russen, der deutschen Abwehr zur Verfügung gestellt hatte. Ich habe ihr wiederholt große Geldsummen für ihren Englandeinsatz offeriert. Zwanzigtausend Reichsmark in Devisen. Aber sie wollte kein Geld nehmen. So habe ich ihr eine gut bezahlte Stellung in Deutschland zugesichert, falls sie wieder zurückkommen sollte. Sonst nichts.

Vera war in Dierks unsterblich verliebt. Nachdem nun Dierks

tödlich verunglückt war, habe ich Vera darauf aufmerksam gemacht, daß sie jetzt wieder frei sei. Sie könne ohne weiteres von ihrem Englandeinsatz zurücktreten. Vera war von ihrem Vorhaben aber nicht mehr abzubringen. Gerade jetzt wollte sie unter allen Umständen zu dem gefährlichen Unternehmen starten. Quasi im Andenken an ihren Geliebten . . .«

Als Boeger in der Nacht zum 1. September 1940 am Bett des Hamburger Liebesnestes saß, war durch die Tränen der aparten Russin auch sein klarer Blick erheblich getrübt worden. Zudem war Hauptmann Boeger die Mentalität von Katzentieren offenbar fremd; denn sonst hätte er damals wenigstens ahnen müssen, daß sich die verführerische ehemalige Ballerina des berühmten Anna-Pawlowa-Tanz-Ensembles nicht per Zufall nach Hamburg verirrt hatte.

Wer dieses verträumte achtundzwanzigjährige Mädchen – das sich wie eine schmeichelnde Pantherkatze von Rußland kommend über Paris, Brüssel und London bis in die Hamburger Abwehrstelle in der Knochenhauerstraße regelrecht durchgeliebt hatte – wirklich war, erfuhr ich von einem ihrer intimsten Freunde, dem Dänen Jörgen Börresen. Er hatte Vera von Schalburg einmal in Finnland das Leben gerettet und war vermutlich der einzige, dem sich die »Spionin mit den drei Gesichtern« bei Kriegsschluß offenbart und erzählt hatte, woher sie kam:

»Vera verbrachte ihre Kindheit in einer kleinen Siedlung, die an einem Fluß irgendwo hinter dem Ural lag. Sie war 1910 in Riga geboren worden. Und als sie drei Jahre alt war, wurde ihr Vater als Regierungsbeamter des Zaren von Rußland zuerst nach Petersburg versetzt und später nach Sibirien verbannt. Hier lebte die Familie von Schalburg (Vera hatte noch einen älteren Bruder, der später unter dem Decknamen ALEX als mein Agent für die deutsche Abwehr arbeitete. Er war dänischer Hauptmann der Garde und ist als deutscher Ritterkreuzträger am Ilmensee gefallen!) auf einem Bauernhof und ernährte sich dürftig von einer Kuh, ein paar Ziegen und Schafen. Es muß eine verträumte Jugend gewesen sein; denn Vera erzählte mir oft, wie sie zusammen mit ihrem Bruder am Fluß lag und den vorbeiziehenden Schiffen nachblickte – und wie sie die Namen buchstabieren lernte, die auf die Kähne gemalt waren. In der Einsamkeit ihrer sibirischen Kinderjahre habe sie mit den Tieren gesprochen, und in ihrer Phantasie hatten sich die Hundeschnauzen, die Pferdeschädel und Schafsköpfe in eigenartige Menschengesichter verwandelt, von denen jedes einen ganz bestimmten Charakter auszudrücken vermochte. Im Jahre 1916 erschien zum erstenmal ein alter Hauslehrer auf dem Hof, der die Kinder Schreiben und Rechnen lehrte . . .

Im Jahre 1918 floh die Familie von Schalburg wieder dorthin, wo sie sich zu Hause fühlte, nämlich nach Petersburg. Hier versteckte sie sich so lange im Keller eines Schusters, bis man den Vater eines Tages entdeckte und auf der Stelle erschoß. Vera erzählte mir, wie sie sodann mit ihrer Mutter, einer dunkelhäutigen Russin, und ihrem Bruder nach Paris flüchtete; wie sie von dort weiter nach Brüssel gejagt wurden, wo die Mutter als Fabrikarbeiterin ihre Kinder ernährte. Bis 1926 hielt sie die Not in einer winzigen Mansardenwohnung in einem Brüsseler Außenbezirk noch zusammen. Dann wurde durch ein Gastspiel der Anna Pawlowa auch der Rest der Familie zersprengt: Vera ging als siebzehnjährige Tänzerin mit dem Pawlowa-Ensemble auf Tournee zunächst nach London und dann nach Paris. Dort begann sie, ihre Männerbekanntschaften anzuknüpfen, durch die sie sehr bald in undurchsichtige Verbindungen hineingezogen wurde. Vera war romantisch. Vielleicht reizte sie das Unergründliche, das sie schließlich ins Labyrinth der Spionage trieb . . .

Ich habe während des Krieges im selben Metier gearbeitet; als Abwehragent auf der Insel Jan Mayen, wo ich, als Forscher getarnt, die amerikanischen und englischen Geleitzugbewegungen beobachtet hatte. Durch meine Verhaftung war vorübergehend auch mein Kontakt zu Vera abgebrochen. Eines Tages aber hörte ich wieder von ihr: Einer ihrer Gefährten, der dann aufgehängt wurde, teilte mit mir die Todeszelle im Camp 001, Ham Common, London ...«

Jörgen Börresen kreuzte in den ersten Nachkriegsjahren noch ein paarmal den Weg der mysteriösen Spionin, die aus dem Dunkel kam, um im Dunkel wieder zu verschwinden. Sie lebten in einem kleinen Pariser Hotel zusammen; Vera mit englischem Paß unter einem falschen Namen.

Nachdem ich Wulf Dietrich Schmidt und die anderen Agenten der unsichtbaren Spionagekette ausfindig gemacht hatte, wollte ich nun auch Vera von Schalburg finden. Jörgen Börresen hätte mir ihren Namen und ihre Adresse geben können. Aber das durfte er »unter keinen Umständen«. Er verriet mir nur so viel:

»Vera lebt noch!«

Und noch das, was ihre Rolle im englisch-deutschen Geheimdienstspiel klarer erkennen läßt:

»Sie arbeitete vor dem Kriege als GPU-Agentin in Frankreich und wurde dort vom Intelligence Service engagiert, um als englische Spionin in den deutschen Abwehrapparat einzudringen.«

Auftragsgemäß hatte sich Vera von Schalburg sodann als Agentin des britischen Geheimdienstes wie eine Schlange an die Brust Hilmar Dierks' gelegt, der als Referatsleiter I M (Marinespionage) der Abwehrstelle Hamburg wertvolle Einzelheiten über die deutschen Landungsvorhaben in England wissen mußte. Mit diesem Wissen hatte sich Vera in vielen amourösen Nächten, die sie auf Abwehrspesen verbrachten, von ihrem »Geliebten« vollpumpen lassen.

Seit zwei Stunden aber war dieser »Geliebte« tot.

Beim britischen Nachrichtendienst hatte dieser Vorfall nur operative Konsequenzen: Von der Quelle Dierks war nichts mehr zu erwarten! Für die britischen SIS-Strategen stellte sich nur noch die Frage, wie der englische Geheimdienst am schnellsten und sichersten in den Besitz der von Vera gesammelten Informationen gelangen konnte.

Zur technischen Bewältigung dieses Problems schaltete sich ahnungslos und hilfsbereit abermals Major Ritter ein: Mit der Idee, Vera von Schalburg jetzt in den Tee-Salon der Herzogin Château-Thierry einzubauen, ließ er seine »verführerische Spionin« unter Einschaltung der deutschen Luftflotte per Wasserflugzeug von Drontheim aus direkt nach Schottland befördern; dorthin nämlich, wo die Engländer ihre Agentin ungestört und erschöpfend über ihre Beobachtungen interviewen konnten, die sie in Hamburg, im besetzten Frankreich, in Belgien, in Holland, Dänemark und Norwegen an der Seite ihres deutschen Abwehroffiziers Hilmar Dierks gemacht hatte. Zum persönlichen Schutz seiner Spionin VIOLA alias Vera von Schalburg beorderte Ritter noch die beiden Abwehragenten Erwin Druecke (Sohn eines Hamburger Rechtsanwalts) und den Schweizer Waelti auf ihre Reise ohne Wiederkehr.

So wurde im Morgengrauen des 30. September 1940, um 3.45 Uhr, Vera von Schalburg zusammen mit ihren beiden Abwehrbegleitern behutsam wie ein rohes Ei im Moray Firth nahe des schottischen Ortes Banff abgesetzt.

Wenn Major Ritter in Verkennung der Realitäten seine sogenannten HUMMER-Agenten auch direkt in die Hände des englischen Nachrichtendienstes befördern ließ, so waren seine Absichten durchaus gut gemeint. Nach dem Leitsatz »Jedes Detail muß stimmen!« konzentrierte er seine Aufmerksamkeit vor allem auf die Bekleidung und Ausrüstung der Agenten:

»Viola war mit einem dunkelgrauen Kostüm bekleidet und hatte nach schottischer Art eine Baskenmütze aufgesetzt. Druecke und Waelti trugen Tweedanzüge, selbstverständlich aus englischen Stoffen und in englischer Machart. Ihre Papiere waren in Ordnung. Da konnte nichts schiefgehen. Jeder hatte noch einen Kodak-Fotoapparat bei sich. Und wir hatten ihnen sogar noch original-englische Fahrräder mitgegeben, die einer unserer V-Leute aus dem britischen Konsulat in Stavanger besorgt hatte.«

Die Fahrräder gehörten zu den wichtigsten Requisiten, auf

denen das deutsche Agententrio wie zu einer Landpartie unauffällig, mit Funkgeräten und Baskenmützen, durch Schottland strampeln sollte bis hin zu den englischen Befestigungen an der Kanalküste, die sie für Major Ritter ausspionieren sollten.

»Druecke und der Schweizer Waelti sprachen ein sehr mangelhaftes Englisch«, rekapitulierte Ritter nach dem Kriege noch einmal seine schottische Geheimschlachtstrategie. »Deshalb habe ich den beiden für die gemeinsame Radfahrt noch die Viola als Dolmetscherin zugeteilt.«

Die von Major Ritter geplante Radpartie endete – noch bevor sie begonnen hatte – im Wasser. Kurz vor ihrer Landung waren wegen der starken Brandung die drei schweren Stahlrösser aus dem Schlauchboot gefallen.

Die Fortsetzung der Komödie spielte sich dann am 30. September frühmorgens um 7.30 Uhr auf einem kleinen schottischen Bahnhof ab:

Vera und der Hamburger Erwin Druecke erkundigten sich bei dem Gepäckträger Geddes nach dem Namen der Station. Da antwortete der Schotte freundlich:

»This is Port Gordon, Madame!«

Bereits nach dieser Frage blickte Geddes den Stationsvorsteher John Donald an, und John Donald stülpte nachdenklich seine Oberlippe über die Unterlippe und sagte nichts. Nachdem sich die beiden Fremden anhand des Fahrplanes, der in der Wartehalle hing, orientiert hatten, verlangten sie zwei Fahrkarten nach Forres.

Die beiden Schotten beobachteten langsam, aber gründlich. Zuerst waren ihnen die frischgedruckten Pfundnoten aufgefallen, die Druecke gebündelt aus seiner Brieftasche gezogen hatte. Und dann blickten Mr. Donald und sein Untergebener Geddes auf die quatschnassen Schuhe der ortsfremden Fahrgäste, um gedanklich übereinstimmend zu kombinieren, daß das mysteriöse Paar offenbar aus dem Wasser gekommen sein mußte, aus dem Meer.

Die nächsten Worte, die der perplexe Stationsvorsteher John

Donald wieder halbwegs zu formulieren vermochte, sprach er hinter vorgehaltener Hand heimlich in sein Telefon. Zehn Minuten später war der Ortspolizist Grieve zur Stelle, der bei der Durchsicht ihrer Papiere (die beiden wiesen sich als Vera Erikson und François de Deeker aus) bereits über den Buchstaben »I« stolperte, den die Deutschen gebräuchlicherweise wie ein »J« schreiben.

Die nächsten Merkmale, an denen man deutsche Spione erkennen konnte, fand bei der Kontrolle ihres »Reisegepäcks« der aus Buckie herbeigeeilte Polizeiinspektor John Simpson: eine Schachtel mit neunzehn Schuß deutscher 6,35-Munition, eine Mauser-Pistole mit gefülltem Magazin, eine Liste mit Kontaktadressen in England, ein Wehrmachtsfunkgerät mit fünf Ersatzbatterien, ein Volt-Meßgerät, Kopfhörer und eine Büchse mit Frankfurter Würstchen ...

Bei der Durchkämmung des Strandes, an dem die Deutschen gelandet waren, fand die schottische Polizei noch ein Paar herrenlose Gummistiefel, die aber keinem der beiden Festgenommenen paßten. Die maßgerechten Füße, die noch im Morgengrauen in diesen Stiefeln steckten, hatten den dritten Spion, Werner Waelti, inzwischen ein erhebliches Stück landeinwärts bewegt. Er hatte sich rechtzeitig von Vera und Erwin Druecke abgesondert. Es gelang ihm, mit dem Zug von Buckie aus über Aberdeen bis Edinburgh vorzudringen. Hier hinterlegte er in der Gepäckaufbewahrung des Waverley-Bahnhofs seine suspekten Koffer und setzte sich – bis zur Weiterfahrt seines Zuges nach London – in ein Kino in der Princess Street. –

Der Tragikomödie zweiter Teil endete wenige Minuten nach 21 Uhr desselben Tages vor der Gepäckaufbewahrung des Waverley-Bahnhofs. Die Männer mit Schlapphüten und Regenmänteln handelten wortlos, als Waelti – nach seinem Kinobesuch – blitzschnell in die rechte Tasche griff, um mit seiner Mauser-Pistole den Edinburgher Polizeichef Merrilees und Kriminalinspektor Sutherland zu begrüßen.

Im Schlußakt der HUMMER-Tragödie traten – zu ihrer Hinrichtung – kurz noch einmal Druecke und Waelti auf die erhöhte Bühne. Dann fiel der Vorhang. Nicht, um die Toten zu verhüllen, sondern um das Weiterleben der Vera von Schalburg zu verschleiern!

In Erinnerung an diese Tragödie sang nach dem Kriege Nikolaus Ritter in Hamburg noch immer sein Lamento:

»Hätten sie die Fahrräder bei sich gehabt und unseren Weisungen Folge geleistet, wären sie ohne Zweifel unbehelligt in ihre Einsatzräume gekommen – und auch die beiden Männer wären heute sicher noch am Leben.«

Und was geschah mit Vera von Schalburg?

Der englische Geheimdienst hatte die Spionin dieses Namens pro forma sterben lassen, um sie – neu getauft – weiterhin am Leben zu erhalten. –

Ich habe mich intensiv bemüht, Veras Spuren zu entdecken. In Kopenhagen, wo ihre Mutter lebte, gab es noch im Jahre 1964 einen Papagei aus den Kindheitsjahren in Sibirien, der sich über zwei Kriege hinweg ein Wort gemerkt hat, das ihn – hinter dem Ural – ein kleines Mädchen einst zu sprechen lehrte:

»Vera!«

Zu einem anderen Hinweis auf die Existenz der verführerischen Spionin aus Sibirien verhalf mir Mrs. Huntingford, die ich 1959 zufällig beim Skilaufen in den Tiroler Bergen kennengelernt hatte. Mrs. Huntingford war die Sekretärin von Lord William Jowitt, der während des Krieges mit der geheimen Aburteilung deutscher Spione befaßt war.

Lord William Jowitt empfing mich freundlich zu unserem vereinbarten Interview in seinem Büro im House of Lords und beantwortete mir bereitwillig alle Fragen, die ich an ihn stellte und die sich auf die Verurteilung ehemaliger deutscher Abwehragenten bezogen. Als ich den ehrwürdigen Lord aber nach Vera von Schalburg fragte, nach der bekannten Spionin aus Hamburg –, lächelte er väterlich-mitleidig:

»Ich darf Ihnen natürlich keine Einzelheiten verraten. Aber es wird genügen, wenn ich Ihnen sage, daß wir Madame Erikson aus bestimmten Gründen nicht vor Gericht gestellt haben. Ich weiß nur so viel, daß wir sie hier in England behielten, wo sie unseren Behörden in gewisser Hinsicht noch dienlich war!«

Nacht für Nacht hatte Wulf Dietrich Schmidt im ersten Jahr seiner Spionagelaufbahn die Hamburger Abwehrstelle mit »zuverlässigen« Meldungen über gewaltige englische Abwehrmaßnahmen an der Kanalküste bombardiert. Nach dem Fiasko von Dünkirchen – der Flucht des englischen Expeditionsheeres zurück nach Dover und den anderen Rettungshäfen – war es ihm 1940 gelungen, England regelrecht mit seinen »Sprüchen« zu verteidigen. Um die bravourösen Vorstöße deutscher Seestreitkräfte zu stoppen, funkte Schmidt zum Beispiel geheime Verminungspläne nach Deutschland, die ihm angeblich ein Mittelsmann aus dem Verteidigungsministerium in London besorgt hatte. Aufgrund dieser Falschmeldungen wurde für deutsche U-Boote ein Operationsgebiet von insgesamt 3600 Quadratmeilen gesperrt.

Auch die englische Luftverteidigung vermochte Schmidt in seinen vom britischen SIS zubereiteten Meldungen zu einem überdimensionalen Sperrballon aufzublasen, der selbst Reichsmarschall Hermann Göring gebührenden Respekt einflößte. Was deutsche Luftaufklärer auf den RAF-Flugplätzen nicht sehen konnten, stellte der Agent 3725 mit seinen »außergewöhnlichen Beziehungen« in unterirdischen Flugzeugdepots fest. Die von Schmidt gemeldeten Produktionszahlen der englischen Flugzeugindustrie waren weitaus höher, als sie von anderen Informanten eingeschätzt wurden.

Wer beim Oberkommando der Wehrmacht glaubte, daß die englische Kanalküste weitgehend unbefestigt war – »harmlose Weiden und Getreidefelder!« –, wurde von Wulf Dietrich Schmidt eines anderen belehrt. Nach seinen Angaben erschien es nicht ratsam, England von seiner Südküste her anzugreifen. Dort, wo die Insel in den Jahren 1940/41 tatsächlich verwundbar war und im

Verteidigungsgürtel weite Lücken klafften, stellte das englische Täuschungskomitee furchterregende Vogelscheuchen auf: »Treibminenfelder wie von Algen durchwachsen, unsichtbare Panzersperren und elektrisch gesteuerte Ölbrandleitungen!«

Selbstverständlich gab es bei den deutschen Auswertungsstellen von Fremde Heere West kritische Analytiker, die den Schmidtschen Meldungen skeptisch gegenüberstanden. Im dröhnenden Krieg aber zählten die logischen Argumente kaum. Zielweisend waren vielmehr die lautstarken Befehlsbrüller, die sich über alle Einwände hinwegsetzten und kurz und bündig feststellten:

»Schmidt ist zuverlässig!«

Dieses Werturteil fällte einer, der es wissen mußte: Major Ritter. Und damit nahm die geheime Schlacht zwischen Hamburg und London in Form einer weltumspannenden Operation ihren Fortgang. Schmidt sollte für seine »genauen Zahlen«, die die englischen Abwehrmaßnahmen in so imposanter Weise demonstrierten, mit dem Eisernen Kreuz II. Klasse ausgezeichnet werden. Darüber hinaus verspürte Ritter das generöse Verlangen, die vaterländischen Verdienste seines Staragenten noch mit zwanzigtausend Reichsmark in Devisen zu honorieren:

»Er war wie ein gehetztes Wild«, berichtet Major Ritter voll Rührung in seinen Memoiren. »Er lebte in Scheunen und unter freiem Himmel und war fast am Verhungern . . .«

Ja – und da mußte natürlich sofort wieder geholfen werden. Und zwar mit deutscher Gründlichkeit:

Aufgabenstellung – Agent 3725 soll zur weiteren Entfaltung seiner Spionagetätigkeit mit zwanzigtausend Reichsmark versorgt werden, die ihm in London in englischen Pfunden auszuzahlen sind.

Plan – um den deutschen Ursprung zu verschleiern, werden zur getarnten Transferierung des Geldbetrages japanische Stellen eingeschaltet, mit denen die Abwehr in Berlin seit längerem engen Kontakt unterhält.

Vorbereitung – Dr. Thoran, Abwehr Berlin, fährt nach Hamburg, um mit Major Ritter die Details der Geldübergabe zu ventilieren. Sodann begibt sich Dr. Thoran wieder in die Reichshauptstadt, um dort die praktische Durchführung der Aktion mit den Japanern abzustimmen.

Parallel zu den Gesprächen mit den Japanern vibrierte der Äther zwischen Berlin und Tokio ebenso wie die Verbindung des japanischen Außenministeriums mit seiner Botschaft in London, wohin die geheimen Erkennungszeichen übermittelt wurden, mit denen der deutsche Agent 3725 kontaktiert werden sollte. Außerdem ging es um die Vorsichtsmaßnahmen, unter denen ihm sodann zweitausend Pfund ausgehändigt werden durften. In einem noch komplizierteren Verfahren informierte die Funkstelle Wohldorf seinerseits Wulf Dietrich Schmidt über die mit den Japanern getroffenen Vereinbarungen.

Um die Prozedur gegen alle Eventualitäten vollends abzusichern, sollte noch eine DIN-A4-Seite (ohne Wasserzeichen!) willkürlich zerrissen und durch die KO Lissabon nach London befördert werden. Die eine Hälfte war als Kontaktausweis für den japanischen Geldübermittler und die andere Hälfte als Empfangsberechtigung für Wulf Dietrich Schmidt bestimmt.

Und so sah die Durchführung aus: Ein Assistent des japanischen Marineattachés Mitinory Yosii bestieg verabredungsgemäß an der Londoner Victoria-Station »mit der TIMES in der linken und einem Buch in der rechten Hand den nächsten nach 16.00 Uhr einfahrenden Omnibus der Linie 11«. Den gleichen Auftrag befolgte auch Wulf Dietrich Schmidt, der als Erkennungszeichen (zur Freude des Tages!) einen roten Schlips tragen mußte. Beide Konspiranten setzten sich nach ihrer Begegnung wie zufällig nebeneinander, und Schmidt stellte seine Erkennungsfrage:

»Gibt's was Neues in der TIMES?«

Dann kam von dem japanischen Mittelsmann die Antwort:

»Nichts Besonderes. Sie können die Zeitung aber gern haben. Ich habe sie gelesen!«

Erst nachdem sie die fünfte Haltestelle erreicht hatten, durfte der japanische V-Mann die zusammengefaltete TIMES mit den versteckten zweitausend Pfund an Schmidt aushändigen. Unbemerkt hatten auch zwei Fotografen des englischen Geheimdienstes alle Phasen der – wie Ritter es bezeichnete – »einzigartigen Lösung dieses verzwickten Problems« auf ihren Filmen festgehalten. Ihre Bilder dokumentierten die nächsten drei Pluspunkte, die der britische SIS in dem trickreichen Spiel gegen die Abwehr gewonnen hatte:

– durch die »einzigartige Lösung« der Devisentransaktion über Berlin – Tokio – London hatte die englische Regierung unverhofft aufschlußreiche Details über die Zusammenarbeit zwischen dem japanischen und dem deutschen Geheimdienst erfahren;

– die von den Deutschen mit minuziöser Vorsicht betriebene Großinszenierung der Geldübergabe ließ die Engländer erkennen, wie hoch Wulf Dietrich Schmidt bei seinen Abwehroffizieren in Hamburg und Berlin im Kurs stand – und daß Major Ritter seinen Hauptagenten 3725 offenbar für weitere wichtige Geheimdienstaktionen bestimmt hatte;

– über den dritten »Pluspunkt« freute sich der zuständige englische Zahlmeister in London; denn er brauchte für die zukünftigen Täuschungsaktionen seitens des englischen »Double-cross-Committee« seinen Etat nicht zu belasten: seine Rechnungen bezahlte – mit Menschenleben und Pfunden – weiterhin die deutsche Abwehr.

Die »raffinierte« Geldübergabe an Schmidt war das letzte »Meisterwerk«, das Nikolaus Ritter am westlichen Kriegsschauplatz vollbrachte. Dann war seinem grandiosen Einfallsreichtum die Luft ausgegangen. Er hatte die Leistungen seiner Agenten zu buntschillernden Seifenblasen aufgepustet, die nacheinander zerplatzten, was Ritter allerdings nicht merkte bzw. wahrhaben wollte.

Nachdem er seine Kuckuckseier in Amerika, in England und auf dem Balkan gelegt hatte – und eine mit großem Trommelwirbel eingeleitete »Pasche-Aktion« in Afrika mit einer Bruchlandung endete, ließ sich Nikolaus Ritter schon einen Frack bauen und ihn mit Ordensspange verzieren. Er wollte aus der grauen Anonymität des Spionage-Dschungels heraustreten, um endlich auf dem spiegelglatten Parkett der Diplomatie zu landen, wo er sein Einfühlungsvermögen breitgefächert zum Wohle des Dritten Reiches praktizieren konnte:

»Zuerst sollte ich als Luftwaffenattaché in die Türkei gehen und nachher weiter nach Rio. Ich flog dann los nach Rom, wurde dort von den Militärattachés eingeladen – und ging anschließend wieder zurück in mein Hotel«, erinnerte sich Ritter an seine Diplomatenlaufbahn, die nur einen Tag und eine Nacht währte; denn:

»Am nächsten Morgen um fünf Uhr hätte ich weiterfliegen sollen. Kurz vorher aber läutete mein Telefon, und es hieß: ›Ritter, sofort zurück nach Berlin!‹«

Dort erfuhr er aus dem Munde des Abwehr-I-Chefs Hans Piekenbrock, was er sein Leben lang nicht verstehen konnte: Der Reichsaußenminister Ribbentrop hatte gegen die Übernahme Major Ritters in den diplomatischen Dienst schärfstens protestiert. Der Agenten-Makler Ritter war durch die inzwischen erfolgte Pleite seines Spionageringes in Amerika wie ein »bunter Hund« überall im Ausland bekanntgeworden –, wobei die Deutschen seine Mißerfolge in England zum damaligen Zeitpunkt noch gar nicht erfahren hatten.

Anscheinend hatte Nikolaus Ritter das jähe Ende seiner Spionage- und Diplomatenkarriere nie richtig verwinden können. Was man ihm unter Hitler weiterzuführen versagte, sollte der Ex-Spion Jahre später zur Stärkung der jungen deutschen Bundesrepublik fortsetzen:

»Nach dem Kriege hat mich Bundesinnenminister Lehr immer wieder gelöchert. ›Ritter‹, sagte er, ›Sie müssen unbedingt Ihre Geheimdiensterfahrungen aus dem Kriege niederschreiben. Machen Sie ein Lehrbuch daraus. Unsere jungen Offiziere könnten viel von Ihnen lernen!‹«

Auch der damalige Bundeskanzler Konrad Adenauer blieb von den intriganten Ratschlägen des Geheimdienstveteranen nicht verschont. Hinter seiner hohlen Hand flüsterte Ritter der neuen Bundesregierung ins Ohr, wie sie mit Hilfe seiner alten ägyptischen Verbindungen kurzerhand das leidige Israel-Problem lösen könne. Und Ritter konnte nicht begreifen, daß ihn sein rheinischer Landsmann Adenauer in der für Deutschland diffizilen Israel-Angelegenheit nicht einmal einer Antwort würdigte. Der »deutsche Top-Spion des Zweiten Weltkrieges« hatte offenbar immer schon ein ausgeprägtes Fußsohlengefühl für Tritte ins Fettnäpfchen.

Jene Erkenntnisse, die Wulf Dietrich Schmidt und die anderen Agenten der Abwehrstelle X bei ihren übungsmäßigen Sabotageangriffen auf verwundbare Stellen deutscher Kraftwerke und Schiffswerften gewonnen hatten, waren nicht nur für die englischen Geheimarchive bestimmt. Die Informationen deutsch-englischer Doppelagenten verwandelten sich bei den zuständigen Planungsstellen des britischen Intelligence Service im Zuge seiner Geheimschlacht gegen das Dritte Reich sehr schnell in ausgeklügelte Einsatzbefehle:

So bestieg – vollgetränkt mit dem Wissen personeller und technischer Einzelheiten über die berühmten Schiffswerften von Blohm & Voss – in den letzten Märztagen des Jahres 1941 der ehemalige Hitler-Jugend-Führer Herbert Meyer im Hafen von Aberdeen ein englisches Segelboot, das von einem Geheimkommando der Royal Navy auf die offene See hinausgeschleppt und dann auf Kurs nach Norwegen gesetzt wurde. Der junge HJ-Führer – er war als Matrose auf einem Wetterschiff in englische Kriegsgefangenschaft geraten – saß jetzt als britischer SIS-Agent in seinem Boot. Er hatte Anweisung, sich nach seiner Landung in Norwegen sofort den deutschen Behörden zu stellen und sich als geflüchteter Kriegsgefangener auszugeben. Dann sollte er sich bei Blohm & Voss um eine Anstellung bemühen, die es ihm – nach den Vorstellungen seiner Auftraggeber in London – ermöglichte, die deutsche U-Boot-Fabrikation zu sabotieren. Zum Empfang weiterer Aufträge sollte er sich später mit einem in Norddeutschland etablierten britischen Funkagenten durch eine Annonce im Hamburger Fremdenblatt in Verbindung setzen. Der vereinbarte Erkennungstext war ein Bibelspruch und lautete:

»Kommet zu mir, die ihr mit Sorgen beladen seid!«

Drei Tage nach dieser vom englischen Geheimdienst inszenierten Flucht aus Schottland musterte Feldwebel Erich Kokoschka von der Abwehrstelle Oslo wortlos den jungen Gefangenen, der vor ihm auf der Zellenpritsche saß und der sich Herbert Meyer nannte. Der Gefangene war kurz vor seinem Zusammenbruch. In den letzten zwei Stunden seiner Vernehmung wurde sein Atem immer schneller und heftiger – und Kokoschka rechnete damit, daß Meyer in nervöser Erschöpfung jeden Moment ein Geständnis ablegen würde. Was der Gefangene nämlich in der letzten Nachtvernehmung über seine abenteuerliche Fahrt mit einem angeblich gestohlenen Segelboot von England nach Norwegen ausgesagt hatte, überzeugte die deutschen Abwehroffiziere keineswegs. Vielmehr ließen gewisse Ungereimtheiten über die Motive seiner Flucht, die er von der schottischen Küste aus bei stürmischer See im Nebel unternommen haben wollte, Kokoschka vermuten, daß es sich bei dem ehemaligen HJ-Gefolgschaftsführer aus Frankfurt am Main um einen feindlichen Agenten handelte, der in den Dienst des englischen Geheimdienstes gepreßt worden war.

Der Vernehmer war sich dieses Tatbestandes aber nicht sicher. Es war ihm nur aufgefallen, daß der schwächliche Gefangene, den gestern früh eine deutsche Küstenstreife südlich von Stavanger aufgefischt und an Oberleutnant Grothe von Abwehr III übergeben hatte, seine Opferbereitschaft gegenüber Deutschland und seinem Führer Adolf Hitler ein wenig zu lautstark betonte.

Bevor er seine Fangfrage stellte, nahm Kokoschka langsam und bedächtig seine dunkelrandige Brille ab. Dann rückte er ganz nahe an den Jungen heran, der ihm erschrocken ins Gesicht blickte:

»Sieh mich mal genau an«, sagte Kokoschka jetzt. »Stell dir mein Gesicht ohne den Schnurrbart vor!«

Bei diesen Worten verdeckte der Abwehrmann mit drei Fingern seine Oberlippe mit dem schwarzen Führerbart. Dann sah er dem Gefangenen scharf in die Augen und überführte ihn mit einem Bluff, indem er fragte:

»Hast du mich in der Sabotageschule drüben in England nicht schon mal so gesehen? Ohne Bart und ohne Brille?«

Der ehemalige HJ-Führer und jetzige britische SIS-Agent Meyer sackte in sich zusammen. Ein herbeigerufener Wehrmachtssanitäter spritzte ihm aber wieder Leben in die Vene. Und dann verriet der Mann, dessen Tage gezählt waren, wichtige Einzelheiten über eine britische Sabotage- und Nachrichtenschule im Umkreis von London:

»Die Schule, die sich in der Nähe von St. Albans befindet, wird von englischen Offizieren geleitet. In dem Kursus waren außer mir noch acht Norweger, sieben Franzosen, sechs Belgier, zwei Österreicher, ein Tscheche und ein Pole.

Die Schüler führen Decknamen und tragen Zivilkleidung. Es war uns verboten, unsere richtigen Namen zu benutzen. Wir durften die Schule, die von militärischen Posten bewacht wird, nicht verlassen.

Der Unterricht erstreckte sich auf folgende Gebiete: Geschichte, Spionage und Nachrichtendienst, Sprengstoff und seine Verwendung, Kartenlesen, Abhören von Telefonleitungen, Schießen mit SMG, LMG, Gewehr und Pistole, Morsen, Buchdruckerei, Propaganda.

Wir wurden auch in der Handhabung von Sprengstoffen, Zündschnüren, verschiedenen Zeitzündern für Über- und Unterwassersprengungen, Druckzündern für Schienensprengungen, Zugzündern, magnetischen Sprengkörpern für Anschläge auf Schiffe sowie kleineren magnetischen Sprengkörpern zur Zerstörung von Kraftfahrzeugen, Benzintanks usw. unterrichtet. Außerdem wurden wir in der Zerstörung von Telefonkabeln geschult.«

Das Oberkommando der Wehrmacht folgerte aus dieser Schilderung, »daß von seiten des britischen Nachrichtendienstes Angehörige aller vom Reich besetzten Staaten in England geschult werden, um dann zur Verübung von Sabotageakten bzw. für eine nachrichtendienstliche Tätigkeit in ihren Heimatgebieten Verwendung zu finden . . .«

Durch die Angaben über ominöse englische Spionageschulen, in denen Franzosen, Belgier – und vor allem deutschfeindliche Norweger geschult werden, ließ sich die Abwehr zu ihrem nächsten erfolgversprechenden Gegenschlag verleiten: zum Unternehmen HUMMER-NORD-III, einer Wiederholung der mißglückten Mission der Vera von Schalburg.

Nach dem Motto »Der Durchbruch muß gelingen!« wollte nun die Abwehrstelle im Hochhaus am Klingenbergtor in Oslo ihren Kollegen in der Hamburger Knochenhauerstraße zeigen, wie man eine perfekte Geheimdienstoperation durchführt.

Für den Erfolg dieses ehrgeizigen Vorhabens sollten zwei junge Norweger garantieren, die Hauptmann Müller mit Hilfe eines komplizierten Such- und Annäherungsverfahrens endlich gefunden hatte: Den ersten, der ihm für einen Einsatz in England am geeignetsten erschien, entdeckte er bei der ABP (Auslands-Briefprüfstelle) des Hauptmanns Röhmer – und bedachte den jungen Spionageaspiranten von Anfang an mit dem geheimnisvollen Decknamen TEGE. Der Spion in spe war dreiundzwanzig Jahre alt und hatte für seinen zukünftigen Beruf schon eine gewisse Vorbildung. Er mußte die kommerzielle Post, die im ersten Jahr der deutschen Besetzung von Norwegen ins Ausland versandt wurde, auf verdächtige Formulierungen und Geheimmitteilungen durchschnüffeln. Was er dabei entdeckte, konnte TEGE seinem Wehrmachtsvorgesetzten in fließendem Deutsch vortragen. Seine deutschen Sprachkenntnisse stammten nämlich aus Wiesbaden, wo er vor dem Kriege bei Minister Samheide, der zusammen mit Professor Birkeland den berühmten Norskhydro-Konzern aufgebaut hatte, als Sekretär beschäftigt gewesen war.

Den zweiten Mann tarnten die Deutschen mit dem harmlosen Namen JACK, einundzwanzig Jahre alt. Bevor sie ihn im Exportbüro des Herrn Andersen alias Angermaier (er war durch seinen Fischgrätenmantel stadtbekannt) am Johanstor zum Spion trimmten, hatte JACK im Friseursalon seines Vaters in Oslo mit der Brennschere blonde Locken gedreht. JACKs Mutter war eine gebürtige Engländerin, ehemals Revueschauspielerin am alten Mayol-Theater. Sein Großvater bekleidete einst das Amt des Bürgermeisters von Manchester. Zu diesem idealen Background kam noch hinzu, daß JACK nicht nur betörend Klavier spielen konnte, sondern mit seinen sensiblen Friseurhänden auch spröde Engländerinnen in Verzükkung zu streicheln vermochte.

Ausgestattet mit solcherart Talenten, übernahm JACK in dem zusammengewürfelten Agentenduo die Rolle des Kontakters. TEGE, der vor dem Einmarsch der Deutschen noch in einer norwegischen Unteroffiziersschule gedrillt worden war, sollte hauptsächlich technische Probleme lösen, die während ihrer illegalen Untergrundarbeit in England auftreten konnten.

Da der englische Nachrichtendienst Norwegen zum damaligen Zeitpunkt mit gut funktionierenden Kreuz- und Querdrähten durchzogen hatte und über die deutschen militärischen Vorhaben verhältnismäßig gut informiert war, mußte deutscherseits das spurlose Verschwinden von JACK und TEGE durch eine dafür eigens inszenierte Zweiphasen-Operation verschleiert werden: Zuerst verbreitete man in norwegischen Widerstandskreisen das Gerücht, die beiden hätten deutschfeindliche Äußerungen von sich gegeben, woraufhin JACK und TEGE verständlicherweise aus Oslo hätten verschwinden müssen.

Während sich im zweiten Teil der Verschleierungsaktion deutsche Polizisten bei bestimmten Bekannten in Oslo nach dem Verbleib von JACK und TEGE erkundigten, bestiegen um Mitternacht des 9. April 1941 die beiden »Flüchtlinge« ein doppeldeckiges deutsches Wasserflugzeug vom Typ »Arado«, um zur Verstärkung Wulf Dietrich Schmidts in Richtung Schottland abzufliegen.

Auch JACK und TEGE sollten nach ihrer Landung in England mit frohem Lebensmut an ihre von der Abwehr zugewiesenen Arbeitsplätze radeln. Dafür war die »Arado« mit zwei altenglischen Fahrrädern beladen worden, die der zwielichtige Fischgrätenmantelträger Angermaier besorgt hatte. Zur Finanzierung ihrer kriegerischen Reise mußte jeder Agent auch den Erhalt von hundert Pfund quittieren, die – wie sich auf der anderen Seite des Kanals herausstellen sollte – mittlerweile außer Kurs gesetzt worden waren.

Immerhin fand der Agentendompteur Angermaier – er mußte den Abflug von Stavanger nach England überwachen – die zwei Selbstmordkandidaten »chic in ihren hellblauen Kombinationsanzügen mit Reißverschluß und Gummistiefeln«.

Als sie sich um Mitternacht noch einmal in voller Agentenmontur – mit Fahrrad, Funkkoffer, Pistolen und Rucksack – präsentierten, erklärte ihnen Angermaier, der England nur aus seinen Schularbeiten kannte, wie einfach es sei, da drüben unterzutauchen:

»Es wird für Sie kein Problem sein, unbehelligt in Schottland zu landen. Die Straßen sind vollgestopft mit Flüchtlingen aus den zerbombten Städten. Und keiner wird Sie fragen, woher Sie kommen. Und falls es wirklich brenzlig werden sollte«, riet Angermaier ihnen noch zum Abschied, »habt ihr immer noch eure Knarren dabei!«

In Stavanger hinterließen JACK und TEGE nur zwei Spuren, die auf ihr Verschwinden hindeuteten: Die eine – zur Tarnung der Engländer bestimmte – konnte in einem kleinen Hafen südlich von Stavanger festgestellt werden. Dort hatte nämlich Feldwebel Erich Kokoschka einen brüchigen alten Fischkutter stehlen lassen, der JACK und TEGE nicht etwa zur Flucht, sondern nur als Flucht-Alibi dienen sollte. Im Falle einer Gefangennahme sollten wenigstens ihre Angaben den Engländern stichhaltig erscheinen.

Die zweite Erinnerung an die beiden frohgelaunten Agenten war eine saftige Rechnung ihrer Abschiedsparty aus dem Viktoria-Hotel in Stavanger, die den Abwehr-Revisoren in Oslo und Berlin die Gesichter versauerte, als sie sich angesichts der langen Verzehrliste von Champagner, Kaviar und Hummerschwänzen nur noch verständnislos fragten:

»Mußte das sein?«

Die beiden Spione hatten die Köstlichkeiten aus dem Viktoria-Hotel noch nicht ganz verdaut, da landete die Agentenmaschine bereits krachend auf dem Wasser – an der schottischen Küste – irgendwo zwischen Aberdeen und Bell Rock. Das Flugzeug wurde mehrmals wie ein Ball hochgeworfen, bevor es zwischen den hohen Wellenbergen halbwegs zum Stillstand kam. Der Ausstieg mit dem aufgeblasenen Schlauchboot, den Fahrrädern, dem Funkkoffer und den mit Sabotagemitteln vollgepackten Rucksäcken vollzog sich wortlos und schnell, so wie es JACK und TEGE unter den gleichen Bedingungen – bei Nacht und stürmischer See – in Stavanger geübt hatten. Dann startete die »Arado« wieder in Richtung Osten.

Das deutsche Wehrmachtsschlauchboot wurde wie eine verlorene Nußschale von der hohen Brandung herumgewirbelt: Dieses Bild bot sich im Morgengrauen des 9. April noch für einige Sekunden den Männern in der »Arado«. Sie waren die letzten Deutschen, die JACK und TEGE noch einmal gesehen hatten. Dann hörte man vier Jahre hindurch nur noch per Funk von den Aktionen der beiden »erfolgreichen« England-Spione ...

Ihre Landung und die folgenden Einsätze vollzogen sich aus der Sicht der Deutschen wie im Kino, wo im spannendsten Moment der Film abreißt und bruchstückhaft nur noch Töne zu hören sind; denn JACK und TEGE gaben bald aus einem Versteck in Glasgow, dann aus London und später wieder aus Schottland ihre Funksprüche nach Oslo durch. Diese Funksprüche versetzten damals vor allem den ehemaligen Sabotagechef und zeitweiligen Vertreter des Abwehrchefs Canaris, Oberst Erwin von Lahousen, in Euphorie.

Auch wenn englische Vernehmungsoffiziere dem österreichischen Adligen von Lahousen-Vivremont nach dem deutschen Zusammenbruch in Bad Nenndorf die Zähne eingeschlagen hatten, strahlten seine Augen dennoch vor Stolz, als er mir in seiner Wohnung im Solbad Hall/Tirol die Erfolgsstory von JACK und TEGE erzählte. Im Zimmer, in dem wir saßen, hingen auch noch Andenken, die an Wulf Dietrich Schmidt erinnerten: Dolche und Fotos japanischer Geheimdienstkollegen, die Lahousen für die Rittersche Devisentransaktion an »3725« in London seinerzeit aktiviert hatte.

Seine Rückschau auf die »überragenden Erfolge« der beiden Norweger JACK und TEGE wurde dem inzwischen herzkrank gewordenen Ex-Sabotageboß durch eine Reihe geheimer Aufzeichnungen erleichtert, die für ein Buch bestimmt waren, das Admiral Canaris zur Ehrenrettung seiner Abwehr nach dem Kriege schreiben wollte. JACK und TEGE, denen Canaris – wie es damals schien – ein Ruhmesblatt in seinen Memoiren widmen wollte, erscheinen in den Aufzeichnungen Lahousens erstmals unter dem 1. Mai 1941:

»Die Verbringung von zwei V-Leuten im Rahmen des Unternehmens HUMMER-NORD-III nach England war erfolgreich. Die Agenten (JACK und TEGE) haben sich aus London mit mitgenommenem Afu-Gerät gemeldet.«

Nach diesen kurzen Lebenszeichen sollten sich JACK und TEGE den Flüchtlingsbehörden der norwegischen Exilregierung stellen, die damals in London residierte, und zwar mit dem Ziel, in eine von den Engländern aufgestellte Emigrantenkompanie einzudringen, um von dort aus ihre Spionage- und Sabotagetätigkeiten zu entfalten.

Am 3. Juni hörte Lahousen abermals von seinen draufgängerischen Norwegern:

»Die im Rahmen des Unternehmens HUMMER-NORD-III mit Funkgerät nach England entsandten V-Leute, die bis zum 1. Juni im Interesse ihrer eigenen Sicherheit Sendeverbot hatten, haben sich nach dem Stichtag wieder gemeldet und den Funkverkehr mit Ast. Oslo wieder aufgenommen.«

Am 10. Juni schrieb der Canaris-Intimus Lahousen in sein Tagebuch, daß die beiden V-Männer JACK und TEGE einen interessanten Bericht über gebräuchliche Identitätsausweise, Lebensmittelkarten und Einzelheiten über die Erfassung und Behandlung skandinavischer Flüchtlinge nach Oslo gefunkt hätten.

Mit Devisen gut gefüttert und löblichen Werturteilen gestriegelt, standen JACK und TEGE inzwischen wie Paradepferde neben Wulf Dietrich Schmidt im Renommierstall der deutschen Abwehr. Die Erfolge der Agenten waren gleichzeitig auch die Siege ihrer Führungsoffiziere und deren Vorgesetzten. Verständlich, wenn sich Lahousen daher mit Stolz an die großen Momente seiner Karriere erinnerte:

»TEGE war es sogar gelungen, in ein norwegisches Emigranten-Bataillon einzudringen, das zuerst in Schottland stationiert war und dann nach Island verlegt wurde. Dort saß unser Mann natürlich direkt an der Quelle«, frohlockte Lahousen ähnlich wie Richard Wein, der zu Beginn meiner Recherchen ebenso die Erfolge seines »Siebenunddreißig-zwo-fünf« rühmte.

Auf einer der nächsten Seiten von Lahousens geheimem Tagebuch wurde es für JACK und TEGE dann ernst. Das konnte ich aus der Betonung seines Befehls hören, den der deutsche Sabotagechef am 7. Juli 1941 nach England funken ließ und acht Jahre nach dem Kriege noch einmal mit bedeutungsschwerer Stimme rezitierte:

»Die Agenten des Unternehmens HUMMER-NORD-III erhielten Auftrag, nunmehr an ihre Sabotageaktionen zu gehen!«

Und so begaben sich – wie mir Lahousen berichtete – die beiden Spione wieder nach Schottland, um ihre dort vergrabenen Zünd- und Sprengmittel per Fahrrad an die angewiesenen Sabotageziele zu transportieren. Und dann verkündete eine Reihe von Funkzeichen die geheimen Kampferfolge von JACK und TEGE, die sie angeblich durch Brandlegung in englischen Munitionsdepots, in Lebensmittelspeichern, Holzlagern und Fabriken erzielen konnten.

Mit großem Einfühlungsvermögen konnte sich Lahousen an all die Schwierigkeiten und Gefahren erinnern, denen seine Agenten im feindlichen England ausgesetzt waren:

»Um solche Sabotageangriffe durchführen zu können, wo praktisch jede Hütte und jede Wegkreuzung von englischen Home Guards bewacht waren, brauchten meine Leute (JACK und TEGE) nicht nur eiserne Nerven, sondern auch Geld – und immer wieder neue Zünder und Sprengstoffe!«

So sorgte sich der ehemalige Chef der Abwehrabteilung II noch im nachhinein um die Versorgung und das Wohlergehen seiner geheimen Kampfgenossen in England – und ging zum nächsten Ereignis über, das auf Seite 248 seiner Notizen vermerkt ist:

»Dem Chef OKW wurde ein Vortragsvermerk über das Unternehmen HUMMER-NORD-III vorgelegt. Die im Zuge dieses Unternehmens nach England verbrachten zwei V-Leute (JACK und TEGE) wurden am 20. Februar in vorbildlicher Zusammenarbeit mit Luftflotte V durch Abwurf von Funkgerät und Geld versorgt – unter gleichzeitiger Bombardierung von zwei benachbarten Orten als Ablenkungsmanöver. Diese Art des Nachschubs für V-Leute unter gleichzeitiger Tarnung durch Bombenwurf hat sich als zweckdienlich und erfolgreich erwiesen.«

Der gutgläubige Amtschef Wilhelm Canaris war, um sich gegenüber seinem Geheimdienstkonkurrenten Reinhard Heydrich vom SD behaupten zu können, auf gut klingende Erfolgsberichte angewiesen, dies um so mehr, als im Sommer 1941 das von Major Ritter aufgebaute Amerikanetz jämmerlich zusammengebrochen war. Um das mörderische Spiel gegen seinen teuflischen Widersacher Heydrich fortsetzen zu können, brauchte Canaris Trumpfkarten mit den Köpfen erfolgreicher Abwehragenten. Solche Trumpfkarten wurden ihm vielfach – mit der Schönmalerei phantasievoller Agentenberichte verziert – von seinen Außenstellen leichtfertig in die Hand gedrückt, damit der Admiral, und mit ihm der militärische

Nachrichtendienst, seine Partie gegen den SD gewann. Das intrigante Spiel um die interne Vorherrschaft der beiden rivalisierenden deutschen Geheimdienste war – wie es sich rückschauend präsentiert – aber schon von Anfang an für die Abwehr verloren. Denn die vermeintlichen Trümpfe in der unsicheren Hand des weißhaarigen Admirals Canaris stellten sich fast durchwegs als »schwarze Peter« heraus, die von gegnerischen Geheimdiensten unbemerkt in die deutschen Karten gemischt worden waren. Mit diesen »Schädlingen« im Blatt sollte der Amtschef später das »Spiel« gegen seine SD-Rivalen auf tragische Weise endgültig verlieren.

Aber noch stand der Admiral neben den höchsten Jasagern der drei Wehrmachtsteile und blätterte seine »Agentenerfolge« auf den ehernen Eichentisch Hitlers: Aus der kaviarbetonierten Abwehrfestung in Portugal wurde er vom dortigen KO-Leiter Major Albert von Karsthof mit Informationen seiner »zuverlässigen« V-Männer IWAN und OSTRO versorgt. Aus Stockholm schickte ein ominöser »Dr. K.« stapelweise Berichte seiner beiden in England arbeitenden Agenten HEKTOR und JOSEPHINE. Madrid prahlte mit ALARIC, einem Spanier, dem es gelungen war, von London aus ein eigenes Spionagenetz zu knüpfen. Hamburg versorgte seinen Chef mit strategisch wichtigen Erkenntnissen seines englischen Hauptagenten Wulf Dietrich Schmidt (Bewertungsnote »besonders wertvoll«). Und Oslo lieferte JACK-und TEGE-Meldungen, frisch und direkt aus Schottland, die immer wieder auf eine Alliierten-Landung in Norwegen hindeuteten und Hitler später noch in den entscheidenden Momenten seiner Feldherrn-»Karriere« verunsicherten:

»Es besteht jede Möglichkeit, daß sie eine Landung oben in Norwegen unternehmen«, gab Hitler Vizeadmiral Hans-Erich Voß (Vertreter der Kriegsmarine im Führerhauptquartier) gegenüber zu bedenken. »Oben im nördlichen Norwegen muß man mit einer Masse von U-Booten operieren ... Wir müssen sofort damit beginnen, U-Boote nach Norwegen hinaufzuschicken. Sonst wird es zu spät sein ...«

Wer verbarg sich hinter den Decknamen jener beiden Staragenten, die in zwei kritischen Phasen des vergangenen Krieges mit ihren irreführenden Meldungen deutsche Divisionen in Norwegen zu binden vermochten und Panzerverbände am falschen Platz in Bereitschaft hielten, die Generalfeldmarschall Erwin Rommel dringend zur Verteidigung von El Alamein benötigte? Wer waren die Männer, die mit dem Gerücht einer bevorstehenden Alliierten-Landung in Norwegen Hitler zu jener Fehlrechnung verleiten sollten, die er sich für den »längsten Tag« des Krieges – für die Invasion am 6. Juni 1944 – zurechtgelegt hatte?

Wo konnte ich sie finden – TEGE, den ehemaligen Handelskorrespondenten, und JACK, den Damenfriseur, die – wie Wulf Dietrich Schmidt – mit ihren Funkgeräten Deutschland in die Falle lockten und als Marionettenfiguren von London aus mithelfen sollten, das deutsche Afrika-Korps zu zerschlagen und die Invasion in der Normandie zugunsten der Alliierten zu entscheiden?

Noch strenger, als die deutsche Abwehr während des Krieges mit der Tarnung ihrer beiden Agenten JACK und TEGE verfuhr, verschleierte – nachdem sie 1945 ihre Doppelrolle für das »Doublecross-Committee« beendet hatten – der britische Geheimdienst die Identität der zwei Norweger, die in London JEFF und MUTT genannt wurden. Für das intensive Verwischen ihrer Spuren waren englischerseits verschiedene Argumente ausschlaggebend, die aus Sicherheitsgründen auch heute noch immer nicht preisgegeben werden dürfen. Man wolle, so mußte ich mir sagen lassen, mir bei meiner Suche nach den Ex-Spionen zwar gern helfen, aber:

»Unsere Gesetze verbieten es!«

Mein Weg zu JACK und TEGE im Jahre 1970 war dennoch kürzer und problemloser als die Suche nach Wulf Dietrich Schmidt. Schon der Tarnname TEGE verrät auffallend die Zusammenziehung zweier Buchstaben, nämlich T und G. Bei meiner weiteren Fahndung half mir das Osloer Telefonbuch, so daß ich – nach ein paar Fehlanrufen – schließlich einen Mann namens Tor Glad am Apparat hatte, den ich auf Deutsch anredete und der auf Deutsch

»Grüß Gott!«

sagte, als er hörte, daß ich mich aus München meldete. –

So fand ich also diesen »zuverlässigen« Agenten, der mir in einem Bierzelt auf dem Münchner Oktoberfest berichtete, was die Deutschen bisher nie erfahren hatten – und der mir enthüllte, was die Engländer all die Jahre mit allen Kräften zu verheimlichen versuchten.

Auch Tor Glad wollte das einschneidendste Abenteuer seines Lebens, die Operation HUMMER-NORD-III ein für allemal begraben. Er hatte als England-Spezialist beim norwegischen Fernsehen endlich eine Anstellung bekommen und sah es nicht gern, daß »die alten Sachen« wieder aufgewärmt werden sollten.

Gegen diesen Widerstand lockte ich mit Hunderten von Fragen dennoch ein Ereignis nach dem anderen aus seiner vernagelten Geheimniskiste: zunächst den Namen seines Schicksalsgenossen, den die Deutschen JACK, die Engländer MUTT nannten – und den der amerikanische Historiker Ladislas Farago als Olaf Klausen enttarnt zu haben glaubt.

»Mein Freund heißt John Helge Neal Moe. Das ist sein richtiger Name«, stellte der Ex-Abwehragent TEGE klar, verteidigte aber gleichzeitig – als hätte er schon zuviel gesagt – seinen Spionagepartner gegen meine Neugier:

»Jack Moe hat nach dem Kriege SAS-Stewardessen in englischer Umgangssprache unterrichtet. Er wohnte eine Zeitlang in Stockholm. Aber diese Angaben werden Ihnen nichts nützen«, sagte mir TEGE, »Jack wird Ihnen mit Sicherheit über seinen Einsatz in England nichts erzählen. Er darf es nicht. Denn er hat in London den Official Secrets Act unterschreiben müssen. Das heißt: Schnauze halten fürs ganze Leben!«

Dieses Schweigen bis zum Grab hatte die englische Regierung

auch und vor allem Wulf Dietrich Schmidt auferlegt. Heute ist mir klar, was er mit seiner jesuitischen Formulierung wirklich meinte, als er bei meinem ersten Besuch in Watford erklärte:

»Ich kann über meine Vergangenheit nicht sprechen, weil ich dadurch unweigerlich meine Freunde preisgeben würde, die mir während des Krieges wichtige Informationen in die Hände spielten . . .«

Diese »Freunde« waren Sir John Masterman, Major T. A. Robertson und eine Reihe anderer englischer Geheimdienstoffiziere, die das Täuschungsspiel gegen die deutsche Wehrmacht geplant und gelenkt hatten – und ebenso wie ihre Spielagenten zur Geheimhaltung aller Details der von ihnen angewandten Tricks vereidigt worden waren.

War es die ausgelassene bayerische Gemütlichkeit auf dem Oktoberfest? War es das Münchner Bier – oder hatten die englischen Sicherheitsbehörden gar vergessen, auch Tor Glad die Zunge festzubinden? Ich weiß es nicht. TEGE, der deutsch-englische Doppelagent, verriet mir auf der Münchner Theresienwiese schließlich, worüber keiner der anderen Spione, denen der Henker das Leben schenkte, sprechen durfte:

»Die Deutschen hatten uns befohlen, das Schlauchboot nach der Landung mit unseren Messern aufzuschlitzen, Steine hineinzufüllen und zu versenken. Niemand sollte entdecken, woher wir gekommen waren. Wir haben aber das Gummiboot an Land gezogen und sahen weit und breit keinen Engländer, dem wir hätten sagen können: ›Hier sind wir!‹

Jack ist dann bis zum nächsten Fischerhäuschen gelaufen und hat an die Tür geklopft. Es war sechs Uhr früh. Wir seien gerade mit einem deutschen Wasserflugzeug hier in seiner Bucht gelandet, erklärte Jack dem erschrockenen Fischer in perfektem Englisch:

›Wir möchten nur wissen, wo sich der nächste Militärposten befindet!‹

Eine halbe Stunde nach unserer Landung bei Peterhead holte uns bereits der Polizeichef von Banff höchstpersönlich mit seinem Auto ab. Er begrüßte uns freundlich, so wie man alte Bekannte empfängt, die man schon lange erwartet hatte:

›. . . und woher kommen Sie?‹

›Direkt aus Norwegen, von Stavanger‹, sagte ich.

›. . . und was bringen Sie uns Schönes mit?‹

›Hier ist meine Pistole!‹

›Haben Sie noch Patronen?‹

›Ja. Fünfundzwanzig Schuß!‹

Jack und ich gaben dem Polizeichef und seinem Begleiter unsere Waffen, unsere Rucksäcke und – vor allem unser Wehrmachtsfunkgerät:

›Hier, bitte!‹

Dann sind wir mit dem Auto nach Banff gefahren. Unsere beiden Fahrräder hatten wir aufs Dach gebunden . . . In Banff warteten schon ein paar hundert Leute, die uns am liebsten gelyncht hätten!«

Als »verdammte deutsche Spione« wanderten JACK und TEGE am späten Abend des 9. April 1941 in ihre Zellen im Aberdeener Gefängnis. Dort begannen ihre Vernehmungen, die am nächsten Tag bei Scotland Yard in London – und dann im sogenannten Camp 001 in Ham Common durch Major Stevens fortgesetzt wurden. Ihre »Entlausungsprozedur« war kurz und gründlich. Bereits nach drei Tagen wurden JACKs und TEGEs blaue Mechanikerkombinationen zu Paketen verschnürt und in einem Kellerraum der Verhörstation verstaut.

Dann schlüpften die beiden Norweger in ihre mitgebrachten englischen Tweedanzüge, um ihre neuen Rollen zu übernehmen, die sie im Rahmen der geheimen Inszenierungen des englischen Intelligence Service gegen die deutsche Abwehr fortan zu spielen hatten.

»Vier Stunden nach unserer letzten Vernehmung«, so erzählte mir Tor Glad in München, »hatten sie meinen Freund Jack Moe und mich wieder aus unseren Zellen geholt. Unser Funkgerät blieb im Verhörraum zurück – und wir waren überrascht, als man uns plötzlich zu einem Nachtbummel durch London einlud. Unsere Begleiter waren sechs junge MI 5-Beamte, die uns in einen Night-Club führten, in ein Kellerlokal irgendwo in Westend. Dort versuchten sie, uns mit Alkohol vollzupumpen, um uns gesprächig zu machen. Jack und ich konnten aber härtere Schnäpse vertragen als unsere englischen Begleiter, die sich als ›Freunde‹ angepriesen hatten.

Nach einem wilden Besäufnis landeten wir am frühen Morgen in einem geheimnisvollen Haus in der Crespigny Road. Nebenan stand eine noch geheimnisvollere Villa. Sie hatte zwei Etagen und war leer. In dieser Leere hauste – zusammen mit seiner Frau und seinem Sohn – ein Mann, der sich Mr. Paulton nannte. Er war Funkexperte des SIS und hatte den Auftrag, unsere Sendungen nach Oslo zu überwachen, obwohl er angeblich kein Wort Deutsch verstand.

Wir hatten die Engländer genau über die Funkanweisungen aufgeklärt, die uns die Abwehrstelle Oslo mitgegeben hatte. Wir zeigten ihnen das Kreuzwort-Rätselbuch, mit dem wir unsere Meldungen verschlüsseln und die Anfragen der Deutschen aus Oslo entziffern konnten. Und wir informierten den SIS über das Code-Wort ›Henry‹, das wir in gewissen Abständen immer wieder in unsere Meldungen einstreuen sollten, falls wir frei senden konnten. Nur wenn wir geschnappt würden und unter Zwang funken müßten, sollten wir das Kennwort ›Henry‹ nicht mehr senden. Obwohl wir – um die Deutschen zu täuschen – immer wieder ›Henry‹ dazwischenfunkten, wäre das Spiel, das die Engländer mit Jack und mir inszenieren wollten, beinahe verloren gewesen, noch bevor es richtig begonnen hatte: Um nämlich eine perfekte Funkverbindung mit den Deutschen zu gewährleisten, hatte Mr. Paulton eine Spezialantenne benutzt, deren besondere Stärke den Abwehrfunkern in Oslo sofort aufgefallen war. Prompt kam die Frage:

›Welche Antenne habt ihr?‹

Da antworteten wir ohne Zögern:

›Antenne wie mitgebracht!‹

Mit dieser Antwort gaben sich die Deutschen zufrieden.«

Das Vorstadthaus draußen in Watford und die zweistöckige Villa in der Londoner Crespigny Road waren – von außen betrachtet – zwei völlig verschiedene, unauffällige Gebäude. Das Haus in Watford bewohnte eine ganz normale Familie – Joan und Thomas A. Robertson zusammen mit ihrem Töchterchen und einer Großmutter, die hauptsächlich um das Kind besorgt war. Dann war noch ein Gast im Haus, ein blasser, kleiner Mann, um den sich die Familie Robertson in rührender Weise kümmerte und den sie Harry nannten. Harry alias Wulf Dietrich Schmidt war anscheinend gerade aus dem Hospital gekommen, denn er wurde versorgt und gepflegt wie ein Rekonvaleszent.

Das Leben in diesem Haus schien glücklich zu sein. Kein Wunder, daß sich von dieser Harmonie viele Freunde angezogen fühlten, die Tag und Nacht im Hause der Robertsons ein und aus gingen.

Ein gleiches Idyll bot das Leben der Familie Paulton in der Crespigny Road. Hier allerdings war es ein kleiner Junge, der verharmlosen sollte, was im Innern des Hauses vor sich ging. Das Söhnchen von Mr. und Mrs. Paulton war in den ersten Kriegsjahren noch nicht alt genug, um sich etwa die Namen jener geheimnisvollen Besucher merken zu können, die mit Aktenmappen erschienen und stundenlange Verhandlungen mit seinem Vater führten. Das Kind hätte auch das deutsche Wehrmachtsfunkgerät nicht interessiert, das irgendwo im Keller oder im Obergeschoß der Villa versteckt war. Es fragte auch nicht danach, woher die beiden Fremden stammten, die ab und zu hier auftauchten und sich MUTT und JEFF nannten. Das Kind interessierte auch nicht deren Begleiter, ein Leutnant in Zivil mit dem Namen Chris Harmer, der in der Harley Street in der Londoner City wohnte.

Die geheime englische Funkstelle in der Crespigny Road war –

genauso wie das Versteck von Wulf Dietrich Schmidt draußen in Watford – derart gut getarnt, daß kein Engländer auch nur ahnte, was in diesen beiden Häusern wirklich passierte. Aus den Wohnungen der Robertsons und Paultons, in denen zur Tarnung zwei Kinder mit Puppen und Bausteinen spielten, wurde die deutsche Geheimfront fortlaufend mit irreführenden Meldungen bombardiert. Die Stahlrohrantennen auf den zwei Dächern, unter denen zwei englische Familien ein »harmloses« Leben führten, waren in den kritischen Jahren 1941/42 zwei der stärksten »Kanonen«, mit denen Winston Churchill England verteidigte.

Mit seinen »Täuschungsgeschützen« – von denen das eine auf die französische Kanalküste zielte und durch Wulf Dietrich Schmidt bedient wurde, während das von MUTT und JEFF nach Norwegen gerichtet war – sollte es dem trickreichen englischen Premier in der Tat gelingen, Hitler durch ein grandioses Täuschungsmanöver zur Verlegung mehrerer deutscher Divisionen von Rußland nach Frankreich zu verleiten. Damit standen an der deutschen Westfront – von der Kanalküste bis hinauf nach Nordnorwegen – insgesamt fünfundvierzig Divisionen und warteten darauf, daß sich die Anzeichen einer großangelegten Alliierten-Invasion in Norwegen oder Frankreich – die Canaris' »erfolgreiche Abwehragenten« Wulf Dietrich Schmidt, Jack Moe und Tor Glad nach Hamburg und Oslo funkten – stündlich bewahrheiteten.

Wulf Dietrich Schmidt alias TATE war für seine »außergewöhnlichen Verdienste« von Hitler inzwischen mit dem Eisernen Kreuz ausgezeichnet worden. Jack Moe (MUTT) und Tor Glad (JEFF) hatten ihren Auftraggebern in Berlin ebenfalls bewiesen, daß sie sich »unter Einsatz ihres Lebens« immer wieder für den deutschen Endsieg engagiert hatten. Stolz vermeldeten sie eine Reihe erfolgreicher Sabotageaktionen, die Oberst von Lahousen von ihnen gefordert hatte – und die sich die zuständigen deutschen Abwehroffiziere selbstgefällig an ihre Fahnen hefteten.

»Sabotageerfolge« dieser Art waren nicht problemlos. Sie mußten einen realen Hintergrund haben, damit sie den Deutschen – ebenso wie die Aktionen von Wulf Dietrich Schmidt – als absolut glaubhaft erschienen. Deshalb wurde zum Beispiel ein Lebensmittellager in Wealdstone heimlich und tatsächlich durch eine Explosion in Brand gesetzt. Als das Depot in Flammen stand, ließen die Spezialisten des englischen Geheimdienstes all das passieren, was normalerweise bei der Eindämmung einer solchen Katastrophe geschieht: Die Feuerwehr spritzte. Fotoreporter knipsten. Lokaljournalisten berichteten, ohne auch nur geahnt zu haben, daß dieser »feindliche Sabotageakt« eine gut getarnte Eigeninszenierung von John Mastermans »Doublecross-Committee« gewesen war.

Nachdem das Vertrauen der wichtigsten deutschen Abwehragenten, die in England offenbar Wunderdinge vollbrachten, in Berlin betoniert worden war, konnte das lautlose Trommelfeuer aus den Funkantennen in der Crespigny Road und Watford erfolgreich fortgesetzt werden.

Ein Kölner Weinhändler – und die Alliierten-Landung in Afrika

»Wertvolle Nachrichten kosten Geld!«

Diese Weisheit hatte Major Nikolaus Ritter vor seiner Versetzung nach Nordafrika noch seinem Nachfolger, Hauptmann Julius Boeger, ans Herz gelegt, der 1941 mit der Führung der von Abwehr I/Luft in England eingesetzten Spione betraut worden war. Wulf Schmidt, der wider Erwarten inzwischen zum erfolgreichsten Agenten der Hamburger Abwehrstelle avanciert war, bereitete dem neuen Referatsleiter Boeger gleich zu Anfang seiner Tätigkeit erhebliche Kopfschmerzen: Schmidts »wertvolle Meldungen« über Truppenverschiebungen in Südengland und Geleitzugbewegungen im Kanal waren nämlich plötzlich mit ultimativen Forderungen gespickt:

»Brauche dringend Geld . . . wenn nicht bald was kommt, könnt ihr mich . . .«

Wulf Schmidt, der von London aus draußen in Wohldorf Tag und Nacht ein Dutzend Funker in Bereitschaft hielt – und mit dessen Mitteilungen sich im Generalkommando in der Knochenhauerstraße und am Berliner Tirpitz-Ufer doppelt soviel Offiziere wichtig und unentbehrlich machten, mußte behandelt werden wie ein verwöhntes Kind:

»Zum Glück kam damals wie aus heiterem Himmel eine Rettung«, seufzte Herr Boeger noch dreißig Jahre nach diesem Schock – am 11. September 1971 – in seinem Exportbüro in Hamburg. Dann berichtete er mir ein paar Details, die mich zu einem Mann führen sollten, den ich schon lange gesucht hatte. Herr Boeger erinnerte sich nur daran:

»... daß wir eines Tages auf einen amerikanischen Schauspieler aufmerksam gemacht wurden, der in England 20 000 Pfund liegen hatte. Dieser Mann wollte seine Pfunde schwarz nach Amerika transferieren. Das war für uns natürlich eine einmalige Gelegenheit. Durch einen weitverzweigten Kabel- und Funkwechsel zwischen Berlin, Hamburg, Lissabon und Wulf Schmidt in England haben wir dann diese raffinierte Geldübergabe arrangiert. Schmidt sollte den hohen Betrag von 20 000 englischen Pfund bei einer Theateragentur in London in Empfang nehmen. Damit nur er und kein anderer in den Besitz des Geldes kam, haben wir natürlich mit allen möglichen Absicherungen gearbeitet. Schmidt mußte an drei aufeinanderfolgenden Tagen mit ganz bestimmten Kennfragen im Büro dieser Theateragentur erscheinen. Die jeweiligen Kennfragen haben wir gesondert unmittelbar vor seinen Besuchen in der Agentur nach London gefunkt ... Die Sache hat dann auch prima geklappt. Schmidt hatte sein Geld und war damit jetzt in der Lage, an noch bessere Quellen heranzukommen. Außerdem sollte er mit den 20 000 Pfund auch unsere anderen Agenten versorgen ... Dem amerikanischen Schauspieler haben wir auf seiner Rückreise in die USA – soweit ich mich erinnere – in Lissabon den Gegenwert in Dollar vergütet.«

Jemand, der damals 20 000 Pfund verdiente, dachte ich, mußte ein berühmter Schauspieler gewesen sein. Aber Herr Boeger konnte mir seinen Namen nicht nennen:

»... der wurde damals auch gar nicht genannt. Wir mußten höllisch aufpassen, daß gerade bei dieser Operation nichts schiefging. Das Geld wäre ja zu ersetzen gewesen. Aber Siebenunddreißig-zwo-fünf durfte nicht verlorengehen ...«

Wer hatte 1941 bei der deutschen Abwehr mit Devisen zu tun gehabt? Welcher Kurier flog mit den Dollarnoten nach Lissabon? Welcher Mittelsmann hatte dem ominösen amerikanischen Schauspieler schließlich das Geld übergeben?

Meine Reise – die eigentlich nur diesen kleinen Aspekt der

nebulosen Vergangenheit Wulf Dietrich Schmidts ergründen sollte – endete am Sonnabend, dem 19. Oktober 1974, auf dem versteckten Landsitz eines gewissen Monsieur Dusko Popov in Opio, wenige Kilometer nördlich von Cannes.

Als ich mit meinem Wagen durch die Einfahrt der ehemaligen Sommerresidenz des Bischofs von Grasse fuhr, in der sich jetzt der vierundsechzigjährige Dusko Popov, zusammen mit seiner neugegründeten Familie, von den Strapazen seines abenteuerlichen Lebens erholt, wußte ich in großen Zügen, wem ich dort begegnen würde: nämlich dem angeblich »erfolgreichsten Geheimagenten des Zweiten Weltkrieges!« Ian Fleming hätte – so erzählt man sich – Dusko Popov seinerzeit als Vorbild für seinen weltberühmten »James Bond« auserkoren.

Ein schweigsamer tunesischer Diener, das verwinkelte, mit Efeu bewachsene alte Bischofshaus und Jill, seine junge flachsblonde schwedische Frau – nach Côte-d'Azur-Mode mit hellblauem Jeansanzug gekleidet – bildeten den passenden Rahmen für das weithin bekannte James-Bond-Milieu. Popov selbst hatte ich mir allerdings völlig anders vorgestellt: Der Mann, der aus dem Haus trat und mir freundlich entgegenkam, war eher klein und gebeugt. Seine Stimme hatte ein verrauchtes, weiches Timbre; konspirativ – so etwa, wie sich Soldaten auf ihrer Nachtwache unterhalten, damit sie der Feind nicht hört.

In diesem Ton erzählte er, mit dem Whiskyglas vor dem Kamin sitzend, bis in den späten Abend hinein aus seinem Leben, das in Dubrovnik begonnen hatte. Später lebte er an hundert verschiedenen Plätzen dieser Welt; meistens dort, wo die Sonne schien. Als wohlhabender Mann bewohnte er lange Zeit in Südfrankreich ein feudales Schloß, das mit wertvollen Antiquitäten eingerichtet war. Er pflegte seine Räume im Stil Ludwigs XIV. auszustatten. Und seine Partys zählten zu den gesellschaftlichen Höhepunkten an der Côte d'Azur. Jeder mochte ihn. Alle schlürften seinen Champagner und labten sich genüßlich an den gereichten Delikatessen, ohne zu fragen: »Woher kommst du, wunderbarer Reichtum?«

Über Geld spricht man nicht. Geld hat man!

Mit diesem Rezept schien Dusko Popov gesund und wohlbehalten durch den Krieg gekommen zu sein. Während seine jugoslawischen Landsleute in blutigen Partisanengefechten die deutsche Wehrmacht bekämpften, operierte Popov mit dicken Dollarbündeln und »Navy Certs« (englische Sondergenehmigungen zur Ausfuhr von Produktions- und Wirtschaftsgütern) im undurchsichtigen Geheimdienst-Dschungel zwischen Lissabon und London. Er war unter dem Decknamen IWAN – neben OSTRO alias Paul Fidrmuc – der »erfolgreichste deutsche Abwehrspion« der damaligen KO Portugal.

Dieser Meinung war zumindest der Leiter der Abwehrstelle in Lissabon, Major Albert von Karsthof. Er und seine Sekretärin, die mit ihm eine von Canaris sanktionierte wilde Ehe führte, verdanken vier der schönsten Jahre ihres Lebens nicht zuletzt den legendären »Spionageerfolgen« Dusko Popovs alias IWAN. Seinen wichtigsten Dienst erwies er dem Oberkommando der Wehrmacht zweifellos durch die »geschickte und umsichtige Geldübergabe« an Wulf Dietrich Schmidt, über die mich Herr Boeger stolz in Hamburg unterrichtet hatte. Denn die Versorgung des deutschen Agentennetzes mit den nötigen »Betriebsmitteln« war für die weiteren militärischen Operationen jetzt von größter Wichtigkeit.

Was der Sonderstaffel des Fliegerhauptmanns Edmund Gartenfeld durch den Direktabwurf von Pfundnoten, die in Reisigbündeln versteckt wurden, nicht gelang, bewerkstelligte KO-Leiter Major von Karsthof mit Popovs Hilfe auf höchst einfache Weise, quasi aus dem Handgelenk.

Der Funkspruch, mit dem Wulf Dietrich Schmidt den Erhalt von 20 000 englischen Pfund damals bestätigte, bedeutete für alle, die auf deutscher Seite mit der komplizierten Geheimoperation zu tun hatten, so etwas wie eine Siegesmeldung: Leutnant Wein – für die funktechnische Abwicklung des Unternehmens verantwortlich – jubelte. Hauptmann Boeger, Schmidts neuer Führungsoffizier, atmete erleichtert auf. Oberstintendant Martin Toeppen – für die buchhalterische Ordnung der Devisentransferierung zuständig – konnte wieder ruhiger schlafen. Spionagechef Piekenbrock kam zu Ehren – und Admiral Canaris selbst beglückwünschte seine tüchtigen Leute »am Bullauge der deutschen Abwehr« in Lissabon.

Während sich in London der Spion Wulf Dietrich Schmidt mit dem vielen Geld jetzt auf den Fischzug durch die englischen Ministerien begeben konnte, hatten in Estoril die eigentlichen Helden der Geschichte – Popov und die zuständigen Offiziere der KO Lissabon – wieder einen Anlaß zum Feiern.

Und ich hatte durch meine Begegnung mit Dusko Popov – dreißig Jahre nach dem geschilderten Ereignis – die Freude, wieder ein weiteres Stück des verschlungenen Lebensweges von Wulf Dietrich Schmidt kennengelernt zu haben. Gespannt fragte ich IWAN, den »tüchtigen deutschen Abwehrspion« aus Dubrovnik:

»Wie hat denn Schmidt reagiert, als Sie ihm das viele Geld übergaben?«

Da lächelte Popov verschmitzt und überraschte mich mit der Antwort:

»Sie wissen, daß ich Oberst im englischen Geheimdienst war. Deshalb kann ich Ihnen – so leid es mir tut – vieles nicht sagen. Aber ich weiß so viel, daß Schmidt – bei uns hatte er den Decknamen TATE – nicht einen Cent von dem Geld in die Hände bekommen hat, das ihm seine Abwehrbosse durch mich überbringen ließen.«

Popov – den die Deutschen vertrauensvoll IWAN und die Engländer noch vertrauensvoller TRICYCLE nannten – offenbarte mir sein Leben als Doppelagent und deutete dabei an, daß sich dazu nur ganz besondere Charaktere eignen. Während Jill in die Unterhaltung einwarf: »Dusko ist der liebste Vater seiner Söhne!«, umriß das leger gekleidete James-Bond-Modell die andere Seite seines Erfolges:

»Man muß Nerven haben wie Drahtseile . . . Während man sein Gegenüber in absolutes Vertrauen einlullt, muß man eiskalt kalkulieren und – wenn es not tut – auch töten können.«

Popovs Verstellungskunst läßt ihn logischerweise noch heute umstritten erscheinen: Für den ehemaligen amerikanischen FBI-Chef Edgar Hoover war Popov ein »balkanesischer Playboy«. Der weißbärtige Historiker Ladislas Farago bezeichnete IWAN als Waffenhändler und Rauschgiftschmuggler. Die einen nannten ihn »Superspion«, die anderen sahen in ihm einen »kleinen Hochstapler«.

Das erstaunlichste Meisterstück der Verstellungskunst aber vollbrachte Popov seiner eigenen – über dreißig Jahre jüngeren – Frau gegenüber, die erst nach zehn Ehejahren erfuhr, wer ihr Mann wirklich war. Durch die Offenbarung seiner geheimen Vergangenheit schien es in der Popov-Ehe sogar eine Zeitlang gekriselt zu haben. Aber der Schock, den ihr das bewegte Leben ihres Mannes versetzt hatte, war schnell wieder überwunden. Nicht nur das – die bildhübsche Schwedin schien ihn nun noch mehr zu bewundern, eben wegen der Gefahren, die er stets mit leichter Hand zu meistern verstanden hatte:

»Dusko ist ein echter Mann. Er ist unerschrocken. Er hat wahnsinnig starke Nerven. Er weiß über alles Bescheid. Er ist nie um eine Ausrede verlegen . . .«

Dennoch bedauert die romantische Blondine eine Schwäche im Charakter ihres Mannes, nämlich seine Ruhelosigkeit, die ihn immer wieder in die Welt hinauszieht. Diese Schwäche, nirgendwo richtig verwurzelt zu sein, war offenbar Duskos Stärke, die ihn für seine Rolle als Doppelspion befähigte:

»Dusko wäre jeden Tag bereit, hier alles zu vergessen und woanders hinzuziehen!« Diese Bemerkung seiner Frau kommentierte der Ex-Doppelspion:

»Ich bin praktisch überall zu Hause . . . Was an meine Heimat noch erinnert, ist lediglich mein Akzent. Dieser Akzent ist mir geblieben – und in jeder Sprache, die ich spreche, hört man immer noch heraus, daß ich aus Dubrovnik stamme!«

Diesem genialen Verwandlungskünstler hatten während des

Krieges beide Seiten ihr Vertrauen geschenkt; die Engländer mehr noch als die Deutschen. Denn in London wurde ihm die Ehre zuteil, daß ihn Canaris' Gegenspieler Stewart Menzies höchstpersönlich zu einem Weekend auf den Landsitz seines Bruders Ian Menzies in Surrey einlud. Eine derart direkte Kontaktaufnahme zwischen dem höchsten Chef des britischen Intelligence Service und einem Doppelagenten widersprach den elementarsten Grundregeln eines jeglichen Nachrichtendienstes. Popovs Charme aber hatte offenbar die berufsmäßige Skepsis des englischen Spionagechefs besiegt. Und nicht nur das: Menzies' Bruder Ian hatte den »Sonnyboy aus Dubrovnik« sogar als Taufpaten für sein erstes Kind ausgewählt.

Bei den Weekend-Plaudereien in Surrey schien dem britischen SIS-Boß immer klarer geworden zu sein, daß man die deutsche geheime Front nicht nur über die Funkantenne in Watford und über jene in der Londoner Crespigny Road »beschießen« konnte. Ebenso wirkungsvoll könnte im Kampf gegen das Dritte Reich jetzt auch Popovs Charme eingesetzt werden; jener Charme, der auch die Menzies-Familie anscheinend zum Schmelzen gebracht hatte.

Für diesen Charme, dem sie selbst in jungen Jahren rettungslos erlegen war, hatte Popovs Frau bei unserem Interview in Opio eine plausible Erklärung:

»Duskos Vater beglückte noch in hohem Alter ein junges Mädchen!«

Mit dieser Popovschen Erbanlage gelang den Alliierten während des Krieges ein tiefer Einbruch in den gegnerischen Abwehrapparat. Allseits zu Diensten, pendelte Dusko Popov in seiner Rolle als jugoslawischer Kaufmann wie ein versierter Kellner zwischen der deutschen Abwehr und dem Secret Intelligence Service hin und her. Hellhörig notierte er in Lissabon die Wünsche des Majors Albert von Karsthof, die er der »Doublecross-Küche« in London bekanntgab. Dort stellte John Masterman mit seinem »Chefkoch« T. A. Robertson das gefällige Menü zusammen – Spielmaterial aus Quellen der englischen Marine, der Royal Air Force und der verschiedenen Kriegsministerien –, das Popov sodann mit geübter Hand wieder seinem Lissabonner Abwehrboß servierte.

Auf dem Silbertablett des Wanderers zwischen den Fronten lagen auch die Leica-Filme, die ihm Major Albert von Karsthof mitgegeben hatte. Damit knipste Popov treu und brav – »natürlich unter höchster Lebensgefahr!« – englische Truppenkonvois, Fabrikhallen, Flugplätze und Hafenanlagen; alles in allem unwichtige Objekte, die der Secret Intelligence Service für seine Reputation als »erprobter und zuverlässiger« Abwehrspion ausgesucht hatte. Kein Wunder, wenn die Deutschen ihrem »zuverlässigen V-Mann IWAN« schließlich jenen Riesen-Geldbetrag (nämlich den Gegenwert von 20 000 englischen Pfund) anvertrauten, mit dem Wulf Dietrich Schmidts englische Auftraggeber und seine geheimen Kampfgenossen jetzt endlich in großem Stil operieren konnten. Popov war es mit seinem angeborenen Charme gelungen, die deutsche »Abwehrfestung« von Lissabon im Sturm zu erobern. Damit befand sich – wie man in Berlin später mit Schrecken feststellen mußte – die wichtigste Außenstelle des deutschen militärischen Nachrichtendienstes, in der die geheimen Drähte aus England, Amerika, Kanada, Mexiko, Shanghai und Afrika zusammenliefen, »nahezu fest in englischer Hand«!

Was mir Popov über die Leichtgläubigkeit seiner deutschen Führungsoffiziere bei der KO Lissabon berichtete, klang so phantastisch, daß es kaum zu glauben war. Ich hielt seine Schilderung, wie er sich in die wichtigste Außenstelle der Abwehr hineincharmeurte, für reichlich übertrieben. Ich konnte mir einfach nicht vorstellen, daß ausgerechnet Major Albert von Karsthof, den Canaris als einen seiner fähigsten Offiziere ans »Bullauge des deutschen Spionage-Schlachtschiffes« nach Lissabon versetzte, das jahrelange Doppelspiel seines Staragenten IWAN nicht irgendwann einmal durchschaut hatte.

Jede Kette ist so stark wie ihr schwächstes Glied oder – um Popovs unverdächtiges Eindringen in die deutsche Abwehrstelle von Lissabon zu erklären –: Jede Festungsmauer hat ein Loch!

Just an diesem »Loch« saß u. a. die damalige Chefsekretärin »Mausi«, die – wie mir ehemalige Abwehrangehörige berichteten – »in Lissabon praktisch das Regiment führte«. »Mausi« war nämlich nicht nur die Sekretärin, sondern mehr noch die Geliebte – und später sogar die Ehefrau – des damaligen KO-Leiters Major Albert von Karsthof. Sie mußte am besten wissen, wie es Popov gelingen konnte, ihr und damit auch ihres Mannes Vertrauen zu gewinnen. Bei diesem für die späteren Alliierten-Operationen wichtigen Einbruch in den innersten Vertrauenskreis der deutschen Abwehr spielten unter anderem zwei reinrassige Dackel (Popovs Gastgeschenk!) eine strategisch wichtige Rolle . . .

Jene »Mausi« aus der ehemaligen Abwehr-Festung Lissabon fand ich erst kürzlich als wohlsituierte Witwe in einer geschmackvoll eingerichteten Luxuswohnung im heimatlichen Ruhrgebiet; dort nämlich, wo sie bei Kriegsausbruch ihren späteren Mann kennengelernt hatte, der sie mitnahm in die abenteuerliche Welt der Spionage. Um sie bei ihren Schilderungen nicht zu beeinflussen, hatte ich der Ex-Chefsekretärin des damaligen Abwehrbosses von Portugal absichtlich vorenthalten, was ich über die Doppelrolle ihres Staragenten IWAN wußte. Ich hatte ihr nicht gesagt, daß Popov in Wirklichkeit als Oberst des Secret Intelligence Service nach Estoril gekommen war, um – nach den Weisungen seiner Chefs in London – in ihrer trauten Gesellschaft brisante militärische Geheimnisse auszuforschen.

»Ich habe ja schon etliche Blumen in meinem Leben gekriegt«, schwärmte die Ex-Abwehr-Sekretärin noch immer vom Auftritt des damaligen Staragenten Dusko Popov. »Aber der Rosenstrauß, den mir IWAN seinerzeit mitbrachte, ist mir unvergeßlich in Erinnerung geblieben . . . IWAN war ja damals noch sehr jung. Er war nicht schön. Aber er hatte Charme . . . und es war so nichts Gemachtes an ihm . . . Mein Mann und IWAN sprachen Kroatisch miteinander und Italienisch. Der eine stammte aus Triest und der andere aus Dubrovnik, und sie vertrugen sich köstlich . . . Für IWAN war das Zusammensein mit uns etwas Heimatliches ... Bei uns zu Hause mußte er wirklich das Gefühl gehabt haben, daß er bei Freunden war!«

Dann erzählte mir die Witwe des Ex-Abwehrstellenleiters von den tollen Meldungen, die IWAN aus England mitbrachte und ihr in den Stenoblock diktierte. Die quicklebendige Dame erinnerte sich noch deutlich an die Schilderung eines Diners, bei dem IWAN angeblich mit Sir Winston Churchill zusammen an einem Tisch gesessen hatte.

»Aber so einen Mann«, fragte ich mit großem Staunen, »der als deutscher Spion bis in die unmittelbare Nähe Churchills vordringen konnte, mußten Sie ja ungeheuer abschirmen oder – noch besser – in Watte verpacken?«

»Ja – und wie!« betonte meine Gesprächspartnerin und erklärte, wie umsichtig sie und ihr Mann seinerzeit das Geheimnis um IWAN hüteten. Der geheimnisvolle Jugoslawe wurde natürlich auch zum Weihnachtsfest eingeladen. Dazu hatte die charmante Gastgeberin – um den Kreis möglichst klein und vor allem dicht zu halten – aber lediglich »Offiziere von der Dienststelle« gebeten. »Die wußten natürlich, wer IWAN war.« Die Tatsache jedoch, daß in dem freundlichen IWAN ein ausgekochter englischer Spion steckte, war ihnen anscheinend allen verborgen geblieben.

Die Männer, die das alte Klavier ins verrauchte Nebenzimmer schoben, das ihnen Herr Harbeck für ihre Abschiedsfeier im Hamburger Phönix-Hotel zugewiesen hatte, waren betrunken. Lediglich der rotblonde Hüne, der jetzt vorne den schweren Kasten anhob, seine müden Helfer zur Seite drückte und das Klavier mit Bärenkräften allein in den Raum hineinzog, war noch einigermaßen bei Sinnen. Allerdings bestand dieser Bewußtseinsrest ausschließlich aus Wut, die voll und ganz gegen seinen Vorgesetzten, Hauptmann Huckriede-Schulz, gerichtet war, den sie an diesem Abend alle »Hucki« nennen durften. Das Fest sollte nach außen hin harmlos erscheinen.

Gefeiert wurde der Abschied des England-Spions Karl Richter, der bis zu diesem Moment mit seinen Witzen und Seemannskunststücken auch der Star des Abends gewesen war. Bis zu dem Augenblick nämlich, als er das Klavier krachend an die Wand gestemmt hatte, sich herausfordernd vor »Hucki« aufbaute und ihn anbrüllte:

»Befehl ausgeführt, Herr Hauptmann!«

Huckriede sah Richter nur kurz an und sagte dann ruhig:

»Friedlich, mein Junge . . . immer Ruhe bewahren!«

Dann klappte er den Klavierdeckel hoch, klimperte und sang auf Englisch sein Solo:

»Happy days are here again, the sky above is clear . . .«

Richter fühlte sich zurückgedrängt. Aber Hucki spielte dieselbe »Platte« immer wieder neu.

Richter, dem sein Vorgesetzter jetzt die Show gestohlen hatte, kippte seinen ersten Humpen Bier ins Klavier. Aber »Hucki« spielte daraufhin nur noch lauter. Dann knallte der rabiate Seemann seinen leeren Krug von oben herein ins Saitengehäuse.

Aber auch dadurch ließ sich »Hucki« nicht aus dem Takt bringen. Noch ein paar Sekunden konnte er mit Glasscherbenuntermalung seinen Song »Happy days are here again . . .« spielen – dann schlug Richter in einem plötzlichen Wutanfall das Klavier kurz und klein . . .

Die Affäre vom Phönix-Hotel wurde auf der Dienststelle in der Knochenhauerstraße am nächsten Tag wohlweislich nicht mehr erwähnt. Denn wegen eines kaputtgeschlagenen Klaviers konnte keiner eine Geheimdienstoperation gefährden, die für das Oberkommando der Wehrmacht damals, in den ersten Maitagen 1941, von großer Wichtigkeit war – und die von der Abwehrstelle Hamburg über einen langen Zeitraum hinweg sorgfältig vorbereitet worden war. Für das unbeherrschte Verhalten von Karl Richter hatten die zuständigen Offiziere überdies größtes Verständnis gezeigt. Hauptmann Huckriede-Schulz meinte:

»Richter war durch die dauernde Verschiebung seines Einsatzes damals wie ein nervöses Rennpferd, das nicht starten durfte.«

Jetzt aber war es soweit, daß der ARTIST nach fast einjähriger Wartezeit endlich losschlagen konnte. Die Voraussetzungen für ein Gelingen seiner geheimen Mission waren gut. Denn Richter mußte nicht – wie die anderen Fallschirmagenten vor ihm – ins Ungewisse springen. Richter würde in England auch nicht mehr von einer »schiefen Figur« wie Arthur G. Owens abhängig sein, der ihn geradewegs in die Arme der englischen Polizei getrieben hätte.

Richter sollte nach seinem Absprung in England mit 3725 zusammentreffen; mit Wulf Dietrich Schmidt, der den Neuankömmling aus Hamburg schon in seinem eigenen Interesse schützen würde. Denn Karl Richter würde – in seinem Agentengepäck verstaut – so etwas wie ein Stück Lebensfaden mitbringen, ohne den – wie man in Hamburg kalkulierte – Wulf Dietrich Schmidt rettungslos verloren war.

Dieser »Lebensfaden« bestand aus einem kleinen, etwa drei Zentimeter hohen dunkelbraunen Bakelitgehäuse mit zwei dünnen Steckern – ähnlich denen, wie sie bei unseren heutigen Rasierapparaten verwendet werden. Im Innern dieses Plastikgehäuses befand sich ein Quarz, den die Firma Telefunken vorher auf eine besondere Schwingung, also eine ganz bestimmte neue Frequenz, eingestellt hatte.

Dieser neue Quarz, den Wulf Dietrich Schmidt schnellstens in sein Funkgerät einbauen sollte, war nicht nur für ihn selbst, sondern auch für die deutsche Wehrmachtsführung plötzlich lebenswichtig geworden. Schmidts Funksprüche ließen seit Monaten in zunehmendem Maße vermuten, daß er von den Engländern angepeilt wurde. Mit der Entdeckung seines Standortes würde nicht nur sein Leben, sondern gleichzeitig auch die wertvollste Funkverbindung von Deutschland nach England zerstört werden. Und gerade das durfte unter keinen Umständen passieren. Hitler hätte sonst nicht mehr – wie im Jahre 1940 – prahlen können:

»Wir haben in London einen Agenten sitzen, der bis zu neunundzwanzig Meldungen am Tag herüberfunkt!«

Nachdem das deutsche, von Wulf Dietrich Schmidt gehütete Spionagenest in England durch die »geschickte Operation« via Lissabon von Dusko Popov alias IWAN mit 20 000 Pfund ausgepolstert worden war, fehlte jetzt nur noch der winzige Quarz zur sofortigen Änderung der »auf das höchste gefährdeten Funkverbindung« nach Hamburg-Wohldorf.

Als zwei Tage nach der Abschiedsfeier im Phönix-Hotel Karl Richter den braunen Telefunken-Quarz in Watte wickelte und wie einen lebensrettenden Herzschrittmacher in die Innentasche seines Tweed-Jacketts einnähte, konnte er nicht ahnen, daß das unscheinbare kleine Bakelitgebilde für ihn ein Angelhaken war, der ihn nach England ziehen sollte. Noch weniger konnte er voraussehen, daß die lange Schnur, an deren Ende der tückische »Doublecross«-Haken befestigt war, an einem Galgen im Tower von London verknotet sein würde.

Die geheime Zusammenkunft mit Wulf Dietrich Schmidt war durch ein kompliziertes Funkverfahren vorbereitet worden. Die beiden Freunde, die noch 1940 zusammen im Phönix-Hotel wohnten, ihr Fallschirmtraining in der Lüneburger Heide absolvierten – zwei Agenten also, die äußerlich und auch charakterlich so grundverschieden waren –, sollten nunmehr zu einer Schicksalsgemeinschaft zusammengeschweißt werden, um sich einander gerade durch ihre Gegensätzlichkeit zu ergänzen. Gemeinsam sollten sie jetzt die schwierigen Aufgaben erfüllen, die Berlin ihnen stellte: Schmidt als der vorsichtig beobachtende Analytiker, Richter als der bedenkenlose Draufgänger.

Zunächst sollten die zwei Kampfkameraden in der Londoner Tate-Gallery zusammentreffen, ». . . vor irgendeiner bestimmten Plastik von Rodin« –, wie sich Oberleutnant Wein zu erinnern glaubte:

»Später haben wir den Treffpunkt geändert. Schmidt erwartete

Richter an drei aufeinander folgenden Tagen jeweils zu einer bestimmten Zeit in der National Gallery. Der erste Kontaktversuch sollte, glaube ich, am 15. Mai stattfinden.«

Hauptmann Julius Boeger, der bereits den Schweizer Waelti, den Hamburger Rechtsanwaltssohn Druecke sowie die Abwehragenten Joseph Jakobs und Reysen auf ihren letzten Wegstrecken ins Jenseits begleitet hatte, drückte am 12. Mai 1941 kurz vor Mitternacht auch Karl Richter noch einmal die Hand. Dieser Abschied erfolgte am Flughafen Schipol bei Amsterdam. Julius Boeger ermahnte damals Richter, der nur ein mangelhaftes Englisch sprach, ein letztes Mal:

»Nehmen Sie das nicht so leicht, Menschenskind . . . seien Sie um Gottes willen vorsichtig, Richter. Und grüßen Sie Schmidt recht herzlich. Von uns allen!«

Bevor Richter im Laderaum der He 111 verschwand, lachte er noch einmal zu seinem Begleiter herunter:

»Keine Sorge, Herr Hauptmann. Ich bin in Schweden ohne Sprachkenntnisse durchgekommen« (Richter hatte im Zusammenhang mit der Sabotierung einer englischen Kuriermaschine dort vor ein paar Monaten einen Geheimauftrag erfolgreich durchgeführt!) ». . . ich werde mich auch in England durchschlagen!«

Diese Worte unterstrich der Sudetendeutsche Karl Richter mit unbekümmertem Lachen. Vielleicht wollte er damit die Angst unterdrücken, die ihm bereits in der Kehle steckte. Jedenfalls hatte Richter nach diesen Sekunden nichts mehr zu lachen und – was seine Person betraf – auch nichts mehr zu bestimmen: Gleich nach ihrem Start verpaßte ihm Absetzer Achtelik die Maske für den Höhenflug. Daraus atmete Richter noch ein bißchen Heimatluft aus einer Sauerstoff-Flasche der Firma Dräger. Dann lag unter der rußschwarzen Agentmaschine das nächtliche England. Schmale Scheinwerferbündel tasteten wie Geisterfinger den Himmel ab . . .

Über dem Ort St. Albans wurde Richter, der wackere Seemann, sodann an die Absprungluke gestellt – und Achtelik befestigte die

Sicherungsleine am selben Haken, der auch für Wulf Schmidt, Jakobs und Reysen die letzte materielle Verbindung mit Deutschland war.

Am 13. Mai (der in Richters Leben bis dahin immer ein Glückstag gewesen war) schnappten an seinen Handgelenken englische Handschellen zu ... Gefängnistüren öffneten und schlossen sich hinter ihm. Vergitterte Militärautos transportierten den gefangenen deutschen Spion von einer Vernehmung zur anderen. Richter war innerhalb von Stunden Stückgut geworden auf dem Fließband, das ihn schließlich am 10. Dezember 1941 bis in den Innenhof des Londoner Tower beförderte. Sein Ende war kurz. Ich habe es am Anfang dieses Buches geschildert.

Die Männer des sogenannten »Hanging Committee« waren – wie mir Dusko Popov erzählte – um ihre Aufgabe nicht zu beneiden. Denn ihnen oblag es, nicht etwa willkürlich, sondern nach kühlen strategischen Überlegungen jene gefangenen deutschen Spione auszusuchen, die in gewissen Abständen hingerichtet werden mußten. Ihr Tod gehörte zu den üblichen Tricks, zu den gebräuchlichen Spielregeln der Geheimdienste.

Jene Agenten, auf die das Todesurteil des Hanging Committee fiel, wußten, daß sie ausgespielt hatten, daß sie als kleine Bauern geopfert werden würden, um Platz zu machen für den nächsten Zug einer wertvolleren Figur; etwa für zwei Springer wie JEFF und MUTT oder gar für die Dame TATE, die in diesem Spiel durch Wulf Dietrich Schmidt verkörpert wurde. Karl Richter war, nach seinem Schicksal zu urteilen, auf dem deutsch-englischen Schachbrett lediglich eine Bauernfigur.

Mehr über das Leben des Abwehragenten Karl Richter alias ARTIST gibt es eigentlich nicht zu berichten. Lediglich ein kurzer Nachtrag ist an dieser Stelle vielleicht angebracht, damit man sieht, daß der »Fall Richter« buchhalterisch ordnungsgemäß abgeschlossen wurde. Es ging um die Erfüllung des Vertrages, den die Abwehr für den Fall seines Todes mit Karl Richter abgeschlossen hatte: um das EK I, das ihm postum verliehen werden sollte – und vor allem um die 20 000,– Reichsmark.

Als nach seiner am 10. Dezember 1941 in London erfolgten Hinrichtung dieses Kopfgeld nunmehr fällig geworden war, weigerte sich die Zahlstelle des Amtes Ausland/Abwehr in Berlin, auch nur einen Pfennig für das Leben Karl Richters im nachhinein auszugeben. Was er als V-Mann in England geleistet hätte, sei »gleich Null« gewesen. Nach langem Feilschen mit Berlin war es dem ehrenwerten Hamburger Abwehrchef, Kapitän zur See Herbert Wichmann, schließlich dennoch gelungen, wenigstens eine Art »Ausfallhonorar« für seinen »lebensfreudigen Artisten« herauszuschlagen.

Hauptmann Huckriede-Schulz, der den lustigen Seemann für die »Exportfirma Stegemann« engagiert hatte, mußte nun Frau Martha Richter in Graslitz die Todesnachricht von ihrem einzigen Sohn überbringen:

»Zuerst gab ich der Mutter das Eiserne Kreuz, um sie schonend auf meine nächsten Worte ›Karl ist gefallen!‹ vorzubereiten. Als sie mich fragte, wie das alles passieren konnte, sagte ich nur: ›Bei einem Luftwaffeneinsatz über England. Genaueres wissen wir selbst noch nicht!‹ Dann übergab ich Frau Richter einen Briefumschlag mit 3000,– Reichsmark. Und ich mußte mir die Aushändigung dieses schäbigen Gegenwertes für das Leben ihres Sohnes auch noch quittieren lassen. Für die Buchhaltung in Berlin.«

Hitler hatte seine Macht wie einen Luftballon aufgeblasen, dessen Hülle mit zunehmendem Volumen immer dünner geworden war. Mit dem Ende des Sommers 1942 sollte dieser Ballon seine Expansionsgrenzen erreichen. Er drohte zu einem Zeitpunkt zu zerplatzen, wo Rommel in Nordafrika gesiegt hatte, wo deutsche Truppen bis zur Wolga vorgedrungen waren und Hitlers Panzer vor den Toren Moskaus standen.

Angesichts dieser Bedrohung flog der damalige sowjetische

Außenminister Molotow auf Einladung Präsident Roosevelts nach Washington. Was er dem Präsidenten der Vereinigten Staaten in kurzen Worten vortrug, klang wie der Hilferuf eines Ertrinkenden:

»Hitler wird seine Ostfront erneut mit Truppen und Material verstärken. Die Rote Armee könnte einem solchen Druck nicht mehr widerstehen. Die Situation könnte sich schlagartig ändern, wenn Großbritannien und die Vereinigten Staaten von Amerika eine neue Front bildeten. Dadurch müßten rund vierzig deutsche Divisionen (aus dem Osten) abgezogen werden.«

Da Churchill ihm bei seiner Zwischenlandung in London keine positive Zusage gegeben hatte, erwartete Molotow jetzt in Washington »eine gerade Antwort«. Präsident Roosevelt demonstrierte mit einer leichten Handbewegung die immense Stärke der Vereinigten Staaten. Dann sprach er von der brennenden Bereitschaft seines Volkes, Hitler-Deutschland nunmehr endgültig zu zerschlagen.

Molotow fixierte sogleich schriftlich die Beistandsversprechungen, die ihm Präsident Roosevelt, hoffnungsvoll tönend, eben gegeben hatte:

»Im Verlauf der Unterhaltungen wurde volle Übereinstimmung erzielt, als dringende Aufgabe (noch) 1942 in Europa eine zweite Front zu bilden!« notierte er unverzüglich.

Als Molotow diese Zusage schon in seiner Tasche hatte, wollte General George Marshall den Text und damit auch das Versprechen seines Präsidenten in letzter Minute um zwei kleine Worte kürzen. Er bezweifelte, daß die Errichtung einer zweiten Front in Europa *in 1942* noch möglich sein würde. Aber gerade diese beiden Worte *in 1942* bedeuteten für Moskau soviel wie eine Blutkonserve, die – nachdem sie einmal ergattert worden war – Molotow nicht mehr hergeben wollte. Im Gegenteil. Er benützte das Kommuniqué von Washington vielmehr als Textvorlage für eine Beistandserklärung, zu der sich im Gefolge nunmehr auch Winston Churchill bekannte.

Obwohl der britische Premier, wie er später die englische Lage kennzeichnen sollte, damals »politisch an meinem tiefsten Punkt und ohne einen Schimmer von militärischem Erfolg« war, ließ er am 11. Juni 1942 sein Versprechen an Rußland lautstark in aller Welt verkünden:

»... Im Verlauf der Verhandlungen wurde über die dringende Aufgabe, im Jahre 1942 eine zweite Front in Europa zu errichten, volle Verständigung erzielt.«

Mit diesem allgemein gehaltenen Kommuniqué wollte Churchill primär die Deutschen beunruhigen und sie dazu verleiten, »eine starke Truppenmacht im Westen zurückzuhalten«.

Hitler mochte sich von solchen Drohungen beeindrucken lassen, Molotow aber verlangte mehr als nur hohle Worte. Er wollte wissen, wann, wo und was im Westen passieren würde, damit die zusammenbrechende russische Front sofort – und nicht erst in ungewisser Zukunft – entlastet werde. Derart in die Zange genommen, versprach Churchill seinem russischen Verbündeten sodann geheim und detailliert folgende Hilfe:

»Wir treffen Vorbereitungen für eine Landung am Kontinent, und zwar im August oder September 1942 ... Selbstverständlich wäre es weder für Rußland noch für die Alliierten insgesamt förderlich, wenn wir um jeden Preis eine Landeoperation durchführen wollten, die in einem Desaster enden würde ...«

Heute kann kein Zweifel mehr daran bestehen, daß mit der von Churchill in Aussicht gestellten »Landung am Kontinent« nur *eine* Operation gemeint war: nämlich jene Miniatur-Invasion bei Dieppe, die – wie Churchill offenbar von vornherein befürchtete – »in einem Desaster enden würde ...«! Warum hatte er dennoch am 19. August 1942 vornehmlich fünftausend kanadische Soldaten in dieses »Desaster« geschickt?

Über den toten Soldaten von Dieppe liegt ein großes Fragezeichen. War ihr heldenhafter Opfergang wirklich nur dazu bestimmt, um die deutsche Verteidigungsbereitschaft an der Kanalküste zu testen? Unsere Historiker haben noch immer keine schlüssige Erklärung für diese blutige Vorauszahlung gefunden, außer der tröstlichen Feststellung: Diese Soldaten seien nicht umsonst gefallen! Durch ihre Erfahrung bei Dieppe hätten die Alliierten wertvolle Erkenntnisse gewonnen, die sich erst zwei Jahre später – bei der Invasion in der Normandie – in vollem Umfang bezahlt gemacht hätten!

Genauso unbefriedigend und rätselhaft ist auch die Erklärung von Lord Louis Mountbatten, Cousin des damaligen englischen Königs, der als ambitionierter Stratege für die Planung und Durchführung des Kommandounternehmens bei Dieppe verantwortlich war – und damit offenbar das Meisterstück für seine militärische Karriere erbringen wollte:

»Dieppe war eine der wichtigsten Operationen des Zweiten Weltkrieges. Das Unternehmen brachte den Alliierten das unbezahlbare Geheimnis des Sieges . . . Wenn ich die gleiche Entscheidung noch einmal zu fällen hätte, würde ich genauso handeln wie damals.«

Vage wie sein Schützling Lord Louis Mountbatten erklärte auch Premierminister Sir Winston Churchill das Drama von Dieppe, bemüht, etwas anscheinend Sinnloses halbwegs sinnvoll erscheinen zu lassen:

»Dieppe hat seinen eigenen Platz in der Geschichte des Krieges, und die schrecklichen Verluste dürfen nicht als Fehlschlag gewertet werden . . . Ehre den Tapferen, die dort gefallen sind. Ihr Opfer war nicht umsonst.« –

Auch für mich wäre Dieppe ein kalter Meilenstein des Krieges geblieben, wenn nicht zufällig und ausgerechnet der Name Wulf Dietrich Schmidt in diesem Zusammenhang aufgetaucht wäre. Ein kleines Indiz, das mir der ehemalige Funkerleutnant Richard Wein bereits 1959 mit großem Stolz in seinem Gartenhäuschen in Hamburg-Ohlstedt anvertraut hatte, verleitete mich dazu, auch den »Fall Dieppe« zu beleuchten:

»Siebenunddreißig-zwo-fünf hatte uns 1942 auch über die Vorbereitung eines Landeunternehmens unterrichtet, das im Raum von Dieppe stattfinden würde.«

Gerade diese Meldungen, die sich im Morgengrauen des 19. August 1942 auf tragische Weise bewahrheitet hatten, verdichteten sich im Laufe meiner Nachforschungen zu einem ungeheuerlichen Verdacht: Wenn Wulf Dietrich Schmidt oder »andere in England abgesetzte deutsche Agenten« tatsächlich – wie von englischen Geheimdienst-Chronisten behauptet wird – nur unter der Kontrolle des Secret Intelligence Service ihre Meldungen absenden durften, so scheint damit der Beweis erbracht zu sein, daß die Deutschen paradoxerweise von den Engländern selbst vorgewarnt worden waren; was im Falle Dieppe so viel heißen würde, daß Churchill fünftausend, hauptsächlich kanadische Soldaten vorsätzlich – aber keinesfalls leichtfertig – in die offenen Messer der Deutschen hineingejagt hat!

Der Auslösungsbefehl für das Unternehmen JUBILÄUM – wie der Angriff auf Dieppe letztlich genannt wurde – war unzweifelhaft die schwerwiegendste, aber vielleicht auch die erfolgbringendste Entscheidung des vergangenen Krieges, die den Alliierten zwei Jahre später den Sieg bescheren sollte.

Bei der Enträtselung des Falles Dieppe waren mir gerade jene Männer äußerst behilflich, die paradoxerweise 1942 mit der Verschleierung dieser selbstmörderischen Landeoperation zu tun gehabt hatten: Veteranen des damaligen Doublecross-Committee selbst. Sie haben bei ihrer »Denkmalserrichtung« nach dem Kriege freimütig auch ihre Taktik offenbart, die darin bestand, Hitler nicht nur über die direkten Funkverbindungen ihrer gefangengehaltenen Doppelagenten irregeführt zu haben. Um die Informationen ihrer »umgedrehten Spione« noch glaubhafter erscheinen zu lassen, seien – zur Bestätigung – gleichlautende Meldungen auch über andere Kanäle in den deutschen Abwehrapparat geschleust worden. So zum Beispiel über Widerstandsgruppen in Frankreich oder durch Mittelsmänner in Portugal und in der Türkei, »von denen wir wußten, daß ihnen die Deutschen unbedingt vertrauten«.

Diese von ehemaligen englischen Spezialisten praktizierte Taktik benützte ich als Fahrplan, um die weitverzweigten Kanäle an ihren Ausgängen anzuzapfen; um – wie bei der Untersuchung eines Kriminalfalles – die »Frage Dieppe« zu klären, auf die es bis heute noch immer keine plausible Antwort gibt. Bei meinen Nachforschungen bin ich davon ausgegangen, daß – nach offiziellen britischen Behauptungen – sämtliche Funkagenten in England gefangen waren und nur solche Meldungen nach Deutschland senden durften, die ihnen der Secret Intelligence Service vorher diktiert hatte.

Dieser englischen Taktik folgend, habe ich die Doppelspione, Mittelsmänner, Funker und Offiziere gefunden, die auf deutscher Seite der geheimen »Londoner Quelle« nach wie vor den Empfang der tödlichen Vorwarnungen zum Angriff auf Dieppe bestätigen könnten:

– Am 13. August 1942 meldete ein »äußerst zuverlässig erprobter V-Mann«, der in Südengland etabliert war, der deutschen Abwehr eine bevorstehende Landung bei Dieppe. (Stammte diese sensationelle Meldung etwa von jenem »umgedrehten Abwehrspion« DRAGONFLY, der – wie Sir John Masterman verriet – vorsorglich in Südengland stationiert werden sollte, um von dort aus die Dieppe-Vorbereitungen auf der Isle of Wight wirkungsvoller verschleiern zu können?)

– »Mitte August 1942 wurde uns«, wie sich der ehemalige Leiter der Abwehrstelle Hamburg, Kapitän zur See Herbert Wichmann, erinnert, »von einem Funkagenten in England ein Landeunternehmen im Raum von Fécamp avisiert. Fécamp liegt ja nur fünfzig Kilometer westlich von Dieppe.«

Beweist diese Meldung aus England nicht ein anderes Prinzip der Doublecross-Strategen, »that cover schemes ought to be as near the ›real thing‹ as was safely possible«? (oder deutlicher ausgedrückt: Die dem Gegner mitgeteilten Ablenkungsziele sollten sich so nahe am »wirklichen Punkt« befinden, wie es aus Sicherheitsgründen möglich war.)

– Über eine andere direkte Funkverbindung von England nach Hamburg-Wohldorf erreichte die Deutschen – wie sich Oberleutnant Richard Wein erinnerte – eine weitere Vorwarnung: »Siebenunddreißig-zwo-fünf hatte uns 1942 auch über ein Landeunternehmen unterrichtet, daß im Raume von Dieppe stattfinden würde.«

Diese drei Direktmeldungen wurden durch eine gleichlautende Information auch über den Agenten OSTRO in Lissabon den Deutschen zugespielt. Der seinerzeitige Führungsoffizier des Lissabonner Agenten, Herr von Carnap, bestätigte mir, daß ihm OSTRO (anläßlich einer Zusammenkunft in Lissabon) über ein bevorstehendes Landungsunternehmen bei Dieppe Bericht erstattete.

– Eine weitere Dieppe-Vorwarnung empfing die deutsche Abwehr – wie mir der ehemalige Gegenspionage-Experte, Oberstleutnant Hans Freund, versicherte – von einem kroatischen V-Mann aus Istanbul. Dieser Mann war als Kaufmann tätig und stand unter dem Verdacht, vom englischen Nachrichtendienst in der Türkei als sogenannter Spielagent eingesetzt zu sein.

– Die letzte und eindeutigste Vorwarnung über eine »unmittelbar bevorstehende Landung bei Dieppe« stammte ebenfalls aus Istanbul. Bei dem Informanten handelte es sich um den Abwehragenten E 800, den der englische Nachrichtendienst als Doppelspion verwendete. Die Deutschen konnten sich des Vertrauens ihres E 800 aber sicherer sein; denn sie hatten seine jüdische Mutter – und damit auch ihn selbst in Gewahrsam genommen. Auch E 800 lebt noch. Er ist ein in Deutschland und im Ausland bekannter Geschäftsmann. Aus diesem Grund kann seine Identität nicht preisgegeben werden.

Wer war der Absender all dieser Dieppe-Meldungen? Wer hat sie über Istanbul und Lissabon durch die genannten Mittelsmänner in den deutschen Abwehrapparat geschleust?

Die englischen Geheimdokumente mit der Aufschrift »Dieppe« sind nicht zugänglich. Der Mann – Sir Winston Churchill –, der über dieses Kapitel alles wußte, aber so gut wie nichts darüber sagte, ist tot. Und andere Mitwisser, die sich äußern könnten, müssen schweigen: Denn Dieppe – so scheint es heute – war die Täuschung an sich! Mit Dieppe hatte Churchill das Tor der Falle geöffnet, die in den folgenden Monaten – und nicht erst zwei Jahre später in der Normandie – Hitler zum Verhängnis wurde.

Zu dieser Erkenntnis muß man logischerweise gelangen, wenn man die Erfolge aufzählt, die Winston Churchill unmittelbar nach der katastrophalen Landung am 19. August 1942 erzielte –, wenn man also seine späteren strategischen Gewinne aufrechnet mit den Verlusten bei Dieppe. Erst dann wird man seine Worte besser verstehen können, die er unter dem Strich seiner Rechnung vermerkte: ». . . ihr Opfer war nicht umsonst!«

». . . Nach Abwehrmeldungen aus Südengland vom 27. 9. soll für den kommenden Monat eine ähnliche Unternehmung wie die Aktion Dieppe zu erwarten sein. Abwehr berichtet dazu, daß gleicher, als äußerst zuverlässig erprobter V-Mann, auf den vorstehende Meldung zurückgeht, auch unter dem 13. August das Unternehmen Dieppe vorausgemeldet hat . . .«

(Kriegstagebuch der deutschen Seekriegsleitung)

Das obige Dokument beweist eindeutig, warum die Deutschen den weiteren entscheidenden Täuschungsaktionen der Alliierten auf den Leim gegangen sind: Was ihnen ihr »äußerst zuverlässig erprobter V-Mann« aus Südengland über eine neuerliche »ähnliche Unternehmung wie die Aktion Dieppe« ankündigte, *mußte* wahr sein. Über seine Mitteilungen konnte es keine Zweifel geben.

Denn bei dem Informanten handelte es sich just um denselben Spion, der den Deutschen »unter dem 13. August das Unternehmen Dieppe vorausgemeldet hat . . .«

Durch solche Falschmeldungen sollte Hitler veranlaßt werden, die Truppen im Norden seiner Westfront zu massieren, obgleich die Invasion auch an der französischen Kanalküste erfolgen konnte.

Diese beiden Möglichkeiten suggerierten der deutschen Geheimdienstzentrale per Funk vornehmlich vier ihrer – wie sie meinten – erfolgreichsten Spione. Während die Funkmeldungen von Wulf Dietrich Schmidt und jene des in Südengland etablierten Doppelagenten DRAGONFLY auf eine neuerliche Invasion in Nordfrankreich hindeuteten, operierten JEFF und MUTT mit dem »skandinavischen Gespenst« einer Landung in Norwegen. Die »französischen« Täuschungsaktionen liefen in London unter dem Decknamen OVERTHROW. Das skandinavische Angstgespenst wurde mit der Tarnbezeichnung SOLO I verschleiert.

Der Erfolg dieser beiden Ablenkungsmanöver sollte weitgehend das Schicksal der Operation TORCH bestimmen. TORCH – die Invasion alliierter Truppenverbände in Nordwestafrika – war der Ersatz für die von Stalin so dringend erwartete »zweite« Front, der tödliche Messerstich in den Rücken der Deutschen, mit dem das Dritte Reich zu verbluten begann.

Dieser Wendepunkt des Krieges wurde mit dem Schreckschuß bei Dieppe eingeleitet und vordergründig durch das überzeugende Täuschungskonzert des Londoner Doublecross-Quartetts (TATE, DRAGONFLY, MUTT und JEFF) weitergespielt. Das Schicksal Europas sollte davon beeinflußt werden, ob es den »zuverlässigen« Abwehrspionen gelingen würde, Hitlers Aufmerksamkeit nach Norden hinzulenken.

Als das Vorspiel zu diesem historischen Akt begann, hing – wie mir JEFF alias Tor Glad, also einer der Solisten des »Londoner Quartetts«, erzählte – der Erfolg an einem dünnen Faden. In der Tat war der Mittelfinger des fünfundzwanzigjährigen Handelskorrespondenten aus Oslo für die bevorstehenden Alliierten-Operationen von größter Wichtigkeit. Von ihm hing es ab, ob er bei der Durchgabe seiner Meldungen das mit den Deutschen vereinbarte Code-Wort »Henry« unabsichtlich oder gar absichtlich einmal vergessen würde:

»Ich mußte ›Henry‹ in bestimmten Abständen immer wieder in den Text einstreuen. Wenn ›Henry‹ ausblieb, wußten die Deutschen, daß wir gefangen waren – und unter Zwang funken mußten!«

Diesem Risiko konnten sich angesichts der entscheidenden militärischen Operationen die Alliierten jetzt verständlicherweise nicht aussetzen. Deshalb wurde Tor Glad auf Eis gelegt und angeblich ».. . zu einem norwegischen Pionierbataillon eingezogen, das nach Schottland verlegt wurde«!

Vor diesem Hintergrund erschienen Tor Glads Meldungen über »bevorstehende Landeoperationen in Norwegen« seinen Dienstherren in Berlin um so glaubhafter. Die Abwehr war – wie sich Sabotagechef Lahousen erinnerte – damals bestens informiert, denn:

».. . in Schottland saß unser Mann natürlich direkt an der Quelle!«

Tor Glad, der Mann »an der Quelle«, verriet mir später, wie seine angebliche Dienstzeit bei einer norwegischen Einheit wirklich ausgesehen hatte:

»Bevor ich von London abtransportiert wurde, hatte ich einem Funkspezialisten des SIS genau meine Gebeweise beibringen müssen, wobei er besonders auf das vereinbarte Code-Wort ›Henry‹ achten sollte. Dieser Mann hat mein Leben auswendig gelernt, alle Details, wie Namen von Freunden und deutschen Abwehroffizieren, mit denen ich zu tun gehabt hatte, so daß er auf überraschende Kontrollfragen sofort hätte Antwort geben können. Dann informierten wir Oslo über meine Einberufung nach Schottland. In Wirklichkeit aber schickte mich der englische Geheimdienst nach Carlisle hinauf, wo ich monatelang bei meinem Betreuer Andrew Corcoran wohnte. Er war Sozialarbeiter, und seine Frau hatte gerade ein Baby zur Welt gebracht.

Die Zeit danach verbrachte ich zusammen mit dem Doppelspion Arthur G. Owens bis Kriegsschluß im Gefängnis. Die deutsche Abwehr stand also nicht mit mir in Verbindung, sondern nur mit meinem Funkgerät, das mein englischer Stellvertreter bediente .. .«

Auf Wulf Dietrich Schmidt, der im Rahmen der Aktion OVERTHROW das zweite Wehrmachtsfunkgerät bediente, war nach Ansicht seiner englischen Betreuer hundertprozentiger Verlaß. Die Zuverlässigkeit des »stillen Mannes aus Apenrade« rühmten aber noch mehr seine deutschen Führungsoffiziere, die ihrerseits die Schmidtschen Falschmeldungen schönfrisierten und an die Operationsstäbe, vor allem der deutschen Kriegsmarine, mit wärmsten Empfehlungen weitergaben.

Hinter dem dritten Funkgerät, das er als Grammophon getarnt 1941 über Lissabon nach England gebracht hatte, saß der Doppelagent DRAGONFLY. Er war bis dahin in Köln ein erfolgloser Kaufmann gewesen, dem schließlich der englische Geheimdienst zu Gewinn verhalf, indem er ihn – aus Tarnungsgründen – zum Weinhändler machte. Bei der Verschleierung des Unternehmens TORCH spielte DRAGONFLY, der weinhandelnde Rheinländer, die entscheidende Rolle.

Neben ihrer Aufgabe, Hitlers Truppen an der französischen Kanalküste und in Norwegen in Bereitschaft zu halten, sollten die Meldungen der Doppelagenten vor allem die gefürchteten deutschen U-Boote irreleiten, damit die Eisenhowersche Invasions-Armada nicht schon bei ihrem Anmarsch im Atlantik angegriffen wurde.

Eintausendfünfhundert Schiffe mit über einer Viertelmillion alliierten Soldaten und einer Million Tonnen Kriegsmaterial zogen in den Kampf gegen die Deutschen. Die Armada wurde von General Dwight Eisenhower angeführt, der als Oberbefehlshaber bis dahin noch keinerlei praktische Schlachterfahrung hatte.

Während Eisenhower die Massen seiner »Zweiten Front« bei Funkstille so gut wie unbemerkt durch den stürmischen Atlantik ostwärts manövrieren konnte, blieb den deutschen Luftaufklärern die Bereitstellung und Zusammenziehung alliierter Marineeinheiten im englischen Küstengebiet keineswegs verborgen. Allein aus diesem Grund wurden die Funkmeldungen des Londoner Täuschungsquartetts auf die Luftbild-Erkenntnisse der deutschen Aufklärer abgestimmt. So erfuhr die Abwehr aus ihrer »wertvollen Quelle«, an der MUTT und JEFF saßen, daß im Firth of Clyde und im Firth of Mersey schwere Geleitzüge zusammengestellt wurden. Anfang Oktober beunruhigte MUTT alias Jack Moe von Clyde aus das deutsche Oberkommando mit seiner Nachricht über ». . . die größte Konzentrierung von Schiffen, die ich jemals gesehen habe«.

Die fiktiven Ergänzungen zu diesen Angaben lieferte Tor Glad:

». . . An der Küste von Argyllshire finden Landungsmanöver statt. Die Truppen, darunter auch norwegische Einheiten, sind mit arktischer Kleidung ausgerüstet.«

Die Kombination solcher Mitteilungen überließ der Secret Intelligence Service den Deutschen selbst.

In dieser kritischen Lage wurde Wulf Dietrich Schmidt immer wieder wie ein Orakel befragt. Aber auch Schmidt, dessen Funkverbindung nach wie vor gefährdet erschien (die Zusammenkunft bzw. die Übergabe des neuen Quarzes durch Karl Richter hat ja »leider nicht geklappt«), ließ in seinen Meldungen beide Möglichkeiten offen.

Wesentlich brauchbarer erschienen den Deutschen daher die Angaben ihres fidelen Kölner Weinhändlers aus Südengland, den John Masterman auf DRAGONFLY umgetauft hatte. In der zweiten Oktoberhälfte meldete er der deutschen Abwehr:

». . . Manche Soldaten glauben an baldigen Angriff wie Dieppe – nur größer, gegen französische Nordküste. An der (englischen) Südküste keine Anzeichen für eine Operation im Atlantik oder gegen Afrika . . .«

Das von Wulf Dietrich Schmidt und seinen umgedrehten Kollegen gespielte Täuschungskonzert klang derart überzeugend, daß Admiral Canaris andere wichtige Mitteilungen seiner Beobachtungsstellen im westlichen Mittelmeer einfach ignorierte. Obwohl Mitte Oktober seine Agenten in Algeciras, Ceuta, Tetuan und Melilla durch ihre Fernrohre mit eigenen Augen eine außergewöhnlich starke Konzentrierung feindlicher Schiffe beobachten konnten, verkündete bei den von Nervosität gekennzeichneten Lagebesprechungen der »Allwissende vom Tirpitz-Ufer« beharrlich jene »Fakten«, die nach sorgfältigen Überlegungen in London zusammengestrickt worden waren. 1942 war der deutsche Abwehrchef noch ein lautstarkes Sprachrohr seiner »erprobten und zuverlässigen Agenten« in England. Somit agierte er paradoxerweise als wichtigster Repräsentant des Londoner Doublecross-Committee und placierte die Falschmeldungen genau dort, wohin sie nach den Vorstellungen der Alliierten gelangen sollten. Seine Stimme unterstrich und bekräftigte bei dem allgemeinen Rätselraten die unzähligen schrillen Morsezeichen aus England, die von den Funkantennen in Hamburg-Wohldorf aufgefangen wurden: Canaris tippte auf Frankreich!

Da nach den Erkenntnissen der deutschen Abwehr für die nächste Zeit in Nordafrika nichts Entscheidendes geschah, begab sich Feldmarschall Erwin Rommel um so beruhigter in seinen wohlverdienten Erholungsurlaub nach Deutschland.

Doch kaum hatte er die Befehlsgewalt seinem Stellvertreter überlassen, brach über die deutschen Verbände in Nordafrika die Katastrophe herein. Hitlers Wüstenfront wurde nach dem Rhythmus der vier bekannten Paukenschläge der BBC vernichtet.

Mit über tausend Panzern, achthundert Flugzeugen und einhundertfünfzigtausend Mann versetzte General Montgomery am 23. Oktober 1942 dem deutschen Afrika-Korps seinen ersten Schlag. Am 2. November folgte der nächste, als bei El Alamein englische Panzer die deutsche Abwehrfront durchbrachen – und Rommel dem OKW bereits das Ende ankündigte:

». . . Bei dieser Lage muß daher trotz des heldenhaften Widerstandes und vorzüglichen Geistes der Truppe mit der allmählichen Vernichtung der Armee gerechnet werden.«

Hitlers Botschaft, die Rommel, im blutigen Wüstensand stehend, noch einmal aufrichten sollte, endete mit dem Ratschlag:

». . . Ihrer Truppe aber können Sie keinen anderen Weg zeigen als den zum Siege oder zum Tode.«

Sieg oder Tod ... An dieser Wegtafel stand in der ersten Novemberwoche des Jahres 1942 nicht nur Rommel mit seinen Leuten. Auch in Rußland waren die deutschen Truppen an der gleichen Wegmarkierung angelangt. Hier hatten die hereinbrechenden eisigen Schneestürme jedoch den Richtungspfeil, der zum Siege zeigte, bereits abgebrochen. –

Europa erlebte einen 8. November 1942, einen Sonntag, der überall durch unfreundliches Wetter gekennzeichnet war. Adolf Hitler hatte kurz vor achtzehn Uhr den Saal des Bürgerbräu-Kellers von der Münchener Rosenheimer Straße aus betreten, um seine alten Kämpfer zum Weitermarschieren anzufeuern. Er hatte sich vor die Säule gestellt, an der die Hakenkreuz-Fahne hing mit dem Blut der ersten Toten, »die am 9. November 1923 an der Feldherrnhalle für den Nationalsozialismus gefallen sind«.

Hitler war von der Ostfront über Berlin an jene Stelle nach München zurückgekehrt, wo in einer Atmosphäre von Männerschweiß, Bierdunst und Uringestank einst das Verderben begonnen hatte. Heute, am 8. November, zu Beginn des vierten Kriegsjahres, demonstrierte der Feldherr aus Braunau am Inn seiner biergetränkten treuen Gefolgschaft noch einmal die ungeheure Machtentfaltung des Dritten Reiches und zeigte ihnen in seiner Rede, wo Deutschlands Sieg liegen würde:

»Ich wollte zur Wolga kommen, und zwar an einer bestimmten Stelle, an einer bestimmten Stadt. Zufälligerweise trägt sie den Namen von Stalin selber ...!«

In diesen Minuten, wo Hitler mit der Erwähnung von Stalingrad bereits den Sargdeckel für Deutschland öffnete, wurde die Startbahn des Flugplatzes von Gibraltar von schwerem Regen überflutet. Das Unwetter setzte zum Glück erst mit Einbruch der Dunkelheit ein, so daß die Landeoperationen der Alliierten, die schon zu Mittag um 1.20 Uhr begonnen hatten, nur geringfügig gestört wurden. Als Hitler in München von Stalingrad zu sprechen begann, waren von Gibraltar aus bereits 466 anglo-amerikanische Flugzeuge zur Unterstützung der alliierten Invasionstruppen in Nordafrika gelandet. Und als Hitler nach der Zusammenkunft mit seinen alten Kämpfern im Bürgerbräu-Keller in seiner Münchener Wohnung am Prinzregentenplatz zu Bett ging, saß zur gleichen Zeit General Dwight Eisenhower, mit Unterhose bekleidet, in seinem naßkalten unterirdischen Befehlsstand im Felsen von Gibraltar. Sein Adjutant war bemüht, die Hose des Generals von einem Tintenfleck zu reinigen, während Eisenhower die Schlagzeilen der ersten Londoner Morgenzeitungen las, die noch in der Nacht eingeflogen worden waren:

»Alliierten-Invasion in Nordafrika!«

Die Errichtung der Alliierten-Front in Nordafrika war der große Schlag, durch den sich Deutschland plötzlich und völlig überraschend in seiner verhängnisvollen ost-westlichen Zwickmühle befand. Mit dem russischen Winter vor Augen und dem anglo-amerikanischen Messer im Rücken fragte sich Hitler zu spät, wie er in diese fatale Situation hineingeraten konnte.

Der Schriftführer des Kriegstagebuches der deutschen Seekriegsleitung vermerkt am 8. November 1942 »über die Blindheit der Abwehr gegenüber Torch«:

»Daß eine Landeoperation an Mittelmeerküsten und an der nordwestafrikanischen Küste im Bereich der feindlichen Planung lag, ist seit Monaten auf zahlreichen Nachrichtenkanälen zu unserer Kenntnis gelangt. Da aber gleichzeitig entsprechende Planungen in anderen Gebieten, nämlich in Norwegen, am Kanal und in Frankreich, mit der gleichen Bestimmtheit gemeldet wurden, erreichte der Gegner wahrscheinlich bewußt, daß keiner dieser Nachrichtenkomplexe so bestimmt bewertet wurde, wie es für die Vorbereitung einer langfristigen Abwehr der feindlichen Operationen erforderlich gewesen wäre. In diesem Nachrichtenkampf haben wir die Partie verloren.«

Der Chef des Wehrmachtsführungsstabes, Generaloberst Jodl, erklärte die Situation noch deutlicher:

». . . Wieder einmal hat uns Canaris durch seine Unvernunft und Unbeständigkeit sitzenlassen.«

Diese von Jodl erhobene Anschuldigung trifft hart, aber genau den weichen Kern im Charakter des Admirals Canaris. Er glaubte, was ihm Wulf Dietrich Schmidt und seine anderen »zuverlässigen V-Männer« berichtet hatten. Somit war er der eigentliche König geworden unter den Figuren, mit denen die Alliierten ihr Geheimdienstspiel gewinnen sollten.

Nach seinem Versagen im Zusammenhang mit der Alliierten-Invasion in Nordafrika war am 8. November 1942 auch Canaris an seiner Wegtafel angelangt. Dahinter begann das Ende. Für ihn und seine Abwehr.

(Miß)erfolge

Die männlichen Handelsreisenden der Hamburger Exportfirma Stegemann waren ihrem Chef, dem Parteigenossen Dr. Praetorius, nur kurze Zeit dienlich. Mit Ausnahme von Wulf Dietrich Schmidt saßen sie nach erfolgloser Geschäftstätigkeit entweder in feindlichen Gefängnissen oder sie lagen, wie Karl Richter, Jakobs oder Reysen, bereits unter der englischen Erde.

Hauptmann Huckriede-Schulz hatte von vornherein das Schicksal seiner Agenten realistisch kalkuliert:

»Mit Verlusten muß in diesem Geschäft natürlich gerechnet werden. Aber wenn wenigstens einer durchkommt und uns wertvolle Informationen sendet, so hat sich der Aufwand gelohnt. Zum Glück war Wulf Dietrich Schmidt durchgekommen; denn sonst hätten wir unseren Abwehrladen in der Knochenhauerstraße mitsamt der Funkstelle in Wohldorf schließen können . . . Von unseren Spioninnen, die auf die Ölquellen der Engländer im Vorderen Orient angesetzt waren, hatte nur Waltraut Oertel ihren Einsatzraum erreicht. In der Tarnung einer aus Deutschland geflüchteten rassisch Verfolgten drang sie in feindliche Raffinerieanlagen ein. Dabei hatte sie wichtige Einzelheiten über Treibstoffdepots in Tripolis gesammelt und detaillierte Pläne der Commonwealth Oil Raffineries von Haifa angefertigt, die uns aus unerfindlichen Gründen leider nie erreichten. Ihr Endziel war Abadan am Persischen Golf. Aber bis zu diesem Ziel konnte sie nicht mehr vordringen. Ihre Spuren endeten schon vorher, irgendwo im Wüstensand.« –

Gleich zu Beginn meiner Suche nach den Wegbegleitern von Wulf Dietrich Schmidt, also vor mehr als fünfzehn Jahren, habe ich festgestellt, daß Waltraut Oertels Spuren nicht in der Wüste endeten, sondern nach dem Kriege plötzlich in Australien wieder zum Vorschein kamen. Dort war es, wie bereits geschildert, der weltgewandten Ostpreußin gelungen, sich mit ihren perfekten Englisch-Kenntnissen unter dem Namen Sophie Clapham bei der bundesdeutschen Botschaft in Sydney unentbehrlich zu machen. Damals, in den fünfziger Jahren, konnte ich gut verstehen, daß sie ihre Vergangenheit ruhenlassen wollte – und aus diesem Grund meine zahlreichen Anfragen über ihre damalige Spionagetätigkeit im Vorderen Orient auch unbeantwortet ließ.

Im Rahmen der Ausweitung meiner Recherchen stellte mich der Spionageauftrag der Waltraut Oertel, den sie während des Krieges in Abadan erledigen sollte, dann plötzlich vor ein höchst merkwürdiges Rätsel:

Es hatte den Decknamen GOLF. Diese vier Buchstaben bedeuteten die schlagartige Vernichtung der Erdöl-Raffinerien von Abadan. Mit dem Unternehmen GOLF wollte Hitler der Herzkammer der englischen Kriegsmaschinerie einen tödlichen Messerstich versetzen. Die Bedeutung dieses Vorhabens hatte zur Folge, daß der Kreis der Eingeweihten damals lediglich auf sieben Männer beschränkt war, von denen drei nach dem Kriege eines natürlichen Todes starben und der vierte (Admiral Canaris) im April 1945 im Konzentrationslager Flossenbürg hingerichtet wurde. Den fünften Beteiligten – den Initiator des GOLF-Unternehmens – hatten die Amerikaner nach ihrer Landung am 8. November 1942 in Nordafrika gefangengenommen und unter Militärbewachung von El Biar in die USA geflogen. Der Gefangene trug die deutschen Ausweispapiere bei sich, die ihm der Wehrmachts-Kriegsverwaltungschef Medicus in Paris ausgestellt hatte.

Schon nach seiner ersten Aussage stand für die Vernehmer eindeutig fest, wer der schmächtige, stark parfümierte Mann war, der sich in Tunesien im amerikanischen Geheimdienstnetz verfangen hatte: Der Gefangene hieß Charles Bedaux, gebürtiger Franzose, naturalisierter Amerikaner, Gründer und Inhaber des damals bedeutendsten Rationalisierungs-Konzerns der Welt mit Tochtergesellschaften in nahezu allen Industrieländern, darunter auch – und vor allem – in Deutschland!

Die Amerikaner hatten, was diesen gefangengenommenen französischen Charmeur betraf, sicher schon vieles über seine internationalen Geschäftsbeziehungen und insbesondere über seine Freundschaft mit dem Herzog von Windsor erfahren. Der Grund aber, warum und wie er Adolf Hitler zum Endsieg verhelfen wollte, ist den amerikanischen Vernehmungsbeamten im Gefängnis von Miami verborgen geblieben. Charles Bedaux hat dieses Geheimnis, das in der Sabotage-Abteilung der deutschen Abwehr unter dem Decknamen GOLF registriert war, mit einer Überdosis Schlaftabletten versiegelt. Als sie 1943 den Toten auf einer Bahre aus seinem streng bewachten Krankenzimmer herausschoben und ihn anschließend zu Grabe trugen, ahnte keiner der Beteiligten, daß sie mit Charles Bedaux einen Mann beerdigten, der einst den Ehrgeiz hatte, mit Hitlers Hilfe »ungekrönter König von England zu werden«.

Um noch mehr über dieses unbekannte Stück Geschichte zu erfahren, wählte ich im Juli 1975 – fünfzehn Jahre nach meinem ersten Interview mit dem Agentenführer Huckriede-Schulz – noch einmal die alte Hamburger Telefonnummer des ehemaligen Kompagnons der »Exportfirma Stegemann«. Ich wollte weitere Einzelheiten sammeln über den geplanten Spionageeinsatz der Abwehragentin Waltraut Oertel in Abadan. Denn ich vermutete einen direkten Zusammenhang zwischen dem von Charles Bedaux geplanten Vernichtungsschlag gegen die englischen Öl-Raffinerien am Persischen Golf und dem Spionageauftrag, den Huckriede-Schulz seiner »mit allen Salben geschmierten« Agentin Oertel im Jahre 1941 erteilt hatte.

Wenn es sich bewahrheitete, daß der Plan eines Sabotageangriffes auf die Herzkammer der englischen Treibstoffversorgung ausgerechnet im engsten Freundeskreis des Herzogs von Windsor entstanden war, könnte man dieses Vorhaben von Charles Bedaux mit voller Berechtigung als eine der erstaunlichsten Kuriositäten des vergangenen Krieges bezeichnen. Da eine über die ganze Welt verzweigte, mächtige Bedaux-Organisation ihren Gründer bis in unsere Tage überlebt hat und auch in Zukunft seinen Namen tragen wird, mußten die Beweise für meine Behauptungen in jeder Beziehung stichhaltig sein.

Bei meinem ersten Versuch, die Bedaux-Verbindungen zum deutschen Geheimdienst aufzuklären, meldete sich in Hamburg Frau Huckriede-Schulz am Telefon, der ich erklärte, was ich von ihrem Mann erfahren wollte:

»Darauf kann mein Mann Ihnen leider keine Antwort mehr geben. Sie kommen um ein paar Monate zu spät. Er ist im Februar gestorben. Aber wenn Sie etwas über die Oertel wissen wollen – fragen Sie sie doch selbst. Sie ist inzwischen aus Australien wieder nach Deutschland zurückgekehrt und sitzt jetzt als Pressechefin einer großen Firma in Bonn.«

Aufgrund des obersten Grundsatzes des Spionagehandwerks »Die linke Hand darf nicht wissen, was die rechte tut« konnte mir Frau Oertel bei unserem Interview im Feudal-Sanatorium »Jägerwinkel« am Tegernsee nur den Teil der Geschichte erzählen, der sich auf das Geheimnis von Abadan bezog:

»Abadan war mir vor meiner Abreise aus Budapest immer wieder als Hauptziel meiner Spionagetätigkeit im Vorderen Orient ans Herz gelegt worden. Ich hätte mich dort mit Technikern anfreunden sollen, die an empfindlichen Stellen der Raffinerien arbeiteten. Meine Informationen wären selbstverständlich als Grundlage für einen späteren Sabotageangriff bestimmt gewesen ... Wer sich dann mit der Zerstörung der Anlagen befassen würde, hatte man mir natürlich nicht gesagt. Aber ich wußte so viel, daß ich nicht die einzige Agentin war, die auf Abadan angesetzt wurde. Als ich 1941 in Kairo interniert worden war, hörte ich von einem Mitgefangenen, daß die Abwehr jetzt einen großen Coup gegen die Raffinerien am Persischen Golf vorbereitet hätte. Dabei würden die riesigen Anlagen mit einem Schlag kaputtgehen . . .«

Die Ex-Spionin Waltraut Oertel hatte im Gefangenenlager von Kairo nur vage erfahren, was damals tatsächlich passieren sollte. Die Raffinerien von Abadan sollten keinesfalls »mit einem Schlag kaputtgehen«. Sie sollten vielmehr mit einem Schlag stillstehen, damit der Treibstoff-Nachschub für die alliierten Panzer, Flugzeuge und Schiffe vorübergehend blockiert wurde. Dann aber sollte das Öl unvermindert für die deutsche Wehrmacht fließen, denn die Treibstoffvorräte der Hitlerschen Panzerverbände in Afrika und in Rußland waren inzwischen bedrohlich knapp geworden. Die Spritanzeiger standen überall auf »Reserve«.

Dieses Problem wollte Charles Bedaux für die Deutschen aus der Welt schaffen. Sein französisches Renaissance-Schloß in Touraine, das sich der Herzog von Windsor als gebührlichen Rahmen für seine »Hochzeit des Jahrhunderts« mit Mrs. Simpson ausgesucht hatte, bot dem cleveren Industrie-Manager genügend Muße, um über Hitlers gewichtigste Probleme nachzudenken. Hier, in seinem Château de Candé mit eigenem Badminton Court, Golfplatz und Swimming-pool, wartete Bedaux auf die große Erleuchtung, wie er dem Dritten Reich zu einem schnellen Sieg verhelfen könnte.

Was hatte den Intimus des englischen Ex-Königs Edward VIII. dazu bewogen, sich mit den Deutschen zu liieren, um das Volk seines besten Freundes zu vernichten? Welche Gründe mögen den reichen Charles Bedaux veranlaßt haben, sein Wissen und sein Können der deutschen Abwehr anzubieten und – ebenso wie Waltraut Oertel, Karl Richter oder Wulf Dietrich Schmidt – eine Karriere als Geheimagent zu beginnen?

Darüber befragte ich im August 1975 in seinem abgeschiedenen Landhaus am Ossiacher See den ehemaligen Präsidenten der deutschen Bedaux-Gesellschaft, Herrn Schlindwein. Er hatte bereits 1926 die Industriebetreuung des ersten deutschen Bedaux-Kunden, die Gummifabrik Continental in Hannover, übernommen:

»Die Stärke von Charles Bedaux war nicht sein technisches Können, sondern seine menschliche Ausstrahlung. Er war unwiderstehlich charmant ... Bedaux wollte ungekrönter König von England werden. Das war der Hintergrund all seiner Bemühungen um den Herzog von Windsor. Er hatte geglaubt, der Herzog kommt eines Tages wieder auf den Thron – und Bedaux hatte alles getan, um das zu bewerkstelligen. Er wollte Geld verdienen und Geld ausgeben. Das war der Lebenszweck dieses ›charmanten Napoleon‹, der im Ersten Weltkrieg seine Karriere als Tellerwäscher in Amerika begonnen hatte ... Das Türchen zu den höchsten deutschen Regierungsstellen öffnete ihm die Schwester des damaligen Reichsaußenministers von Ribbentrop, die er vor dem Kriege in der Türkei kennengelernt hatte. Von Deutschland war er begeistert. Ordnung und Disziplin waren ja auch die Grundregeln seiner eigenen Arbeitsweise. Nach dem Besuch einer Weberei in Augsburg sagte er einmal zu mir, wie wohltuend es sei, eine deutsche Fabrik zu besuchen. Jeder Arbeiter sei sauber, ordentlich. In Frankreich hingegen hätte jeder seine Zigarette im Mund. Die Arbeiter seien unrasiert und schmutzig.«

Für Charles Bedaux, der als Rationalisierungsspezialist stets den kürzesten Weg von A nach B suchte, scheint das von Hitler neu organisierte Deutschland bereits vor dem Kriege ein ideales Betätigungsfeld gewesen zu sein. Diese disziplinierten Menschenmassen hatten die Phantasie des »charmanten Napoleon« beflügelt. Und Herr Schlindwein, der Charles Bedaux auf seinen Reisen durch Deutschland begleitete, erinnerte sich:

»Das hat ihm wahnsinnig imponiert!«

Wer heute noch fragt, warum der Herzog von Windsor – der einer Liebe zuliebe auf die englische Königskrone verzichtete – nach Deutschland reiste, um vom Führer Adolf Hitler empfangen zu werden, mag in der Person des Charles Bedaux einc Antwort finden. Er war es, der für sich und seine Geschäfte den Ex-König als Visitenkarte benutzte, um sich damit bei den wichtigsten Ämtern und den höchsten Persönlichkeiten des Dritten Reiches ständig in Erinnerung zu bringen.

Diese durch den Deutschland-Besuch des Herzogs von Windsor vergoldeten Verbindungen waren für Charles Bedaux, der den Erfolg förmlich riechen konnte, besonders wichtig – gerade in jener Zeit, als Hitler durch seine Blitzsiege die Macht über Europa in seinen Händen hatte. Damals begab sich der Paß-Amerikaner Charles Bedaux von Paris aus in sein Stammhotel »Adlon« nach Berlin, wo er dem deutschen Sabotage-Chef Erwin von Lahousen seine ersten Vorstellungen von einem Sabotageangriff auf Abadan unterbreitete.

Für die detaillierte Ausarbeitung seines Planes hatte der deutsche Geheimdienst seinem neuen erfolgversprechenden V-Mann Charles Bedaux ein sicheres Versteck in der Pariser Avenue Hoche Nr. 53 zugewiesen.

Dieses zweistöckige Herrschaftshaus mit alten Pferdeställen im Hinterhof bewohnte einst ein Mann, der ähnlich umstritten war wie Charles Bedaux: Der alte Hausherr war aus dem Nichts zu einem der mächtigsten Wirtschaftsmanager Europas aufgestiegen. Auch er diente Freund und Feind und benutzte die Großen seiner Zeit als Stufen, auf denen er nach oben kletterte. Bevor dieser Mann seine steile Karriere begann, hieß er Zacharias Basileios Zacharoff. Als dieser internationale Rüstungsagent schließlich alles nur Denkbare erreicht hatte, nannte er sich Sir Basil Zaharoff, Ritter des britischen Großkreuzes und des Bath-Ordens, Träger des Großkreuzes der französischen Ehrenlegion und Ehrendoktor der Universität Oxford.

Als Charles Bedaux zusammen mit zwei deutschen Abwehroffizieren und einer Sekretärin zwei Zimmer im ersten Stock der Zaharoff-Villa an den Champs-Elysées okkupierte, diente das Anwesen als Hauptquartier einer geheimen Einkaufsorganisation. Diese Organisation wurde von einem der raffiniertesten Agenten des deutschen militärischen Nachrichtendienstes, Andreas Folmer, geleitet, der durch Monstergeschäfte auf dem französischen Schwarzmarkt die Devisenkasse der Abwehr nachhaltig auffüllte.

Folmers Kasse gewährleistete nicht zuletzt auch den Devisennachschub, der Wulf Dietrich Schmidt bzw. dem englischen Secret Intelligence Service zugute kam. Andreas Folmer alias PAT, der durch eine bescheidene Umsatzprovision damals zum x-fachen Millionär geworden war und sich als Privatdiener den alten Kammerdiener des verstorbenen Sir Basil Zaharoff leisten konnte, fristet heute sein Dasein in einem entlegenen, nicht ganz wetterfesten Gartenhäuschen in der Nähe von Garmisch-Partenkirchen. Dort erzählte er mir, was er von seinem damaligen »dubiosen Hausgast Charles Bedaux« noch in Erinnerung hatte:

»Ich hatte – hundert Meter entfernt vom großen Triumphbogen – ein riesiges, dreizehn Meter langes Arbeitszimmer mit Blick auf die Avenue Hoche hinunter. In diesem Zimmer erwartete ich Monsieur Bedaux, dessen Eintreffen mir der bewaffnete Portier unserer Dienststelle vorher gemeldet hatte. Als sich die hohe Tür öffnete, drang zuerst eine Parfümwolke in den Raum, der ein elegant gekleideter Franzose folgte. Über den Zweck seines Besuches war ich von der Abwehr bereits informiert worden: Bedaux sollte für das Amt in Berlin irgendwelche Pläne ausarbeiten, von denen ich nur so viel wußte, daß sie in höchstem Maße geheimgehalten werden mußten. Man sagte mir noch: ›Sie bürgen mit Ihrem Kopf dafür, daß kein Mensch erfährt, was Bedaux in Ihrer Dienststelle vorbereitet.‹

Für sein Vorhaben bot ich Bedaux Zaharoffs ehemaliges Schlafgemach mit einem kleinen Boudoir an, das – meinem Dienstzimmer gegenüber – zur Hofseite hin gelegen war. In diesen Räumlichkeiten hat sich Bedaux – zusammen mit zwei deutschen Abwehroffizieren und einer Sekretärin – dann vier Monate lang mit seinen geheimen Planungen beschäftigt.

Bevor das Team mit seiner mysteriösen Arbeit begann, mußte ich die Türen noch mit doppelten Sicherheitsschlössern versehen lassen. Sobald Bedaux' Leute ihre Zimmer betreten hatten, wurden die Türen jedesmal von innen verschlossen.

Durch die übertriebene Geheimnistuerei war ich natürlich neugierig geworden, was in dem Büro mir gegenüber vor sich ging. Da war ich einmal mit Charles Bedaux, der immer sehr hochnäsig auftrat, in Streit geraten. Er stand bei geöffneter Tür am Eingang zu seinem Zimmer und machte mir Vorhaltungen, daß sein Unternehmen gefährdet sei, weil in dem Haus so viele Fremde verkehrten – und daß er mich an höchster Stelle in Berlin verantwortlich machen würde, falls auch nur das geringste über seine Arbeit hier im Hause herauskäme.

Diese Auseinandersetzung mit Bedaux bot mir die Gelegenheit, einmal einen Blick in seinen Arbeitsraum zu werfen. Dabei fiel mir, neben vielen Zeichnungen und geschriebenen Unterlagen, vor allem eine Landkarte vom Persischen Golf auf, die – an den Schreibtisch gelehnt – auf dem Boden stand.«

Den vorletzten Hinweis auf das kuriose Abadan-Unternehmen erhielt ich von dem ehemaligen Sabotage-Experten der Abwehr-Abteilung II, Karl Strojil, den ich nach dem Krieg in Wien gefunden habe:

»Ich erinnere mich noch genau daran, daß mir mein Chef Lahousen eines Tages eine umfangreiche Ausarbeitung über einen geplanten Sabotageangriff auf die Öl-Raffinerien von Abadan auf den Tisch legte. Er wollte von mir als altem Pionier wissen, ob eine Stillegung der Anlagen in der vorgeschlagenen Weise möglich sei.

Lahousen sagte mir, daß der Plan von einem französischen Industrieberater stamme, dessen Ingenieure in den besagten Werken gearbeitet hätten. Lahousen hatte mir damals auch den Namen des Franzosen genannt. Aber ich habe ihn leider wieder vergessen. Und das wäre mir 1945 während meiner Gefangenschaft in Wolfsberg (Kärnten) beinahe zum Verhängnis geworden. Ein englischer Vernehmungsoffizier hatte mir angedroht, entweder mich oder meine Frau weiterhin ins Gefängnis zu sperren, falls ich ihm den Namen des Mannes verschweige, der uns damals den Sabotageplan für Abadan ausgearbeitet hatte. Ich hätte ihm den Namen gern verraten. Aber er ist mir beim besten Willen nicht mehr eingefallen.

Über die Einzelheiten des Planes ist mir noch so viel in Erinnerung, daß der ominöse Franzose einen der Leiter von Abadan angeblich durch irgendwelche Geldgeschäfte in der Hand gehabt hatte und ihn hätte erpressen können. In dem Bericht aus Paris war ausgeführt, daß dem Direktor von Abadan rund fünfzehntausend Arbeiter bedingungslos gehorchen würden. Wenn jeder dieser Arbeiter nur ein Kilo Sand in seine Tasche füllte, das dann in die Pumpanlagen, Maschinen und in die zahlreichen Schmierbuchsen gestreut würde, wäre Abadan erledigt gewesen.

Ich habe mich seinerzeit im OKW in Berlin mehrere Tage mit diesem Projekt beschäftigt. Die gestellte Aufgabe war äußerst schwierig zu bewerkstelligen, denn die Anlagen durften keinesfalls zerstört, sondern nur vorübergehend stillgelegt werden. Die Raffinerien sollten ja anschließend für Deutschland weiterarbeiten. In diesem Sinne lautete mein Gutachten über die Vorschläge des französischen Industrieberaters folgendermaßen:

›Wenn die in den Plänen festgelegten Versprechungen eingehalten werden können – und wenn der Angriff schlagartig innerhalb eines Tages erfolgt, halte ich eine vorübergehende Stillegung und Erhaltung der feindlichen Raffinerien am Persischen Golf für durchaus erfolgversprechend!‹« –

Charles Bedaux, Lebemann und Schloßbesitzer von Candé, hatte sich seine Ratschläge stets teuer bezahlen lassen. Zur Durchführung des Unternehmens GOLF wollte er sogar seinen Kopf riskieren, der sicher nicht billig war. Oberst von Lahousen erinnerte sich:

». . . Seine finanziellen Bedingungen erschienen außerordentlich hoch.«

Aber es gab noch etwas anderes, das für Charles Bedaux damals mehr bedeutete als nur Geld. Ein geheimes Dokument des deutschen militärischen Geheimdienstes verrät sein tiefstes Anliegen:

»Der als Leiter des Unternehmens GOLF vorgesehene Franzose amerikanischer Nationalität, Charles Bedaux, hat für seine beabsichtigte Tätigkeit als Leiter dieses Ölschutzunternehmens am Persischen Golf eine Reihe von Bedingungen gestellt. Er verlangte für sich persönlich den Eintritt in die deutsche Wehrmacht als Kriegsverwaltungschef mit dem Range eines Generalleutnants . . .«

Das wäre im Falle eines Hitlerschen Sieges die Krönung seines Lebens gewesen: Charles Bedaux in der Uniform eines deutschen Generals mit roten Biesen an seiner Hose und Orden an der Brust! So wäre er wahrscheinlich als Protektor mit seinem Freund, dem Herzog von Windsor, triumphierend in den Buckingham-Palast eingezogen. Er hätte Edward VIII. auf den Thron gesetzt. Und er selbst, Charles Bedaux, hätte als deutscher Kriegsverwaltungsrat für England hinter dem König gestanden, um fortan die Geschicke des Landes zu lenken.

Warum dieser Traum nur ein Traum blieb, verriet mir der ehemalige Pionier-Major Karl Strojil:

»Nachdem ich seine (Bedaux') Unterlagen studiert hatte, dachte ich mir: Diesen Plan können wir doch selbst wesentlich billiger in die Tat umsetzen. So verließ ich meinen Schreibtisch in Berlin und begab mich, als Diplomat getarnt, nach Persien. Auf dem langen Weg nach Abadan aber hatten sich so viele Schwierigkeiten eingestellt, daß mein Auto regelrecht im Sand steckenblieb . . .«

Die geheime Entscheidungsschlacht um Abadan war nicht das einzige Abwehr-Projekt, das mit großem Tamtam angekündigt wurde, um dann – wie das Fahrzeug des Majors Strojil – »im Sande steckenzubleiben«.

Admiral Canaris war – wie zur Eröffnung eines Jahrmarktes – 1939 mit einer Riesentraube buntschillernder Luftballons in den Krieg gezogen, von denen er einen nach dem anderen in den sonnigen Himmel aufsteigen ließ. Einer dieser zündstoffschwangeren Ballons, der in England landete, trug die Agentenummer 3725.

Als ich nach dem Krieg die Flugbahn dieses Ballons bis zu seinem Landepunkt verfolgt hatte, fand ich nur noch eine traurige Hülle –, den Menschen Wulf Dietrich Schmidt mit seinen Konflikten, die ihm aus dem Kriege anhafteten.

Während der vielen Jahre meiner Beschäftigung mit der geheimen Vergangenheit des Dritten Reiches habe ich außer Wulf Dietrich Schmidt auch die meisten anderen Menschen gefunden, die von der Abwehr lediglich als Nummern ins Feindesland geschickt worden waren. Seitdem ich mit diesen *Opfern* aus den geheimen Renommierfeldzügen der ehemaligen deutschen Abwehr gesprochen habe, soll mir gegenüber keiner mehr behaupten:

»Canaris hatte alle Unternehmen verboten, bei denen Menschenleben gefährdet waren. Der Admiral war gegen jegliches Blutvergießen!«

Schon der erste Tote des Zweiten Weltkrieges, ein junger polnischer Soldat, ist auf dem Konto der Abwehr verbucht. Er ist im Morgengrauen des 26. August 1939 bei einem deutschen Überfall auf den Grenzbahnhof Mosty am Jablunka-Paß gefallen. Dieser Handstreich im Rahmen des Geheimunternehmens BERGBAUERNHILFE war ein verhängnisvolles Versehen. Denn die mit Hakenkreuz-Armbinden gekennzeichneten Abwehragenten unter Führung des Leutnants Hans-Albrecht Herzner hatten den Krieg schon sechs Tage vor dem 1. September 1939 begonnen. Diese Panne war das erste Glied einer einzigartigen langen Kette dilettantischer Geheimaktionen –, vermeintliche Siegeswimpel, mit denen Admiral Canaris sein Abwehr-Schlachtschiff schmückte.

Der Einsatz jener Abwehrsoldaten, die wenige Stunden vor dem Angriff im Westen holländische und belgische Kraftwerke und Schleusenanlagen besetzen und sichern sollten, war vom Tirpitz-Ufer aus besonders gut vorbereitet worden: Der über alle Aktionen informierte monokeltragende Chef der Zentralabteilung der Abwehr, Oberst Hans Oster, hatte seinem Freund, dem holländischen Militärattaché Sas, bei einem ausgedehnten Essen im Berliner Schlemmerlokal »Horcher« rechtzeitig verraten, wann die deutschen militärischen Operationen gegen sein Land beginnen würden. –

Einen anderen, mit kameradschaftlichen Erfolgswünschen gefüllten Ballon startete Admiral Canaris mit leichter Hand »auf Wunsch des Reichsmarschalls Hermann Göring« am 10. Mai 1940 in die Schweiz. Acht junge Draufgänger aus dem Kämpferreservoir des damaligen Bataillons Brandenburg z. b. V. 800 sollten »alle auf den Flughäfen der Schweiz in Alarmbereitschaft liegenden Flugzeuge der schweizerischen Luftwaffe schlagartig zerstören«. Das Unternehmen mit dem Decknamen ADLER sollte für alle Beteiligten in einem Schweizer Zuchthaus enden. Dort hatte ich viele Jahre nach dem Kriege Gelegenheit, an noch lebenden Objekten Geschichte zu studieren:

Auf meinen Besuch hatte Nummer 3033 nicht gewartet. Als ich in seine Zelle trat, blinzelte er mir von unten her ins Gesicht. Er trat mir mit gekrümmtem Rücken und herabhängenden Armen entgegen. Das ewige Sitzen auf der Pritsche hatte ein Wrack aus ihm gemacht. Der Oberstauditor der schweizerischen Armee hatte mir eine Genehmigung erteilt, das Regensdorfer Gefängnis zu betreten und den zu lebenslänglicher Gefängnisstrafe verurteilten ehemaligen Agenten des deutschen militärischen Geheimdienstes, Friedrich Freiberger, zu besuchen, der seit elf Jahren in einer Einzelzelle saß. Der junge Abwehragent erzählte mir unter Tränen eine Komödie, die mich lebhaft an die Abwehr-Inszenierungen von Major Nikolaus Ritter erinnerte:

Auch der Abwehrfeldzug in die Schweiz war bereits am Berliner Tirpitz-Ufer trotz x-facher Absicherungen derart dilettantisch vorbereitet worden, daß er mit hundertprozentiger Sicherheit scheitern mußte. Den acht Geheimagenten wurden Knickerbockeranzüge verpaßt, die alle nach einem Schnittmuster aus demselben graukarierten Stoff geschneidert waren. Zu ihrer weiteren Tarnung erhielt die auf Wandervögel getrimmte Gruppe noch Wetterumhänge aus fabrikneuem Luftwaffenstoff. Damit die Männer – sie stammten vornehmlich aus Hamburg und dem Rheinland – sich auf leisen Sohlen unter die schweizerische Bevölkerung mischen konnten, schlüpften sie schon in ihrem Stammquartier am Berliner Quenzsee in frischgenagelte braune Haferlschuhe. Um die selbstmordfreudigen Freiwilligen insbesondere vor den scharfen Blicken schweizerischer Spionageabwehr-Beamten zu schützen, bedeckte man ihre wertvollen Häupter nach französischer Landesart noch mit schwarzen Baskenmützen. Dann wurde jedem ein mit Sprengstoffpaketen gefüllter Rucksack umgehängt, an dem nur noch das Schild »Wehrmachtseigentum« fehlte. Die acht Abwehragenten steckten tschechische Pistolen in ihre Taschen, die schon beim Einschießen Ladehemmungen hatten.

Um den Ursprung des »raffiniert« getarnten Geheimunternehmens zu verschleiern, wurde Friedrich Freiberger und seinen sieben Kameraden vor ihrem Einsatz noch die Erkennungsmarke abgenommen, die an einem dünnen Bindfaden an ihrem Hals hing. Und damit sie ihren Weg von Berlin bis ins sicherste schweizerische Zuchthaus möglichst rasch zurücklegen und unvorhergesehene Schwierigkeiten meistern konnten, händigte der Dompteur dieser abwehrmäßigen Zirkusattraktion – der sich sinnigerweise Major Klug nannte – jedem seiner Agenten noch einen nagelneuen Schweizer Hundertfrankenschein aus.

In dieser Aufmachung betraten die Männer des Geheimkommandos ADLER im Morgengrauen des 14. Mai den Bahnhof Kreuzlingen. Sie sprangen im letzten Augenblick auf den Frühzug nach Winterthur–Zürich und verteilten sich – um nicht aufzufallen – paarweise auf die Waggons.

Dann stapfte der Schaffner gähnend durch die Abteile:

»Exchüsi, Billettli bitte! – – – Aber dia gältet nümmer – – – Da muendt' Sie neui Fahrkarte löse!«

Im übernächsten Abteil wiederholt sich das gleiche Schauspiel. Und im dritten Abteil ist der Schaffner bereits hellwach. Er sieht wieder zwei Knickerbockeranzüge, die gleichen Mäntel, Rucksäcke, Schuhe und Baskenmützen. Noch einmal werden dem Kontrolleur zwei ungültige Fahrkarten vorgewiesen und zur Lösung neuer Billetts unbeholfen dieselben frischen Banknoten entgegengestreckt, die ihm bei seinem morgendlichen Kontrollgang noch nie in dieser Vielzahl aufgefallen sind ...

So endete bei Sonnenaufgang des 14. Mai 1940 der deutsche Abwehrüberfall auf die Schweiz. –

Ein gleiches Fiasko ließ unter dem Decknamen WEISSDORN Admiral Canaris zur abwehrmäßigen Eroberung Südafrikas inszenieren. Dort sollte ein einziger Mann – der ehemalige burische Boxer Robey Leibbrandt – mit Sprengstoff aus Berlin ein Land unterminieren, das dreieinhalbmal größer war als das Großdeutsche Reich. Ein gut trainierter Abwehragent wie Robey – so hofften die Schreibtischstrategen am Tirpitz-Ufer – würde es mit seiner ungeheuren Boxerkraft schaffen, sich in einem Ring von 473 733 Quadratmeilen Steppe und Urwald völlig allein gegen dreizehn Millionen Menschen durchzusetzen. Als strategisches Ziel hatte man dem Schwergewichtsmeister die Kleinigkeit der »Inszenierung einer Volkserhebung gegen die Engländer« in seinen Schädel gehämmert. Mit diesem Aufstand sollte der innere Zerfall des »dekadenten britischen Weltreiches« beschleunigt werden. Und damit – so rechneten sich auf der Weltkarte die Planer des vermessenen WEISSDORN-Unternehmens schon ihren Erfolg aus – »wäre die Südflanke des Empire militärisch empfindlich geschwächt«.

Zur Propagierung seines erfolgversprechenden Ein-Mann-Feldzuges gegen Südafrika ließ Admiral Canaris vom Transport des Agenten durch den Atlantik sogar einen Schmalfilm drehen, den er zur Veranschaulichung seiner Erfolge im Jahre 1942 stolz noch jedem vorführte, der an seinen verwegenen Aktionen zweifelte. Aber während in Berlin das Abenteuer der gefährlichen Segelbootsfahrt bis zur Küste Südafrikas über die Filmleinwand flimmerte, lag Robey Leibbrandt bereits in Ketten und verbrachte seine Jahre im Gefängnis von Pretoria. In seiner Nähe war der Tod. Und in den vergitterten Käfigen rund um ihn hockten schwarze Gewaltverbrecher, die alle jeweils nur ein paar Tage auf ihr Ende warten mußten.

Diese und weitaus erschütterndere Einzelheiten erfuhr ich von dem Ex-Agenten Robey Leibbrandt selbst, als ich ihn nach dem Kriege – zum Weiterleben begnadigt – nach seiner Haftentlassung in Südafrika gefunden hatte. –

Nach der mißglückten »Eroberung« Afrikas durch Robey Leibbrandt holte Canaris zu seinem großen Schlag gegen Amerika aus. Dort sollten acht seiner verwegenen Agenten – ähnlich wie in der Schweiz – Rüstungsanlagen, Kraftwerke, Brücken und Wolkenkratzer in die Luft jagen; laut krachend, damit die Amerikaner in ihrem eigenen Land endlich zu spüren bekamen, wie hart und unbarmherzig deutsche Abwehrsoldaten zuschlagen konnten.

Der Überfall auf die Vereinigten Staaten begann unter dem Decknamen PASTORIUS am 26. und 27. Mai 1942. In diesen Tagen schlichen zwei deutsche U-Boote – U 202 und U 170 – mit je vier bleichgesichtigen Geheimagenten an Bord nacheinander aus dem Hafen Lorient.

Zwischen ihrer Abfahrt aus dem besetzten Frankreich und ihrer Landung an den Küsten von Florida und Long Island hingen die Akteure des Unternehmens PASTORIUS sechzehn Tage lang seekrank in ihren Kojen und erlebten atemraubende Schleichfahrten unter den Kielen feindlicher Geleitzüge hindurch. Bevor U 202 die amerikanische Ostküste vor Long Island erreichte, zeichnete Georg Dasch, der Führer des Gesamtunternehmens, mit zitternder Hand in das Gästebuch des Bootes noch eine Karikatur von Uncle Sam, in dessen Rücken ein Säbel steckte. Darunter schrieb er die Worte:

»Genau ins Herz!«

So mutig war Georg Dasch noch mit dem Bleistift. Aber schon im nächsten Augenblick packte ihn die Angst vor der fremden Küste, die aus dem klebrigen Dunkel wie ein schlafendes Ungetüm näherkroch.

Leise schabend läuft das Schlauchboot am Ufergrund auf. Vier Gestalten hetzen in langen Sprüngen durch das flache Wasser. Vier Kisten werden nachgeschleppt. In wenigen Minuten ist der Spuk verflogen. Das Schlauchboot dreht ab. Der Nebel verschluckt geflüsterte Wortfetzen: »Auf Wiedersehen! Hals- und Beinbruch!« Und dann springt draußen auf See der Diesel an, und der niedrige Schatten eines U-Bootes verschwindet wieder nach Osten.

Es ist zwei Uhr früh, am 14. Juni 1942. An der Küste von Long Island – wenige Stunden von New York entfernt – streifen Georg Dasch und seine drei Begleiter ihre nassen Uniformen ab, schlüpfen in Zivilkleider und vergraben die schweren Kisten im Sand: Die ersten Deutschen sind in Amerika gelandet! Das konnte vor allem die Küstenwache von Long Island erkennen, als ein paar Stunden später die ersten Strahlen der aufgehenden Sonne auf verdächtige Sandhügel deuteten – Kisten, die mit original deutschen Wehrmachtsklamotten gefüllt waren. Darüber hinaus aber hatten zur besonderen Verschleierung des geheimen Vorhabens in Amerika die Tarnungsspezialisten der Abwehr Zünder und Sprengstoffe in unauffällige Kartons gesteckt, die mit der harmlosen Aufschrift »Wehrmachts-Abreißzünder« unverwechselbar gekennzeichnet waren.

Zur leichteren Auffindung der Sabotage-Utensilien, mit denen Canaris Amerika einen empfindlichen Schlag versetzen wollte, wurde das Stilleben am Strand von Long Island noch mit deutschen Overstolz-Zigaretten und Schnapsflaschen verziert, die – um jegliche Mißdeutung auszuschließen – auch ihrerseits durch das Etikett »Deutscher Weinbrand« stolz auf ihre Herkunft verwiesen.

Um die Amerikaner davon zu überzeugen, daß ihr sonderbarer Fund nicht etwa ein dummer Witz war, rief Georg Dasch, Leiter des Gesamtunternehmens (die Berliner Abwehrpsychologen hatten auch für ihre zweite Agenten-Invasion in den USA wieder den Tüchtigsten und Zuverlässigsten als Führer auserkoren!), achtundvierzig Stunden nach seiner Landung in der amerikanischen FBI-Zentrale an:

»Hier spricht Pastorius. Notieren Sie meinen Namen . . . Franz Daniel Pastorius!« ruft Dasch in seinem New Yorker Hotel noch einmal mit Nachdruck in die Sprechmuschel.

Am 29. Juni 1942 ordnet Präsident Roosevelt das Kriegsgericht gegen die Pastorius-Männer an. Die Angeklagten werden mit einem 250 Seiten starken Geständnis überführt, das ihr Anführer Georg Dasch freimütig abgelegt hatte. In der ersten Augustwoche fallen im schwülen Verhandlungssaal des Distrikt-Gerichtes von Washington acht Schuldsprüche und acht Todesurteile.

Als Dasch und sein Stellvertreter, Ernst Peter Burger, am Morgen des 12. August 1942 durch den langen Gefängnisgang zum Anstaltsdirektor gebracht werden, stehen die Zellen ihrer sechs Kameraden offen. Auf Burgers fragenden Blick nickt sein amerikanischer Wächter:

»... eure Kumpels sind heute früh auf den elektrischen Stuhl gegangen!«

Dasch und Burger gingen – zu lebenslänglichem Zuchthaus beziehungsweise zu dreißig Jahren Gefängnis begnadigt – einen anderen Weg, der sie nach dem Kriege »On provisional liberty« (in bedingter Freiheit!) wieder zurück nach Deutschland führte. Hier in der Heimat aber, wo die Hinterbliebenen seiner sechs Kameraden wohnten, die er den Amerikanern verraten hatte, lebte Dasch fortan mit der Angst. »Franz Daniel Pastorius«, der mit seinen Männern Amerika in die Luft sprengen wollte, hatte sich in Mannheim hinter der Theke eines kleinen Wollgeschäftes verschanzt.

Dort versuchte ich, den Ex-Spion zum erstenmal aus seiner nachkriegsdeutschen Anonymität herauszulocken. Ich nannte ihm das alte Kennwort PASTORIUS...

Bei diesem Namen zuckte Dasch zurück:

»Von mir werden Sie darüber nichts erfahren. Ich bin durch einen Eid gebunden!«

»Die Einzelheiten Ihres Geheimunternehmens interessieren mich weniger. Ich wollte von Ihnen nur hören, ob Sie Ihre Kameraden damals etwa aus Angst verraten haben oder ob vielleicht andere Motive dahintersteckten?«

Als ich von Motiven sprach, hatte ich den Damm seines Schweigens gebrochen. In wirren, abgerissenen Sätzen schüttete mir Georg Dasch jetzt die Scherben seiner Vergangenheit vor die Füße. Im Rausch seiner Rechtfertigung erzählte er mir aus seiner Sicht das Fiasko PASTORIUS. Er wollte sein Gewissen erleichtern. Und als er wieder nüchtern geworden war, merkte er, daß er mir zuviel gesagt hatte, um mir zum Abschied noch zu drohen:

»Wenn Sie nur eine Zeile von mir veröffentlichen . . . Und wenn Sie meinen Namen nennen, dann sprenge ich Ihren ganzen Verlag in die Luft. Überlegen Sie sich das. Ich habe in meinem Leben nichts mehr zu verlieren!«

Rückschauend auf die Ereignisse des Jahres 1942 haben die Sprengladungen des Geheimkommandos PASTORIUS – obwohl sie nie explodierten – erheblich zur Entscheidung des Krieges zugunsten der Alliierten beigetragen. Der Mann aus dem Wollgeschäft in Mannheim, Georg Dasch, hatte seinerzeit – durch die Schlagzeilen der Presse entsprechend dramatisiert – 160 Millionen Amerikaner in Angst versetzt. Die USA erwarteten noch weitere »Nazi-Invasionsverbände«.

In diesem Klima fielen in Washington im Sommer 1942 die Würfel für den Einsatz amerikanischer Truppen auf dem europäischen Kriegsschauplatz. Damit war Sir Winston Churchill gelungen, was er in seiner bedrohten Lage erreichen wollte. Für die Militärhilfe aus Amerika gebührte Admiral Canaris postum nicht zuletzt auch der Dank des englischen Volkes; denn er hatte durch die Inszenierung seines spektakulären PASTORIUS-Unternehmens in Amerika unbeabsichtigt die Feuerwehrsirenen zur Brandeindämmung in Europa aufheulen lassen. –

Um auf der anderen Seite des Erdballes den weitflächigen und undurchdringlichen Orient fest in den Griff zu bekommen, ließ Admiral Canaris unter dem abenteuerlich klingenden Decknamen TIGER eine Aktion starten, die in der internationalen Spionagegeschichte ihresgleichen sucht.

Die Inspiration, Afghanistan und den indischen Dschungel

»abwehrmäßig« zu durchkämmen und spionage- und sabotagefreudige Eingeborene zu deutschen V-Männern zu machen, hatte Canaris gleich zu Kriegsbeginn direkt aus England importiert. Er war von der Idee der Insurgierung indischer Grenzstämme, die ihm der halbjüdische Lepra-Forscher Professor Manfred Oberdörfer aus London mitgebracht hatte, derart fasziniert, daß er dem rassisch Verfolgten sofort einen Winkel auf den Ärmel nähen ließ und ihn als Gefreiten seiner Haustruppe »Regiment Brandenburg« einverleibte. Es gab übrigens viele Juden, die Canaris rettete, wenn sie seiner Abwehr dienlich sein konnten.

Die Idee der »Errichtung einer Lepra-Forschungskommission« zur Bekämpfung des englischen Truppennachschubes aus Indien wurde wie ein ungeschmückter Weihnachtsbaum am Berliner Tirpitz-Ufer aufgestellt. So entstand ein neues Projekt, an dem so lange herumprojektiert wurde, bis man zu guter Letzt nur noch verschwommen erkennen konnte, welchem Zweck das Unternehmen TIGER eigentlich dienen sollte.

Durch die Überladung mit unrealistischem Firlefanz – phantastischen Vorschlägen aus den phantasiebegabten Hirnen deutscher Orientspezialisten – hingen dem armen Baum bereits die Äste zu Boden, noch bevor er von Berlin aus in den Einsatz geschickt wurde. Der Clou jener »hervorragend getarnten wissenschaftlichen Exkursion« in den Orient war ein aus Lettland stammender Schmetterlingssammler, Fred Brandt:

»Dieser Mann«, so erzählte mir der ehemalige Canaris-Intimus Erwin von Lahousen, »konnte mit seinem Fangnetz natürlich ganz harmlos den Schmetterlingen nachlaufen – und dabei unauffällig die Grenzstämme in Afghanistan ausbilden und mit Waffenkontingenten versorgen ...«

Die Aufwiegelung Afghanistans und Westindiens gegen die Engländer erfolgte in der Tat anders, als sich Canaris das vorgestellt hatte. Fred Brandt war verurteilt worden, seine abenteuerliche Abwehrlaufbahn am Ende in fünfundzwanzig Jahresraten sibirischer Gefangenschaft abzuzahlen. Nach vier überstandenen Herzinfarkten berichtete mir der »harmlose Schmetterlingssammler«, wie dem imposanten Abwehr-Luftballon mit dem Tarnetikett TIGER seinerzeit auf höchst einfache und überraschende Weise die Luft ausgegangen war:

»Die ganze Sache war schon verraten gewesen, noch bevor wir in Afghanistan eintrafen. Bereits in Herat, der ersten Stadt im Südwesten des Landes, wurde uns zur persönlichen Sicherheit ein afghanischer Leibwächter zugeteilt, der in den Diensten des englischen Intelligence Service stand. Nach unserem Eintreffen in Kabul hatte uns der dortige italienische Gesandte, der mit einer Russin verheiratet war, einen indischen Oberst zugespielt, der angeblich vor englischen Verfolgern nach Afghanistan geflohen war. Dieser Oberst, der Manfred Oberdörfer zu allen Besprechungen in Kabul begleitet hatte und über unsere Vorhaben genau informiert war, sollte schließlich zu unserem Verhängnis werden.

Dieser Mann lockte uns in eine Falle, in der wir von englischfreundlichen Banditen erbarmungslos zusammengeschossen wurden. Manfred Oberdörfer war durch einen Brust- und einen Bauchschuß am Verbluten. Wir haben ihn dann ins Heck eines afghanischen LKWs gelegt. Dort ist er – mit dem Kopf in meinem Schoß liegend – auf unserer Fahrt nach Kabul gestorben.« –

Stolz setzte Admiral Canaris bei den weltumspannenden Imponierfahrten seines Abwehrschiffes einen Erfolgswimpel nach dem anderen auf den hohen Siegesmast. An Deck wurde gefeiert. Und auf der Kommandobrücke ahnte weder der weißhaarige Kapitän noch sein Abw.-I-Chef Hans Piekenbrock – und schon gar nicht der aus Österreich stammende Sabotageboß Erwin von Lahousen –, daß ihr altes Schiff bereits 1941/42 an allen Seiten von Holzwürmern angefressen war und jeden Augenblick zu sinken drohte. Ihre Funkzeichen, die sie von Bord aus in alle Welt sendeten, wurden von den Engländern aufgefangen und entschlüsselt, so daß man in London seit dem 24. Dezember 1941 über die Kursänderungen des inzwischen morsch gewordenen Abwehrkahnes jeweils im vorhinein orientiert war.

Wulf Dietrich Schmidt war sozusagen einer der fleißigsten Würmer, der für die westlichen Alliierten ein besonders großes Loch in den Kahn des deutschen Geheimdienstes hineingebohrt hatte. Der Canarissche Abwehrapparat – und damit das OKW – war aber auch an seiner Ostseite leck geworden. Durch dieses Leck gelangte das Berliner Ehepaar Harnack – als Repräsentant der berühmten »Roten Kapelle« – mit Hilfe eines ahnungslosen Mittelsmannes direkt an die Quelle geheimer Informationen und wichtiger Entscheidungen der Abwehrzentrale am Tirpitz-Ufer.

Der wertvolle Mittelsmann war Oberleutnant Gollnow. Unter Admiral Canaris war er für die luftwaffentechnische Betreuung von Agenteneinsätzen verantwortlich, die vornehmlich von der »Sonderstaffel Gartenfeld« tief im feindlichen Hinterland durchgeführt wurden.

Dieser Oberleutnant Gollnow hatte bei Frau Harnack in Abendkursen nicht nur ihre Englischstunden, sondern als heißer Liebhaber zwischendurch auch ihr Bett belegt. Dort beruhigte der seinem Führer treu ergebene Abwehroffizier seine Geliebte, sie möge sich um den deutschen Endsieg keine Sorgen machen. Er sitze an der Quelle und wisse genau, welche großen Dinge vorbereitet würden, um den Gegner in die Knie zu zwingen.

Die neben Gollnow liegende Spionin der »Roten Kapelle« war aber erst vollends zufrieden, wenn sie Konkretes über die siegbringenden Einsätze der »Sonderstaffel Gartenfeld« erfahren hatte. Somit war durch ihr Berliner Bettgeflüster Moskau über die meisten Agenten-Operationen schon im Stadium ihrer Vorbereitung informiert. Wenn Hauptmann Gartenfeld mit seinen Agenten-Taxis zu irgendeinem Einsatz startete, wußten die Russen genau, wohin es ging. Oberleutnant Gollnow war auch mit dem Absetzungsmanöver von Spionen über England beschäftigt. Durch seine besondere Position in der Berliner Nervenzentrale war er für Moskau zu einer wichtigen westöstlichen Schaltstelle geworden.

Durch die »luftwaffentechnische Betreuung« von Agentenflügen in Richtung England auf der einen und Rußland auf der anderen Seite war Gollnow auch zu einem Bindeglied zwischen Wulf Dietrich Schmidt und dessen Bruder Kai geworden. Nachdem er Wulf Dietrich Schmidt 1940 wohlbehalten über den Kanal nach England hatte transportieren lassen, dirigierte er zwei Jahre später dessen Bruder, Flugzeugführer Kai Schmidt, mit seiner Ju 52 über ein einsames Tal des nächtlichen Kaukasus, tief im Rücken des Feindes. Dieser Flug wäre Kai Schmidt beinahe zum Verhängnis geworden. Zum Glück konnte er damals über den mondbeschienenen Nebelfeldern, die über dem Kaukasus hingen, mit seinem Flugzeug noch eine große Schleife ziehen, die ihn wieder auf Heimatkurs brachte. Dadurch ist ihm das Schicksal der »kaukasischen Adler« erspart geblieben, die am 25. August 1942 mit Fallschirmen über den Dörfern Tschischki und Datschu-Barsoi aus den Absetzmaschinen gesprungen waren.

Das Unternehmen, dem Kai Schmidt zusammen mit anderen Maschinen der »Sonderstaffel Gartenfeld« Transporthilfe leistete, lief unter dem Decknamen SCHAMIL. Der Plan, »den Kaukasus in Aufstand zu versetzen, um ihn nach der Apfelsinen-Theorie aus dem sowjetrussischen Verband herauszubrechen«, klang, von Berlin aus gesehen, plausibel und verhältnismäßig problemlos. Die Durchführung dieses Planes aber – sie sollte sich letztlich auf die Sicherung der Ölfelder von Maikop und Grosny konzentrieren – war verheerend.

Von der Kompanie einsatzfreudiger Kaukasier, die mit drei Dutzend deutschen, hauptsächlich Südtiroler Unterführern über ihren Einsatzräumen abgesprungen waren, erreichten nur fünf Überlebende nach vielen Monaten auf getrennten Irrwegen völlig erschöpft wieder die deutschen Linien.

Zwei dieser Männer – der Leiter des Unternehmens, Oberleutnant Kurt Lange, und sein Unterführer Hans Putzer – berichteten mir in tagelangen Gesprächen, wie die ambitionierte Abwehraktion zur Sprengung des russischen Reiches, das auf der Landkarte so klein aussah, endete. Oberleutnant Kurt Lange flog mit zwanzig Kaukasiern und zwölf deutschen Unterführern in der Führungsmaschine. Vor seinem Absprung hatte ihm der Absetzleiter Hauptmann Edmund Gartenfeld noch einmal die Hand gedrückt und ihm bei gedrosselten Motoren »Alles Gute« gewünscht. Gartenfeld hatte seit der Absetzung von Wulf Dietrich Schmidt über England inzwischen gelernt, die Abschiedsprozedur seiner Agenten wie einen geübten Handgriff am Fließband zu vollziehen. Erst vor drei Monaten war über St. Albans Karl Richter mit seinen zwei Segensworten »Alles Gute« ins Verderben gesprungen. Jetzt war Kurt Lange mit seinen kaukasischen Freiwilligen an der Reihe:

»Ich hatte beim OKW vorsorglich hinterlassen, meinen Eltern automatisch alle sechs Wochen eine Karte zu schreiben, daß Nachricht von mir vorläge. Mein Bruder war nämlich kurz vorher gefallen, und ich wollte meiner Mutter unnötige Belastungen ersparen . . .«

Das war die einzige Vorkehrung, die Oberleutnant Lange für den Wenn-Fall noch mit seinen Berliner Führungsoffizieren vereinbart hatte.

In der Vorstellung Hans Putzers aber, der in einer der Begleitmaschinen saß, gab es kein Wenn. Sein Tiroler Gemüt kannte nur das Leben. Er würde durchkommen:

»Es war ein schönes Bild, als wir – wie eine herrliche lange Perlenkette – mit unseren Fallschirmen am Himmel hingen. Ein eigenartiges Mondlicht beleuchtete eine Ortschaft, die weit unter uns lag und noch tief zu schlafen schien. Jeder hatte seine Maschinenpistole an der Brust – und für den äußersten Notfall eine Selbstmord-Zyankalikapsel in der Tasche . . . Als wir ein paar hundert Meter über der Ortschaft waren und schon die Bodenwärme spüren konnten, ging da unten mit einem Schlag plötzlich ein unvorstellbarer Feuerzauber los. Leuchtspurmunition hämmerte aus allen Ecken zu uns herauf. Die Kugeln pfiffen uns um die Ohren und durchlöcherten unsere Fallschirme. Dadurch schwebten wir, immer schneller werdend, direkt auf die Mündungsfeuer der Maschinengewehre zu. Zwei Kompanien einer russischen Eliteeinheit hatten uns erwartet . . .«

Die Hintergründe dieser Katastrophe offenbarten sich wenig später in Berlin. Das Bettgeflüster des Oberleutnants Gollnow, mit dem er nach den abendlichen Englischstunden im Hause der Harnacks seiner Geliebten imponieren wollte, hatte sein tödliches Echo in ein paar weit entfernten einsamen Tälern des Kaukasus gefunden. Oberleutnant Gollnow wurde vom Kriegsgericht wegen »militärischen Ungehorsams« zum Tode verurteilt und 1943 hingerichtet. Da er nach dem Urteil seiner Richter keinen vorsätzlichen Landesverrat verübt hatte, wurde ihm die Annehmlichkeit zuteil, nicht am Galgen gehenkt, sondern auf humanere Art erschossen zu werden.

Jene Männer, die ihr Leben unversehrt oder angeschossen aus dem kaukasischen Kugelregen retten konnten, wurden nach ihrer Rückkehr in Berlin mit Orden ausgezeichnet. Diese Ordensverleihung am 21. Januar 1943 war – wie es sich heute zeigt – eine der konfliktreichsten Stunden in der Geschichte der deutschen Abwehr, in der das Gewissen eines bestimmten Mannes auf besondere Weise strapaziert worden war:

Während Oberleutnant Gollnow, der wegen fahrlässiger Preisgabe militärischer Geheimnisse an den östlichen Gegner im Gefängnis auf seine Hinrichtung wartete, legte ausgerechnet der inzwischen zum General avancierte Hans Oster, der im Mai 1940 ein Gleiches getan hatte – indem er vorsätzlich den Start deutscher militärischer Operationen gegen den Westen seinem holländischen Militärattaché-Freund Sas verriet –, Kurt Lange das Ritterkreuz um den Hals, »das ihm« – wie es im geheimen Kriegstagebuch der Abwehrabteilung II (Sabotage) vermerkt ist – »am 15. Januar 1943 vom Führer verliehen ist«.

Das Kriegsjahr 1943 begann auf deutscher Seite mit »Stalingrad«. Im Frühjahr kapitulierten in Tunesien die Reste des einst so erfolgreichen deutschen Afrika-Korps. Der letzte Befehlshaber dieser Truppe, General von Arnim, wanderte mit einer tröstlichen Botschaft seines Führers am 13. Mai 1943 in englische Gefangenschaft:

»Der letzte Einsatz – die Haltung Ihrer Truppen werden ein Vorbild für die gesamte Wehrmacht des Großdeutschen Reiches sein.«

Mit der Zerschlagung des letzten deutschen Widerstandes in Nordafrika war die Startbasis der alliierten Invasions-Armada für die Besetzung Siziliens geebnet. Der Sprung über das Mittelmeer zur Bildung des ersten Brückenkopfes in Europa sollte am 10. Juli 1943 drei Stunden nach Mitternacht erfolgen. Admiral Sir Andrew Cunningham, für den Einsatz von 3266 Landungsschiffen verantwortlich, hatte vor dem entscheidenden Aufbruch zur Eroberung des noch von Hitler beherrschten Europa die strategischen Ziele der Alliierten-Invasion umrissen:

»Unsere vordringlichste Aufgabe besteht darin, die Landung dieser riesigen Expedition in kürzester Zeit zu bewerkstelligen und in der Folge den unbarmherzigen Vorstoß unserer Heeres- und Luftwaffenverbände ins Feindesland hinein zu gewährleisten. Um dieses Ziel zu erreichen, müssen und sollten große Risiken in Kauf genommen werden.«

Um diese Risiken herabzumindern, hatten sich in London abermals einfallsreiche Täuschungsspezialisten ans Schachbrett gesetzt, um ein effektvolles Ablenkungsmanöver zu inszenieren. Mit welchen derjenigen Figuren, die sich in den vergangenen drei Jahren im großen Täuschungsspiel gegen die Deutschen bewährt hatten, konnte man jetzt im Rahmen der bevorstehenden Landung in Sizilien operieren? Welche Doppelagenten könnten die Deutschen von dem tatsächlichen Invasionsziel ablenken, damit Hitler den Alliierten-Angriff auf den europäischen Kontinent nicht in Sizilien, sondern in Griechenland erwartete?

Wulf Dietrich Schmidt, der sich zu Anfang des Krieges durch seine »wertvollen Meldungen« über Geleitzugbewegungen im Kanal und seine aufsehenerregenden geheimen Verminungspläne der englischen Küstengebiete gerade bei den deutschen Seekriegsplanern beliebt gemacht hatte, wäre an sich das geeignetste Sprachrohr für ein Ablenkungsmanöver im Mittelmeerraum gewesen. Aber die Schmidt-Figur durfte jetzt unter keinen Umständen zum Zuge kommen. Auch die anderen Doppelagenten JEFF, MUTT und DRAGONFLY wurden vorübergehend auf Eis gelegt. Denn das OKW hatte offenbar spätestens nach der Eisenhowerschen Überraschungsinvasion in Französisch-Nordwestafrika am 8. November 1942 das »skandinavische Gespenst« ihres norwegischen Agenten-Duos als Täuschungstrick entlarvt. Mit gleicher Wahrscheinlichkeit war zu befürchten, daß auch der Weinhändler DRAGONFLY und Wulf Dietrich Schmidt durch ihre verstärkten Landungshinweise auf die französische Nordküste bei den »Partnern« in Berlin in Mißkredit geraten waren. Deshalb spielte London für die geplante Landung in Sizilien jetzt den Trick mit der Leiche aus, die ein spanischer Fischer am Morgen des 30. April 1943 vor der Küste von Huelva – rücklings auf dem Wasser treibend – entdeckte . . .

Dieses makabre Geheimunternehmen mit dem Decknamen MINCEMEAT ist den Kinogängern nach dem Kriege in aller Welt imponierend und spannend vor Augen geführt worden: Da wurde aus dem Kühlraum eines Londoner Krankenhauses zunächst eine passende Leiche herausgesucht, die nach Alter und Aussehen auch in leblosem Zustand noch einen englischen Major mimen konnte. Dann wurde der bleiche Kadaver nach bewährtem Krimiklischee in eine Offiziersuniform hineingepfercht und – derart maskiert – in einen wasserdichten Container gelegt.

Nach genauen Berechnungen der Meeresströmungen vor Huelva sollte die Leiche im Bauch eines alliierten U-Bootes durch das Nadelöhr von Gibraltar geschmuggelt und vor der spanischen Küste den sanften Wellen übergeben werden, die sie ihrerseits weiter an den Strand schaukeln sollten. Der Mann, den sie zur Erfüllung seiner strategisch wichtigen Mission aus dem Blechkanister hievten und ins Wasser warfen, hatte neben Liebesbriefen und Kinobillets natürlich und vor allem seine Personalpapiere bei sich, die ihn als Major W. Martin vom Hauptquartier der Combined Operations auswiesen.

Major Martin war – und das sollte die besondere Wachsamkeit des deutschen Abwehr-Postens von Huelva zu sofortigem Handeln beflügeln – persönlicher Verbindungsoffizier des Chefs der Combined Operations, Lord Louis Mountbatten. Der geheime Bote aus London – so sollte es den Anschein erwecken – war bei seinem Kurierflug nach Nordafrika mit Most-Secret-Papieren abgestürzt, die für General Alexander und Admiral Cunningham bestimmt gewesen waren.

Aus diesen geheimen Papieren sollten die Deutschen so viel erfahren, daß der alliierte Hauptangriff definitiv im östlichen Mittelmeer mit Stoßrichtung auf Griechenland erfolgen würde. Um den Überraschungseffekt dieser gewaltigen Operation zu gewährleisten, war kurz vorher ein Scheinangriff auf Sizilien erforderlich!

Damit die Deutschen diese in London fabrizierten Mitteilungen auch ernst nahmen und die Papiere nicht im Meer versinken konnten, hatte man die mit einer aufgeblasenen Schwimmweste versehene Leiche des Majors Martin abreißfest an die Kuriertasche gekettet.

Das Unternehmen MINCEMEAT war ein Meisterstück geheimdienstlich-technischer Perfektion vom Kragenknopf des Majors Martin bis hin zur Fabrizierung der irreführenden Briefe, die Lord Louis Mountbatten mit eigener Hand unterschrieben hatte. Diese Perfektion kam natürlich nicht von ungefähr, sondern war das Resultat sorgfältigster Überlegungen und Planungen:

Die erste Übung, bei der man in gleich zufälliger Weise den Deutschen falsche Most-Secret-Papiere in die Hände spielte, war unter Lord Louis Mountbatten bereits anläßlich seines Dieppe-Unternehmens exerziert worden. Dort fiel während eines Seegefechtes – zufällig an der französischen Küste – einem britischen Offizier zufällig eine Tasche über Bord, in der zufälligerweise Geheimdokumente über eine Invasion in Norwegen steckten. Zufällig war auch in den an die französische Küste geschwemmten Geheimpapieren – wie später auch im Falle des Unternehmens MINCEMEAT – die Rede von einer vorher zu inszenierenden Täuschungsoperation im Golf von Biskaya.

Auch beim nächsten Invasionsunternehmen am 8. November 1942 in Französisch-Nordwestafrika spielten ominöse Geheimdokumente eine bisher ungeklärte Rolle. Hier wurde die Leiche eines abgeschossenen britischen Kurieroffiziers ebenfalls wie zufällig bei Cadiz an die südspanische Küste geschwemmt. In der Brusttasche befanden sich geheime Mitteilungen über das bevorstehende Eisenhowersche Landeunternehmen TORCH. Der Bericht, in dem ein vollkommen falsches Angriffsdatum genannt wurde, war angeblich für den Festungskommandanten von Gibraltar, General Mason-Macfarlane, bestimmt.

Wenn dreimal hintereinander – jeweils vor großangelegten Lande-Operationen – in gleicher Weise hochbrisante Geheimdokumente wie zufällig an Land schwimmen, ist es nicht verwunderlich, daß sich der erhoffte Erfolg des Unternehmens MINCEMEAT in weitaus größerem Maße erst nach Kriegsende einstellte. Der große Sieg von MINCEMEAT wurde ein Jahrzehnt nach der damals erfolgten Sizilien-Landung in den plüschgepolsterten Kinosälen noch einmal gefeiert, als der Film »The Man Who Never Was« die Zuschauer in Atem hielt. Gerade für diesen Zweck stellte die ausgetüftelte Originalidee mit der Leiche von Huelva eine ideale Drehvorlage dar.

Dennoch: »Obwohl wir die Echtheit der erbeuteten Dokumente an sich nie bezweifelt hatten, wurden unsere seinerzeitigen militärischen Operationen aber« – wie mir der ehemalige Chef der Abteilung Landesverteidigung im OKW, General Walter Warlimont, bestätigte – »durch das Unternehmen MINCEMEAT mit Sicherheit nicht beeinflußt.«

Unter der Mitarbeit versierter Kriminalschriftsteller, Theaterkritiker und Journalisten war es für den Intelligence Service ein leichtes, Brieffälschungen und Dokumente zu fabrizieren, die der deutsche Gegner für echt halten mußte. Bei den geheimdienstlichen Vorübungen für die spätere Alliierten-Invasion in der Normandie hatte es sich aber gezeigt, daß die Schwierigkeiten weniger in der Fabrizierung als vielmehr in der Plazierung solcher Most-Secret-Schriftstücke lagen. Der tote Geheimkurier Major W. Martin hatte – wie man sich erinnern wird – dieses Problem zumindest im Film unverdächtig gemeistert.

Bei meinen eigenen Recherchen aber bin ich auf einen anderen britischen Geheimkurier gestoßen, der den Deutschen fünf Most-Secret-Schreiben »On His Majesty's Service« wesentlich schneller und unkomplizierter in die Hände spielte, als dies durch eine umständliche Prozedur wie MINCEMEAT geschehen war.

Über diese Aktion gibt es freilich keinen Film. Die genauen und letzten Details der Geschichte sind bis heute nicht einmal mündlich fixiert worden; denn es gab nur zwei Männer, die ihren geheimen Handel kannten, dem rund tausend französische Widerstandskämpfer schließlich zum Opfer fallen sollten. Einer dieser beiden Verschwörer – ein Österreicher namens Fleischmann alias Fonseca – war mit vier Empfehlungs- und einem Erkennungsschreiben des englischen Geheimdienstes von Lissabon nach Paris gereist. Auf den Briefen waren im Klartext Namen und Adressen der Führer von vier besonders aktiven Widerstandsgruppen in Frankreich vermerkt. Der fünfte Brief sollte Fleischmanns Vertrauten legitimieren, um »On His Majesty's Service« mit den patriotischen Widerständlern in Verbindung treten zu können.

Die Wahl seines Vertrauten fiel auf den Sonderführer der deutschen Gegenspionage Andreas Folmer, der mir – zum Tode verurteilt und zu langjähriger Gefängnisstrafe begnadigt – nach seiner Freilassung Stück für Stück jene Geschäftsbedingungen anvertraute, unter denen ihm der britische Geheimkurier aus Lissabon die tödlichen Empfehlungsschreiben ausgehändigt hatte:

»Der Mann verlangte für die Preisgabe der Adressen den Gegenwert seines Vermögens, das ihm nach seiner Flucht aus Österreich die Nazis beschlagnahmt hatten. Den Wert dieses Vermögens bezifferte er mit anderthalb Millionen Schilling, die ich ihm nach Abschluß des Falles PORTO – wie wir die Festnahme von rund eintausend Franzosen nannten – in amerikanischen Dollar in Madrid ausbezahlte.«

Fünf Briefe in einer Tasche ... So einfach und leichtfertig wurden durch ein paar Empfehlungsschreiben des britischen Geheimdienstes am 9. Oktober 1941 für 962 Franzosen die Tore in deutsche Konzentrationslager geöffnet.

Mit der gleichen Leichtfertigkeit, mit der den Deutschen in Lissabon die Geheimadressen französischer Widerstandsnester in die Hände gespielt worden waren, gefährdete der britische Intelligence Service durch schlecht gemachte Ausweispapiere auch seinen gesamten Agentenapparat in Holland. Hier gelang den beiden deutschen Geheimdienstprofis Abwehrmajor Giskes und Kriminaldirektor Josef Schreieder die Inszenierung einer gegen England gerichteten Täuschungsaktion, die selbst dem amerikanischen Geheimdienstchef Allen Dulles fachmännischen Respekt abforderte:

»... Eine der erfolgreichsten Geheimdienst-Operationen aller Zeiten war ohne Zweifel das Funkspiel NORDPOL der deutschen Gegenspionage.«

Im Glauben, mit seinen tüchtigen holländischen Agenten in Verbindung zu stehen, betrieb der englische Geheimdienst eineinhalb Jahre hindurch insgesamt achtzehn illegale Funklinien, die auf der anderen Seite von Männern des deutschen Nachrichtendienstes bedient wurden.

Während im unerkannten direkten Gegenverkehr die Engländer lediglich mit Wulf Dietrich Schmidt und einem halben Dutzend weiterer »umgedrehter« Spione operierten, waren Schreieder und Giskes nicht weniger als 54 englische und holländische Agenten in die Falle gegangen. Überdies hatten die Deutschen ihre Gegner zu fünfundneunzig Nachschubflügen verleitet, bei denen 570 Container und 150 Pakete abgeworfen wurden. Generös hatten auch die Engländer mit 500 000 Gulden und einer Menge Devisen die Bemühungen Giskes' und Schreieders honoriert.

Die geheimen deutschen Funkverbindungen nach London waren derart gut getarnt, daß selbst die nach England geflüchtete holländische Königin über diese Linien geheime Botschaften an ihre Patrioten in der Heimat übermitteln ließ. –

So schön und imposant diese Dinge auch klingen mögen: Die sogenannten Spionage-Erfolge sind in den meisten Fällen launische Kinder des Zufalls. Der amerikanische »Sieg« über den gesamten deutschen Agenten-Apparat im Jahre 1940 bedurfte eines Gegners von besonderer Einfältigkeit, den der US-Geheimdienst in der Person des deutschen Majors Nikolaus Ritter gefunden hatte.

Der »Sieg« des Doublecross-Committee in London fiel den Engländern in Gestalt der labilen Person eines Wulf Dietrich Schmidt aus dem dunklen Himmel direkt in den Schoß.

Den nächstgrößeren amerikanischen Verteidigungserfolg an der geheimen Front hatte der FBI-Chef Edgar Hoover einem Mann namens Georg Dasch zu verdanken, an dessen plötzliches Erscheinen in den USA zunächst kein Mensch glauben wollte. Georg Dasch mußte sich mit seinem Köfferchen – gefüllt mit 200 000 Dollar – höchstpersönlich dem FBI-Hauptquartier in Washington förmlich aufdrängen, um zu beweisen: Hier bin ich – wir Deutschen sind in der Tat bei euch gelandet!

Den Erfolg ihres Falles CICERO hatten die Deutschen dem tiefen Schlaf des britischen Botschafters Sir Hughe Knatchbull-Hugessen zu verdanken sowie dem Umstand, daß in den von Kammerdiener Bazna fotografierten Akten halbwegs wichtige Mitteilungen vermerkt waren. Neuerdings wird aber auch dieser »legendäre deutsche Spionageerfolg« angezweifelt. Denn wie mir der britische Historiker Professor Hugh Trevor-Roper am 16. 1. 1976 in Oxford verriet – »haben wir mit Hilfe der von uns nachgebauten Dechiffriermaschine ENIGMA die CICERO-Meldungen aus Ankara von Anfang an entschlüsselt und mitgelesen«. Schmunzelnd fügte Professor Trevor-Roper hinzu: »Es ist durchaus möglich, daß wir CICERO in seiner letzten Phase sogar zur Täuschung der Deutschen benutzt haben.«

Einem anderen »größten Spion des Zweiten Weltkrieges« – Dusko Popov alias IWAN alias TRICYCLE – konnte der Einbruch in den deutschen Abwehr-Apparat hauptsächlich deshalb gelingen, weil sein »schärfster Gegner« in Lissabon gar nicht so scharf war, wie es aus der Entfernung den Anschein hatte. Albert von Karsthof war alles andere als hart und bissig. Anstatt seine volle Aufmerksamkeit auf die Abwehr feindlicher Spione zu konzentrieren, schien er sich viel mehr um seine junge Geliebte und das Wohlergehen seines Äffchens Simon gekümmert zu haben.

Und was bedeutete in diesem Sinne das in Holland gestartete Unternehmen NORDPOL, das Allen Dulles als »eine der erfolgreichsten Geheimdienst-Operationen aller Zeiten« bezeichnete? – oder die man im umgekehrten Sinne auch »die blamabelste Geheimdienstpleite aller Zeiten« nennen könnte . . . es sei denn, die massive englische Agenteninvasion in Holland hätte einem ganz anderen Ziel gegolten, etwa dem der Täuschung? Vielleicht wollte man britischerseits (was man nicht gern zugeben würde) unter den gleichen Vorzeichen wie im »Fall Dieppe« vornehmlich Alarmstimmung erzeugen, um deutsche Truppenkontingente an der Kanalküste zu binden? Es spricht fast alles dafür und wenig dagegen:

Hatte die »Londoner Leitstelle« über einen Zeitraum von nahezu zwei Jahren wirklich nie gemerkt, daß ihre in Holland abgesetzten 54 Funker und Saboteure nicht an ihren zugewiesenen Einsatzorten operierten, sondern allesamt von den Deutschen eingesperrt waren? War es den Engländern wirklich nicht aufgefallen, daß von 15 200 Kilogramm abgeworfenem Sprengstoff nicht einmal ein Kilogramm explodierte? War es ihnen wirklich entgangen, daß von 8000 abgeworfenen Handfeuerwaffen nicht *eine* Pistole in die

Hände der holländischen Widerstandskämpfer gelangte? – daß von 300 Maschinengewehren nicht ein einziges jemals zu knattern begann? – und von 500 000 Patronen kein Schuß zu hören war?

Diese imposanten Zahlen, die den größten »Abwehrerfolg« des vergangenen Krieges bedeuteten, beinhalteten ein tödliches Geheimnis: Die Vielzahl holländischer Agentenleben, die von den Alliierten in dem dubiosen Geheimdienst-Spiel plötzlich riskiert wurde, gehörte (wenn man an die Koordinierung militärischer Vorhaben glaubt) – wie mir scheint – bereits zum zweiten Teil jener Täuschungsoperationen, die den Deutschen eine beabsichtigte Alliierten-Invasion in Holland vorgaukelten, um am 6. Juni 1944 an einer völlig anderen Stelle, nämlich in der Normandie, zu landen.

Am Silvesterabend 1943 blickten die Deutschen noch einmal auf Stalingrad zurück und baten inbrünstig darum, daß ihnen das neue Jahr nicht noch Schlimmeres bringen möge. Was 1944 an einer bestimmten Stelle der langgezogenen deutschen Westfront auf das Dritte Reich zukommen sollte, verteilte sich – um den ungeheuren militärischen Einsatz nicht sichtbar werden zu lassen – zunächst über die ganze englische Insel. Diese Macht sollte sich erst unmittelbar vor dem geheimgehaltenen Invasionstermin an der Südküste Englands für den entscheidenden Überfall auf die in Nordfrankreich konzentrierten deutschen Truppen zusammenballen und sich zur gewaltigsten militärischen Operation der Menschheitsgeschichte entwickeln:

12 Millionen alliierte Soldaten standen für den Vernichtungsangriff auf Deutschland bereit. Die »kleine Vorhut« von 200 000 Mann wird einen ersten Brückenkopf an der französischen Kanalküste bilden. Dieser Brückenkopf soll, nach den Operationsplänen des Oberkommandos der Alliierten-Streitkräfte, durch weitere 90 000 Soldaten mit 19 000 Fahrzeugen verstärkt werden. Den Transport der ersten beiden Landungswellen werden rund 5000 Schiffe, über 1000 Transportflugzeuge und 800 Lastensegler gewährleisten. Allein zur Luftabschirmung der Invasion sind 10 000 schwere Bomber

und Jagdflugzeuge vorgesehen. Für den Flankenschutz während der Kanalüberquerung dieser gewaltigsten Kampf-Armada aller Zeiten sollten 12 000 alliierte Kriegsschiffe eingesetzt werden.

Die Deutschen, denen das Ausmaß ihrer Bedrohung verborgen geblieben war, konnten in unerträglicher Ungewißheit nur noch ahnen, rätseln und fürchten. In ihrer Ausweglosigkeit kamen ihnen paradoxerweise vorübergehend die Erfahrungen des Landeunternehmens bei Dieppe zugute, »aus denen die Alliierten wertvolle Erkenntnisse für ihre Invasion in der Normandie gewinnen konnten«. Es zeigte sich nun, daß die verlustreiche Test-Invasion bei Dieppe nicht nur den Alliierten offenbart hatte, wie die deutsche Verteidigung im entscheidenden Ernstfall reagieren würde. Der Angriff auf Dieppe hatte, umgekehrt, in noch stärkerem Maße auch dem Oberkommando der Wehrmacht gezeigt, welche Taktik die feindlichen Invasoren bei ihrer Landung auf dem Kontinent anwenden würden.

Wulf Schmidts
Gongschlag zur letzten Runde

Wulf Dietrich Schmidt war dazu auserkoren, am 16. Januar 1944 die Hiobsbotschaft nach Hamburg-Wohldorf zu funken, die für Deutschland und die Welt den Gongschlag zum Start der letzten Runde des Krieges bedeuten sollte. Was in diesen Tagen in England als größtes Geheimnis gehütet worden war, durfte ausgerechnet er, der »Abwehragent 3725«, auf seiner Direktverbindung nach Deutschland dem Oberkommando der Wehrmacht bekanntgeben:

Der Oberbefehlshaber der Alliierten-Streitkräfte, US-General Dwight D. Eisenhower, sei am 15. Januar bei Nacht und dichtem Nebel in London eingetroffen. Er hat den Sonderzug, der auf ein Nebengleis bei Primrose Hill rangiert worden ist, um Mitternacht verlassen und ist von dort aus mit einer amerikanischen Generalstabs-Limousine in sein Quartier Hayes Lodge in Mayfair weitergefahren.

Und noch eine weitere Meldung beunruhigte das deutsche Oberkommando am 28. Januar 1944: »Eisenhower hat mit einer Gruppe von Generalen die Invasionstruppen besichtigt – und zwar das Lager für Panzertruppen Pettersfield sowie die Lager in der Umgegend Guildford und Horsham. Anschließend sind weitere Lager bei Salisbury und Exeter besucht worden.«

Bevor die Doublecross-Regisseure Wulf Dietrich Schmidt den Text zur Funkübermittlung an die Hamburger Abwehrstelle neben sein Afu-Gerät legten, hatten sie die Erfolgschancen ihrer nächsten Täuschungsoperationen aufs sorgfältigste geprüft. Die Figuren, mit denen sie die deutsche Abwehr in der letzten Phase ihres geheimen Kampfes schachmatt setzen wollten, waren nach allen möglichen

Gesichtspunkten durchleuchtet und ihre strategischen Züge zur Irreführung des Gegners vorausberechnet worden.

Die Ziele der folgenden Doublecross-Aktionen bestanden im wesentlichen darin, die Deutschen zunächst glauben zu machen,

– daß der Hauptschlag zur Vernichtung des Dritten Reiches im Zusammenwirken mit sowjetrussischen Verbänden von Osten her erfolgen würde;

– daß die umfangreichen Invasionsvorbereitungen noch lange nicht abgeschlossen seien. Der Angriff würde »mit Sicherheit« erst zu einem viel späteren Zeitpunkt als dem 6. Juni 1944 stattfinden;

– daß sich die Strategen im Oberkommando der Alliierten-Streitkräfte über das eigentliche Landungsziel angeblich nicht einigen könnten. Dadurch sollten sich die Spekulationen der deutschen Gegenspieler zunächst auf den Golf von Biskaya, auf Norwegen oder auf die holländische Küste (mit dem kürzesten Weg nach Norddeutschland) konzentrieren.

– Die vierte und wichtigste Täuschungsaktion sollte kurz vor dem eigentlichen Beginn der Invasion zum Tragen kommen, um die deutschen Verteidiger im entscheidenden Moment in die falsche Ecke ihres »Tores« zu locken. Hitler sollte durch Hunderte von geheimen Sprachrohren die Meinung suggeriert werden, daß der erste Angriff – der später de facto in der Normandie erfolgte – nur ein Ablenkungsgefecht sei und der eigentliche Hauptstoß auf den europäischen Kontinent im Raum von Calais erfolgen würde.

Das waren die vier tödlichen Pillen, die man Admiral Canaris als vermeintliche lebensrettende Medikamente verabreichen wollte. Er sollte sodann – wie die Alliierten kalkulierten – diese Pillen Adolf Hitler auf die Zunge legen. Und Hitler wiederum sollte sich an dieser Medizin aus London gründlich verschlucken.

So gingen also nach einer alten chinesischen Weisheit – von Mao Tse-tung neu formuliert – die alliierten Täuschungsspezialisten an ihr letztes Werk, worauf sie sich drei Jahre lang vorbereitet hatten:

»Indem man alle Arten von Täuschung anwendet, ist es oft

möglich, den Feind dazu zu bringen, daß er falsch urteilt und zu falschen Maßnahmen greift; so raubt man ihm seine Überlegenheit und die Initiative.«

Für die deutsche Funküberwachung mit ihren hervorragend arbeitenden Horchposten wurden von ein paar Engländern Tag und Nacht Tausende von Befehlen und Anfragen in den Äther gesendet. Dieser wie von einem Orchester durcheinander, hin und her und drunter und drüber gespielte Funkverkehr sollte die Stationierung und Verlegung von nicht vorhandenen alliierten Divisionen vortäuschen. Generale wurden von A nach B versetzt. Skibindungen wurden für eine nicht existierende norwegische Spezialeinheit angefordert, wodurch wiederum eine Landung in Skandinavien ins deutsche Strategengespräch gebracht werden sollte.

Um Hitlers Augenmerk immer mehr auf Calais zu lenken, wurden für die Aufklärungsmaschinen der deutschen Luftwaffe auf der gegenüberliegenden Seite des Kanals Panzer- und Fahrzeugattrappen aufgestellt – und in den Flußmündungen von Ost-Anglia gingen für die deutschen Luftbildkameras alte, kaputte Truppentransporter vor Anker.

Auf dem geheimdienstlichen Schachbrett rückten die angloamerikanischen Spieler ihre Figuren in die Entscheidungsposition. Und damit das in vielen Jahren mühselig und umsichtig geknüpfte Doublecross-Netz nicht im letzten Stadium durch Unvorsichtigkeit an irgendeiner Stelle riß, wurden zur Einkreisung des Gegners nur noch die wertvollsten und sichersten Doppelagenten eingesetzt.

An oberster Stelle der sogenannten Funkagenten rangierte Wulf Dietrich Schmidt, der bei der Abwehr offensichtlich das größte Vertrauen genoß. Ihm folgte ein von der Abwehrstelle Madrid engagierter Spion, den die Engländer GARBO nannten. Gerade dieser Agent hatte sich anscheinend den Vorwurf zu Herzen genommen, den Dr. Kurt Georg Kiesinger – damaliger Verbindungsmann zwischen dem Auswärtigen Amt und dem Goebbelsschen Propagandaministerium und späterer deutscher Bundeskanzler – »im

Verlauf der Frühbesprechung« kritisch in eine Debatte geworfen hatte, als es für Deutschland bereits zu spät war:

... es sei fast nicht zu glauben und stelle eine Unmöglichkeit dar, daß man deutscherseits fast keine Verbindungen nach England besitze ... In dieser immerhin auch kriegsentscheidenden Frage dürften somit alle Stellen versagt haben ... Es muß doch möglich sein, geeignete Personen zu finden ...

Durch die Forderungen Dr. Kiesingers animiert, gründete der Spanier GARBO wie ein gebärfreudiges Kaninchen – im Auftrag und zur Freude seines Abwehrdompteurs Kühlenthal (Sonderführer bei der KO Madrid) – gleich eine ganze Schar fiktiver Unteragenten. GARBO hatte die Worte Kiesingers – »geeignete Personen zu finden« – am besten verstanden. Diese »geeigneten Personen« existierten aber lediglich als Namen. Und diese Namen operierten zur höchsten Zufriedenheit der deutschen Abwehr in einem eigenen Spionagenetz, das nach den dürftigen Erkenntnissen am Berliner Tirpitz-Ufer GARBO angeblich über die ganze englische Insel ausgebreitet hatte.

Den Leiter dieses größten Spionagenetzes der deutschen Abwehr, Erich Kühlenthal, der nach den »sorgfältigen Ermittlungen« des weltberühmten englischen Journalisten und Schriftstellers Sefton Delmer »1956 starb ... ohne je die Wahrheit über ALARIC und den FUSAG-Bluff erfahren zu haben«, fand ich zwanzig Jahre nach seiner »Beerdigung« als wohlhabenden Geschäftsmann in Koblenz wieder. Der von den Toten auferstandene ehemalige Abwehrsonderführer und Canaris-Intimus Erich Kühlenthal hatte von Madrid aus das angeblich raffinierteste deutsche Agentennetz »mit fünfundzwanzig Spionen« dirigiert, das in Wirklichkeit nur aus einem einzigen umgedrehten spanischen Agenten, nämlich GARBO, bestand.

Selbstverständlich hat mir Herr Kühlenthal bei unserem Ende 1974 geführten Gespräch keine Einzelheiten über die weitverzweigten komplizierten Devisentransaktionen und Opiumgeschäfte preisgegeben, mit denen er sein »erfolgreiches ALARIC-Agentennetz« während des Krieges finanziert hatte. Für seine wertvollen Pfunde aus der Devisenkasse der Abwehr erhielt Kühlenthal vom alliierten Geheimdienst in London immerhin rund vierhundert mit unsichtbarer Tinte geschriebene »militärisch wichtige Berichte über anglo-amerikanische Invasionsvorbereitungen«. Darüber hinaus wurden die deutschen Abwehrfunkstellen in Madrid von den alliierten Gegenspielern noch mit über zweitausend irreführenden Funkmeldungen gefüttert, die Admiral Canaris – und später seine Nachfolger – dem Oberkommando der Wehrmacht als bare Münze übergeben hatte.

Auf diese Weise hatten die Deutschen die aufwendige alliierte Täuschungsaktion teuer erkauft: Das fiktive »ALARIC-Netz« des Doppelagenten GARBO, dessen fünfundzwanzig nicht existierende Spione angeblich an den wichtigsten Brennpunkten der alliierten Invasionsvorbereitungen auf der englischen Insel saßen, baute – lediglich durch geschickt lancierte Falschmeldungen – eine angsteinflößende Geisterarmee auf. Diese frei erfundene Armee versahen die Alliierten in ihren Täuschungskonzerten immer wieder mit dem Namen FUSAG (First US Army Group).

Die an verschiedenen Stellen Mittel- und Südenglands angeblich in Bereitschaft stehenden fiktiven Verbände der »gewaltigen FUSAG« sollten Hitler bei der Abwehr der Alliierten-Invasion zu seiner tödlichen Fehlrechnung verleiten. So wurde wie bei einem leichten Salzburger Schnürlregen aus unzähligen geheimen Nachrichtendüsen das Gespenst von der Existenz der FUSAG über ganz Europa versprüht.

Diese sogenannte »Erste Amerikanische Armeegruppe« war die eigentliche Invasions-Armada, die – zwar mit großer Kampfkraft – aber erst als zweite Landewelle nachstoßen würde, sobald ein erster, »lediglich als Ablenkungsmanöver zu inszenierender Brückenkopf« an einer ganz anderen Stelle gebildet worden war. Auf einen einfachen strategischen Nenner gebracht: Hitler sollte die tatsächlich erfolgte Invasion in der Normandie lediglich als Täuschungsaktion betrachten, um seine stärkeren Verteidigungsverbände im Raum von Calais zur Abwehr der zweiten Welle, das heißt zur Bekämpfung des gefürchteten »Hauptangriffs« durch die nicht existierende FUSAG in Bereitschaft zu halten.

Als der trügerische FUSAG-Regen einsetzte – als Kaufleute in Südamerika, Diplomaten in der Schweiz, Piloten in Lissabon, Heilpraktiker in Stockholm, Prostituierte in Paris, Militärattachés in aller Welt, Telefonistinnen in Budapest und Barkeeper in Ankara von der alliierten Täuschungsepidemie regelrecht verseucht waren –, begann der Organismus des Deutschen Reiches, wie von unzähligen Krebsmetastasen durchwachsen, bereits zu schrumpfen. In dieser Situation mußte Hitler nach jedem Rezept greifen, das ihn noch retten könnte.

Hauptmann Albrecht H. Zetzsche, in dessen Büro im Oberkommando der Luftwaffe sich wie Bakterien täglich Tausende von Feindnachrichten ansammelten, beschreibt die Ohnmacht, die in jenen kritischen Monaten bei den Auswertungsstellen der einzelnen Wehrmachtsteile herrschte:

»Wenn ich an unser Hauptquartier ›Kurfürst‹ denke, spalten sich mir jetzt noch alle Haare. Der ganze Laden war durch die Kasemattenbären – die vielen alten Herren, die dort spazierengingen oder arbeitslos in ihren Büros herumsaßen – eine Mischung von Gefängnis, Altersheim und Narrenhaus ... Die deutsche Niederlage im geheimen Kampf der Nachrichtendienste hatte nicht nur Canaris durch sein Versagen an der Spionagefront verursacht. Am jämmerlichen Zusammenbruch unserer Feindaufklärung waren ebenso die vernebelten Gehirne seniler Nachrichtenoffiziere beteiligt, die auch im Führerhauptquartier wie in einer verrauchten Bierkneipe herumhockten und kritiklos alles schluckten, was ihnen der alliierte Geheimdienst servierte.

Ich hatte zum Beispiel die stapelweise einlaufenden Meldungen unserer Agenten HEKTOR, JOSEPHINE, IWAN und OSTRO nur noch in den Papierkorb geworfen, weil ich durch deren Antworten auf völlig frei erfundene Fangfragen beweisen konnte, daß diese Spione – zumindest vor der Alliierten-Invasion am 6. Juni 1944 – feindgesteuert waren.«

Die beiden nächsten Figuren, die den Alliierten für den geheimen Einsatz in dieser Schlußrunde zunächst als geeignet und sicher erschienen, waren Jack Moe alias MUTT sowie Tor Glad alias JEFF. Den Vertrauensbeweis für diese Annahme lieferte dem englischen Geheimdienst die deutsche Abwehr Ende 1943, als sie ihre beiden norwegischen Agenten per Flugzeug noch zweimal mit Geld und einem Funkgerät versorgte.

Selbstverständlich hatten durch den mehrmals wiederholten Fehlalarm einer bevorstehenden Alliierten-Invasion in Skandinavien inzwischen auch die Deutschen an der Echtheit ihrer beiden Spione zu zweifeln begonnen. Aus diesem Grund hatten sie die letzten zwei Versorgungsflüge nach Schottland gleichzeitig als Testmanöver arrangiert, um festzustellen, ob Jack Moe und Tor Glad – wie es schien – bereits »umgedreht« waren oder noch wirklich für die deutsche Abwehr arbeiteten.

Die Probe, auf die der englische Geheimdienst durch diesen Trick gestellt wurde, war eine tödliche Zwickmühle: Das Devisenflugzeug der Luftflotte V wurde nämlich von einem kleinen Verband begleitet, der während des Geldabwurfs durch die Versorgungsmaschine gleichzeitig zwei benachbarte Ortschaften bombardieren sollte. Die Engländer nahmen, wie es sich zeigte, die Bombenattacken in Kauf. Sie waren anscheinend bereit, Häuser und Menschenleben zu opfern, um ihre beiden Doppelspieler MUTT und JEFF für den geheimen Endkampf zur Tarnung der Alliierten-Invasion in der Normandie nicht zu verlieren.

Einer gleichen Probe mußte sich der englische Intelligence Service später noch einmal notgedrungen unterwerfen, als die deutsche Abwehr an der Echtheit ihres Staragenten Wulf Dietrich Schmidt zu zweifeln begann. Der Test war ein tödliches Frage-und-

Antwort-Spiel, das schließlich die britische Regierung in moralische Konflikte bringen sollte:

Um im Stadtgebiet von London ein ganz bestimmtes Ziel durch konzentrierten V-Waffenbeschuß vernichten zu können, wurde Wulf Dietrich Schmidt in ein vorher bestimmtes Viertel beordert, in dem ein erstes Markierungsgeschoß landen sollte. Schmidt war beauftragt worden, den tatsächlichen Einschlagspunkt der V 2 – den zur Kontrolle gleichzeitig auch ein deutscher Luftaufklärer fotografierte – sofort nach Hamburg zu funken. Die Engländer hatten nicht viel Zeit, sich die Antwort zu überlegen. Und auch hier mußten sie anscheinend unabsehbare Verluste hinnehmen, um die Vertrauenswürdigkeit Schmidts gegenüber seinen deutschen Abwehroffizieren aufrechtzuerhalten.

Das Operieren mit gefangengehaltenen Funkagenten vollzog sich wie eine Art Blindekuh-Spiel, bei dem man die tatsächlichen Absichten des Gegners bestenfalls ertasten, aber niemals eindeutig ergründen konnte. Die Erforschung deutscher militärischer Vorhaben war in der Endphase des Krieges auch nicht mehr die primäre Aufgabe der Doppelagenten. Hitlers einst so kühne Vorhaben hatten sich inzwischen zu defensiver Vorsicht gewandelt. Dementsprechend waren an der geheimen Front des Jahres 1943/44 die feindlichen Doublecross-Agenten vom Spionieren zum Attackieren übergegangen. Der geheimdienstliche Gegenstoß mitten ins deutsche Abwehrlager hinein sollte sich allerdings in seiner Planung und Durchführung kaum von jenen Husch-Husch-Aktionen unterscheiden, mit denen bei Kriegsbeginn die deutsche Spionageoffensive von Hamburg aus gegen England gestartet worden war.

Bei der Inszenierung ihres letzten entscheidenden Geheimdienstgefechtes gegen die Deutschen schienen sich die englischen Täuschungsplaner in gleicher Weise der Zaubertricks bedient zu haben, wie sie auch von ihren Hamburger Geheimdienstkonkurrenten in der Knochenhauerstraße praktiziert wurden: Ähnlich wie deutscherseits der geheime Krieg gegen die westlichen Gegner 1939 in den Bereitstellungsräumen der Hamburger Export-Import-Firma Stegemann begonnen hatte, sollte vier Jahre später der lautlose Vernichtungsangriff auf das Dritte Reich in der 6. Etage des Londoner Albany-Hauses beginnen – hinter einem harmlosen Firmenschild: Tarlair Ltd., Export-Import. Auch hinter ihrem Londoner Tarnbüro Tarlair Ltd. verbarg sich als »Firmeninhaber« und Gegenspieler des deutschen Geheimdienstes ein erfahrener englischer Agentendompteur: Major T. A. Robertson.

Als geheimdienstlicher Vorgesetzter von Wulf Dietrich Schmidt hatte Robertson vor allem eines schätzengelernt: nämlich die absolute Zuverlässigkeit seines anhänglichen »Findelkindes« aus Apenrade. Die aus dem süddänischen Grenzgebiet stammenden Schleswig-Holsteiner – so hatte es Schmidt den Alliierten bewiesen – stehen zu ihrem Wort, vor allem dann, wenn sie es mit ihrem Leben verpfändet haben.

Trotzdem wollten und konnten sich zur Tarnung der gewaltigen Invasionsvorbereitungen in Südengland die Alliierten nicht allein auf die Treuegarantien verlassen, die Wulf Dietrich Schmidt seit seiner Landung in England immer wieder erhärtet hatte. Durch die x-mal wiederholten Täuschungstricks waren nämlich die Funkverbindungen der alliierten Gegenspionage nach Deutschland immer dünner und unsicherer geworden. Und die Geheimdrähte von London nach Hamburg drohten just in dem Augenblick abzureißen, wo sie als siegbringende Waffe zur Irreführung des Gegners und Zerschlagung des Hitler-Reiches am wertvollsten waren.

Für ihre geheimdienstliche Counter-Attacke brauchten die Alliierten jetzt dringlicher denn je eine einsturzsichere Brücke nach Berlin, die im Idealfall eine Direktverbindung ins Oberkommando der Wehrmacht gewährleisten sollte. Diese Wunderwaffe, eine »einsturzsichere Brücke zum OKW«, lieferte mit vielversprechenden Worten der deutsch-englische Doppelagent Dusko Popov alias IWAN und TRICYCLE gerade noch rechtzeitig von Lissabon nach London. Mit einnehmendem Charme und geschäftsmännischer

Überzeugungskraft demonstrierte er die Sprengwirkung einer »Bombe«, die er in der Person seines deutschen Freundes Jonny Jebsen in einer Villa in Estoril für den alliierten Endsieg aufbewahrt habe. Jonny Jebsen (mit dem das spätere James-Bond-Modell aus Dubrovnik schon seit ihrer gemeinsamen Studienzeit in Freiburg befreundet war und der ihn, Popov, als Spion für die deutsche Abwehr angeworben hatte) sei jetzt – wo es dem deutschen Ende zuging – bereit, das Lager zu wechseln.

Nach den Schilderungen Dusko Popovs war sein brüderlicher Freund Jebsen ein fanatischer Nazihasser und gehörte zum engsten Verschwörerkreis um Admiral Canaris und General Oster. Darüber hinaus stand er angeblich in direkter persönlicher Verbindung mit den höchsten Generalen des OKW. Der schmächtige, anglophile, angeblich »reiche Erbe« der weltberühmten Jebsen-Reedereien erzählte unterschwellig immer wieder von seinen familiären Beziehungen zu den Rothschilds und erwähnte vor allem seine Geschäftskontakte zum deutschen Rüstungskönig Krupp. Gerade aus dieser Quelle versprach sich der britische Spionagechef Stewart Menzies brisante Konstruktionsgeheimnisse neu entwickelter Raketengeschütze.

Für den rotblonden Jonny Jebsen, der – zartbleich und feinnervig – standesbewußt im schwarzen Rolls-Royce durch Lissabon kutschierte, gab es so gut wie keine Probleme. Widerstände, die sich der Ausweitung seiner weltweiten Geschäftsbeziehungen in den Weg stellten, bekämpfte er mit zusammengerollten Geldscheinen aller Währungen, die – wie in einem Maschinengewehrgurt – allzeit schußbereit in seinem Diplomatenköfferchen steckten. Mit diesen Geldscheinen hatte Jonny Jebsen – wie er sich seinem besten Freund Popov gegenüber offenbarte – einflußreiche Offiziere und höchste Geheimnisträger der deutschen Abwehr eingewickelt. Kein Wunder also, wenn sich bei seinem bloßen Erscheinen in Berlin die Türen zu den wichtigsten Kommandostellen des Großdeutschen Reiches quasi von allein öffneten!

So wunderlich stellte sich in London der kriegsentscheidende Einfluß des Popov-Freundes und »weltbekannten deutsch-dänischen Reederei-Erben« dar, daß sich eine Spezialabordnung von geschulten SIS-Offizieren eilends nach Lissabon begab, um mit Jonny Jebsen die Möglichkeiten seines Vorstoßes ins Hauptquartier der deutschen Abwehr am Berliner Tirpitz-Ufer zu ventilieren. Ob seiner mirakelhaft erscheinenden Pläne, die er für den alliierten Endsieg unter Einsatz seines Lebens zu realisieren versprach, tauften die Engländer ihre neue geheime Wunderwaffe mit dem Decknamen ARTIST, was in deutscher Auslegung soviel wie »Künstler« bedeutet.

In seiner aufsehenerregenden, dezenten Tarnmontur – Regenschirm, Melone, Monokel, Rolls-Royce, amerikanische Dollarscheine und englische Pfundnoten – war in den Augen der Agentenwerber aus London der »reiche Reederssohn« schon ein Garant ihres Sieges.

Diese blind-geblendete Zuversicht wurde noch durch eine sonderbare Fügung genährt, die für das strategisch wichtige »Künstler«-Unternehmen zur Tarnung der Alliierten-Invasion in der Normandie offenbar als besonders gutes Omen gewertet wurde:

Jonny Jebsen stammte angeblich aus derselben kleinen Stadt nördlich der deutsch-dänischen Grenze, in der auch Wulf Dietrich Schmidt seine Kinderjahre verbracht hatte. Somit waren zwei Jungen aus Apenrade dazu bestimmt, durch ihre Taten das Schicksal des Dritten Reiches zu besiegeln!

Wulf Dietrich, der schmächtige Sohn des Apenrader Rechtsanwalts William Schmidt, hatte mit seinem Fallschirmabsprung über England den geheimen Kampf gegen die Alliierten eröffnet. Kaum gelandet, begann er aber durch sein Doppelspiel nach und nach Deutschland die tödliche Schlinge um den Hals zu legen.

War es Zufall oder eine von langer Hand intrigierte Geheimmanipulation, daß sich der große Kreis der Spionage des Zweiten Weltkrieges genau wieder an jenem Punkt schließen sollte, an dem

Wulf Dietrich Schmidt ihn eröffnet hatte? Hatte es das Schicksal arrangiert, oder war es von den Alliierten vorsätzlich so geplant, daß der angeblich aus derselben Ortschaft Apenrade stammende »reiche Reederssohn Jonny Jebsen« zum Schluß des Krieges mit zarter Hand die von Wulf Dietrich Schmidt gelegte Schlinge zuziehen sollte?

Als ich mir diese Frage stellte – welcher Zusammenhang bestand zwischen Wulf Dietrich Schmidt und Jonny Jebsen? –, konnte ich nicht ahnen, daß ich mich am Ende meiner Recherchen noch mit dem Schicksal von weiteren vier Männern der ehemaligen deutschen Abwehr beschäftigen würde, die kurz vor Kriegsschluß auf mysteriöse Weise spurlos verschwanden. Ihre Angehörigen wissen heute noch nicht, ob sie gefallen sind, ermordet wurden – oder gar noch leben.

Die Spekulation der Combined-Operations-Strategen, das schwerfällige Canarissche Abwehr-Schlachtschiff in der entscheidenden Endphase des Krieges auf falschen Kurs zu locken, war beileibe kein unrealistischer Wunschgedanke. Die Chance einer Fehlsteuerung des deutschen militärischen Geheimdienstes durch TRICYCLE (Dusko Popov) und ARTIST (Jonny Jebsen) war damals tatsächlich gegeben. Denn den beiden englischen Spionen war es inzwischen gelungen, in der Lissabonner Abwehrstelle festen Fuß zu fassen. Sie hatten sich in den Quartieren wie zwei liebenswertputzige Küken eingenistet, mit denen einige Sekretärinnen allzugern spielten und sie in neckischer Weise mit Kopien geheimer Meldungen fütterten, die eigentlich und ausschließlich für Berlin bestimmt waren.

TRICYCLE und ARTIST, die neben Major Albert von Karsthof jetzt am »Bullauge des deutschen Spionageschiffes« saßen und unverdächtig die geheimen Zickzackkurse beobachten konnten, hatten auch zu den Männern auf der »Kommandobrücke« in Berlin die besten Beziehungen. Ein paar dieser stolzen »Abwehrkapitäne«

trugen unter ihren schnieken Uniformen bereits wertvolle Beinkleider, die ihnen Jonny Jebsen – aus Dollarscheinen und Pfundnoten geschneidert – für ihren »Sprung über Bord« vorsorglich und gefälligkeitshalber angepaßt hatte. Diese erpreßten »Kapitäne« wären somit gezwungen gewesen, das Steuerrad des Abwehrschiffes jetzt so zu drehen, wie es der nunmehr in englischen Diensten stehende »Reederssohn Jonny Jebsen« verlangte.

Der Secret Intelligence Service hatte in seinem letzten Rennen auf zwei erfolgversprechende Favoriten gesetzt, die überzeugend den Anschein erweckten, daß ihnen durch ihre ausgezeichnete Direktverbindung zum OKW das große Ablenkungsmanöver zur Verschleierung der Alliierten-Invasion gelingen würde.

Die Vorzeichen standen gut. Bei der praktischen Durchführung der alliierten Täuschungsaktionen aber, die von Lissabon aus gestartet werden sollten, offenbarte sich plötzlich ein fundamentaler Rechenfehler, der die langjährige Aufbauarbeit der Doublecross-Akteure und somit das geheimdienstliche Vorgefecht zur Landung von Millionen alliierter Soldaten in der Normandie aufs höchste gefährdete:

Die beiden Hauptakteure Dusko Popov alias TRICYCLE und Jonny Jebsen alias ARTIST – die im Auftrag der Alliierten Admiral Canaris zur harten Kursänderung gegen die »bis zum letzten Blutstropfen kämpfende« Naziregierung bewegen sollten – befanden sich unvermittelt auf einem sinkenden Schiff! Der deutsche militärische Geheimdienstapparat war manövrierunfähig geworden. In der Panik des Unterganges seiner Abwehr war Admiral Canaris pausenlos damit beschäftigt, Pannen zu kaschieren und Löcher zu stopfen, damit er sich mit seinen Leuten bis zum bitteren Ende noch über Wasser halten konnte.

Die Gegner, die Canaris fürchten mußte, waren nicht mehr die Engländer und Amerikaner. Seine Widersacher befanden sich vielmehr im eigenen Lager, nämlich beim konkurrierenden Geheimdienst des SD. Die schwarzen, mit SS-Runen gekennzeichneten

Haie kreisten bereits um das sinkende Abwehrschiff und stürzten sich gierig auf jeden Brocken, der über Bord fiel. Vor diesen lauernden Raubfischen mit den listigen Augen eines Heinrich Himmler, dem kurzgeschorenen Schädel des Gestapo-Chefs Müller und den säbelzerfurchten Gesichtern eines kühl rechnenden Dr. Ernst Kaltenbrunner, eines ehrgeizigen Walter Schellenberg und eines draufgängerischen Otto Skorzeny mußte sich Canaris höllisch in acht nehmen. Gerade vor ihnen mußte er jene geheimdienstlichen Pannen krampfhaft verborgen halten, die fälschlicherweise noch immer als Positiva auf seiner Erfolgsliste standen.

Nach den blamablen Pleiten in der Schweiz, in Amerika, im Kaukasus, in Afrika, Afghanistan und Kanada unter anderem und nach dem kompletten nachrichtendienstlichen Versagen im Zusammenhang mit der Alliierten-Invasion TORCH in Französisch-Nordafrika landete plötzlich das 6. amerikanische Armeekorps um zwei Uhr morgens des 22. Januar 1944 hinter dem Rücken der deutschen Italienverteidiger am Strand bei Anzio, südlich von Rom.

Wieder stand Canaris, der »Allwissende vom Tirpitz-Ufer«, unwissend und unbeholfen da und konnte nicht begreifen, wie dreihundert Schiffe unbemerkt aus dem Nichts auftauchen konnten, noch dazu an jenem fünfunddreißig Kilometer langen Küstenstreifen, den er selbst Generalfeldmarschall Kesselring gegenüber gerade als ungefährdet bezeichnet hatte.

So drang immer mehr Wasser in den Rumpf des Abwehrkreuzers, der mittlerweile bis zur Bordkante gesunken war. Wie fliehende Ratten sprang eine Reihe seiner Abwehrgetreuen, die auf den Außenposten ihre Überlebenschance witterten, über die Reling:

In Ankara lief der als Presseattaché getarnte Erich Vermehren zusammen mit seiner Frau – einer geborenen Gräfin Plettenberg – zum englischen Geheimdienst über. Um nicht mit leeren Händen zu erscheinen, brachte er als Einstandsgeschenk den neuesten Geheimcode und einen detaillierten Bericht über die Abwehrorganisation »Großer Bogen« mit: Angaben über die deutsche Agentenkette, die sich von Istanbul aus über Bagdad, Teheran, Kabul, Kalkutta, Hongkong bis hinauf nach Nanking und Shanghai hinzog. Die Finanzierung von Spionage- und Sabotageaktionen in Asien besorgte für Canaris die ehemalige Zweigstelle eines Hamburger Bankhauses in Shanghai.

Zur gleichen Zeit wechselten in der Türkei auch der Abwehrleutnant Hamburger sowie das Agentenehepaar Kletzkowski – mit Geheimakten unter der Jacke – ihre Dienstgeber.

In Bern brach der Abwehroberstleutnant Prinz Auersperg – er erlebte seine Schokoladenkriegszeit als »Gehilfe des deutschen Luftwaffenattachés« in der Schweiz – über Nacht die Verbindung zum Berliner Tirpitz-Ufer ab. Ein Gleiches passierte in Schweden, wo – um seine Haut zu retten – ebenfalls der Gehilfe des deutschen Luftwaffenattachés in Stockholm, Abwehrhauptmann Riedel, desertierte.

Im Februar des Jahres 1944 ragte nur noch der Mast der in der Katastrophe versunkenen deutschen Abwehr aus dem stürmischen Meer. Völlig abgeschlafft hielt sich der Admiral an diesem letzten sichtbaren über Wasser befindlichen Teil seines Schiffes fest und deutete im Untergehen noch auf ein paar vom Winde zerfetzte Siegeswimpel. Wenigstens diese Zeichen sollten der Nachwelt verkünden, wie »erfolgreich« der deutsche Abwehrchef Canaris seine geheime Flotte durch die kriegerischen Weltmeere gesteuert hatte.

Canaris' trotzige Fahrt hätte mit Sicherheit nicht so lange gedauert, wenn sich die Hintergründe einer dubiosen Aktion nicht erst heute, sondern bereits im Sommer 1943 offenbart hätten, als drei seiner Männer zur sonnigen Mittagszeit in der belebten City von Madrid einen Angehörigen der geheimen Abwehrfunkstelle der KO Spanien zu kidnappen versuchten. –

Damit auch ich meine Fahrt auf vier Rädern wohlbehalten fortsetzen kann und sich ein mysteriöser Autounfall wie jener vom 5. November 1969 vor den Abgründen der Innsbrucker Sillschlucht nicht wiederholt, möchte ich lediglich das Ereignis als solches berichten. Vorsichtigerweise werde ich die Männer, die mit äthergetränkten Wattebauschen, Handschellen und Pistolen bestens umzugehen verstanden und damals intern eine kompromittierende Abwehrangelegenheit bereinigen wollten, weiterhin im dunkeln lassen:

Bei der Entführungsaktion ging es um ein bieder-bayerisches Faktotum der Abwehrstelle Madrid, das die Außenstellen – vor allem den Beobachtungsposten in Algeciras an der Meerenge von Gibraltar – mit neuartigen radarähnlichen Nachtsichtgeräten versorgte, an denen die Engländer großes Interesse hatten. (Erst am 16. Januar 1976 deckte in seinem Arbeitszimmer im Oreal-College von Oxford der bekannte Historiker Professor Hugh Trevor-Roper – er war während des Krieges einer der bestinformierten Offiziere des Secret Intelligence Service – eine seiner alten »Geheimdienstkarten« auf und verriet mir, daß die Aktion gegen den deutschen Beobachtungsposten von Algeciras bzw. gegen die deutsche Abwehrfunkstelle in Madrid in London unter dem Decknamen BODDEN lief. Über die Erlangung der jeweils neuesten Code-Schlüssel hinaus konzentrierte sich die Aktion BODDEN vor allem auf die Ausforschung von radarähnlichen Nachtsichtgeräten, die zur Beobachtung der alliierten Schiffsbewegungen in der Meerenge von Gibraltar vom Abwehrposten in Algeciras verwendet wurden.) Auf seinen geheimen Transportfahrten zwischen Madrid, Bordeaux und Paris plauderte der deutsche Abwehrchauffeur besonders rückhaltlos mit englischen Agenten, die ihn gegen hohe Bezahlung regelmäßig auf einem Stück seines langen Weges begleiteten, auch über das geheimste Geheimnis der Deutschen: über die wundersame Chiffriermaschine ENIGMA, von der drei Exemplare unter dem grünspanigen Kupferdach des deutschen Botschaftspalastes in der Madrider Castellana Nr. 4 täglich Hunderte von Funksprüchen automatisch verschlüsselten. Die freundlichen, zahlungskräftigen Reisebegleiter wollten merkwürdigerweise gar nicht so viel über die Chiffriermaschine als solche erfahren. Sie animierten vielmehr den kleinen, gedrungenen Bayern dazu, in der Abwehrfunkstelle Madrid jeweils den geheimen Code-Schlüssel in Erfahrung zu bringen, der nach einem komplizierten System in kurzen Zeitabständen immer wieder geändert wurde.

Der mit kleinen Glühbirnen ausgerüstete, schreibmaschinenähnliche Zauberkasten war den Engländern – wie sich erst kürzlich herausstellte – in seiner Funktionsweise bereits seit Anfang des Krieges bekannt. Die Briten bezeichneten ihrerseits das erbeutete Geheimnis mit dem Decknamen ULTRA und versteckten das interessante deutsche Spielzeug – mit dem sie den ganzen Krieg hindurch täglich Tausende von wichtigen Funksprüchen entzifferten – in ihrer Codeknacker-Zentrale in Bletchley Park. Hier wurden Befehle aus dem Führerhauptquartier in ihre Klartexte verwandelt. Die ULTRA-Entschlüsseler analysierten zum Beispiel auch den Funkverkehr zwischen Rommel und dem in Italien residierenden Oberbefehlshaber Süd, Generalfeldmarschall Kesselring.

Das ULTRA-Geheimnis, die unschätzbare Siegeswaffe der Alliierten, wurde jedoch durch die Eifersucht der Ehefrau des inzwischen wohlhabend gewordenen bayerischen Abwehrsoldaten gefährdet. Es mißfiel ihr, daß der bis dahin solide Gatte seinen englischen Sold mit einer spanischen Geliebten verpraßte –, und so verriet sie die Verbindungen, die ihr Mann nun schon seit langer Zeit zum englischen Geheimdienst unterhielt, kurzerhand an die deutsche Abwehr.

Den Rest besorgten drei Sabotageprofis. Zwei von ihnen habe ich gefunden, wobei mich der erste warnte:

»Lassen Sie Ihre Hände von dieser Geschichte.«

Der Mann, der sein friedliches Nachkriegsleben durch mich nicht zerstören lassen wollte, wurde 1909 in einer Kleinstadt der Tschechoslowakei als Sohn eines Kriminalpolizisten geboren. Nur so viel möchte ich über meinen Gesprächspartner hier andeuten, damit er sich selbst in diesem Buch wiedererkennt und gleichzeitig sieht, daß ich seine Identität nicht preisgebe.

»Von meinem Vater«, sagte mir Herr W., »der bei der Kripo war, habe ich zu schweigen gelernt. Und dieses Schweigen konnten auch die Amis nicht brechen, als sie mir im Internierungslager bei Würzburg angsteinflößend einen Strick um den Hals legten und mich am Türrahmen hochziehen wollten. Sie waren mit derselben Sache an mich herangetreten wie Sie. Den Vernehmern hab' ich einfach gesagt: ›Ihr habt mich blödgeschlagen. Dadurch hab' ich alles vergessen!‹«

Mir gab der Kidnapper von damals eine ähnliche Antwort:

»Sie werden es nicht glauben ... Aber ich kann mich an die Sache wirklich nicht mehr erinnern. Sie ist mir komplett entfallen.«

Herr W., den ich in einer oberösterreichischen Kleinstadt entdeckt hatte, verabschiedete mich mit der Versicherung, daß ich auch »von den anderen nichts erfahren würde«.

Der zweite Abwehr-Kidnapper, Herr S., den ich fünfundzwanzig Jahre nach dem unaufgeklärten Vorfall in Norditalien fand, zeigte sich zwar genauso schweigsam wie sein Komplize W. Zum Glück fehlte ihm aber die penetrante Art des anderen, sich mit tschechischem Akzent und entsprechender Verbissenheit gegen meine Fragen zu sperren. Mit meinem Versprechen, weder seinen Namen noch seinen Aufenthaltsort zu erwähnen, begann er stokkend zu erzählen:

»Eines Tages wurde ich zusammen mit W. und K. in das Büro des damaligen deutschen Sabotagechefs gerufen, das sich auf unserer Abwehr-II-Dienststelle in Madrid befand. Der Vorgesetzte schilderte uns kurz, worum es ging. Ein Fahrer, der sich auffallend viel in unserer geheimen Funkstelle herumtriebe, würde schon seit geraumer Zeit für den feindlichen Geheimdienst arbeiten. Als man ihn habe stellen wollen, sei er aus seinem Quartier spurlos verschwunden. Inzwischen aber habe man seinen wahrscheinlichen Aufenthaltsort eruiert. Demnach sollte sich dieser Mann bei seiner spanischen Freundin in einem Haus der Madrider Innenstadt versteckt halten. Die Adresse wurde uns genau mitgeteilt, so daß wir uns auf die Aktion vorbereiten konnten.

Der Auftrag lautete, den Verräter – er stammte aus Bayern – in seinem Versteck zu überwältigen und ihn, ohne Aufsehen zu erregen, lebend auf die Abwehr-II-Dienststelle zu bringen. Wir waren alle in Zivil. Jeder von uns steckte eine Pistole ein – und ich verstaute in unserem Auto noch ein paar Büchsen, in denen sich äthergetränkte Wattebausche befanden. So fuhren wir an den Bestimmungsort.

Während W. unten im Wagen wartete, bereit, den überwältigten Deserteur schnellstens und unauffällig durch die Stadt zu fahren, ging ich mit dem anderen Begleiter in das Haus hinein, in dessen Erdgeschoß sich eine Wäscherei befand. Dann stürmte ich allein ein paar steile Treppen bis in den vierten Stock hinauf, wo sich unser Opfer angeblich versteckt hielt. Zunächst betrat ich eine kleine Küche, in der mich zwei spanische Frauen erschrocken anstarrten ...

Als ich sie nach dem Deutschen fragte, ging im gleichen Moment eine Tür auf, und der Mann, den ich entführen sollte, stand vor mir. Wie vom Schlag getroffen, stürzte er ins Schlafzimmer zurück. Es gab ein paar Schüsse. Und als ich ihm nachrannte und ihn überwältigen wollte, sah ich nur noch, wie er zusammensackte und erschossen rücklings durch eine zersplitterte Spiegeltür in den Schlafzimmerschrank hineinfiel.«

Ein toter Spion kann nicht mehr sprechen. Dieser Umstand kam vor allem den Alliierten zugute. Denn der ehemalige Chauffeur der KO Madrid konnte das von den Engländern in Bletchley Park so streng gehütete ULTRA-Geheimnis nun nicht mehr gefährden.

Auch für Amtschef Canaris kam der Tod seines Untergebenen gelegen. Wahrscheinlich wäre die Laufbahn des Admirals noch frühzeitiger beendet gewesen, wenn sich – nach qualvollen Verhören des somit zu seinem Glück getöteten Abwehrverräters – für Hitler herausgestellt hätte, daß die Alliierten bereits seit 1940 seine geheimsten Befehle mit nachgebauten deutschen ENIGMA-Apparaten entschlüsseln konnten. Adolf Hitler hätte für seinen ohnehin schon in Ungnade gefallenen Geheimdienstchef kein Erbarmen mehr gekannt, wenn bewiesen worden wäre, daß ausgerechnet aus Kreisen der »suspekten Abwehr« dem Gegner nicht nur die ersten Exemplare deutscher Radargeräte, sondern auch noch wertvolle funktechnische Geheimnisse – insbesondere die ständig geänderten Code-Schlüssel – leichtfertig in die Hände gespielt worden waren.

Was die Alliierten mit Hilfe ihrer verräterischen deutschen Dechiffriermaschinen nicht erfahren konnten – jene restlichen Geheimnisse, die den gesamten deutschen Nachrichtendienst vollends entblößen sollten –, fiel ihnen Ende 1943 ohne eigenes Zutun in der Berner Herrengasse 23 unvermittelt in die Hände: Ein einundvierzigjähriger Mann namens Fritz Kolbe (Assistent des im deutschen Auswärtigen Amt für Wehrmachts-, insbesondere für Abwehrangelegenheiten zuständigen Botschafters Karl Ritter) schenkte dem Europa-Chef des OSS, Allen Dulles, ein verschnürtes Päckchen mit einer Auswahl von 186 der militärisch wichtigsten Dokumente seiner Dienststelle. Kolbe konnte den strategischen Wert seines Materials gut beurteilen, denn es war seine spezielle Aufgabe, als »linke Hand« des Wehrmachtsbetreuers Ritter die tägliche Diplomatenpost und die eingehenden Funksprüche von ca. zwanzig deutschen Auslandsvertretungen nach dem Grad ihrer Wichtigkeit zu sortieren. Durch seinen im deutschen Auswärtigen Amt geschulten Sinn für das Wesentliche hatte Fritz Kolbe mit seinem Beitrag zum sogenannten »Bern-Report« im amerikanischen Pentagon großes Aufsehen erregt.

Seinen amerikanischen Gesprächspartnern in der Herrengasse hatte Kolbe nicht nur die Existenz des Wunderspions CICERO enthüllt, der als Kammerdiener des britischen Botschafters in Ankara für den deutschen Nachrichtendienst arbeitete. Fritz Kolbe hatte vor allem den in Schweden eingesetzten »Meisterspion des Krieges«, Abwehrsonderführer Dr. Karl-Hans Kahler, bloßgestellt, der zu Beginn seiner Spionagelaufbahn u. a. auch mit der Aktion Wulf Dietrich Schmidts beschäftigt war.

Kahler, ehemals Mitarbeiter des Hamburger NS-Gauleiters Karl Kaufmann, begann seine Geheimdienstkarriere als Assistent von Major Nikolaus Ritter. Inzwischen aber hatte er seinen »Meister« bei weitem überrundet und sich mit massivem Können und beachtlicher Devisenschubkraft aus Berlin in Stockholm zu einem der wichtigsten Abwehragenten hochkatapultiert.

Kahlers schwedischer Spionagetrick war simpel – aber teuer: Seine Agenten, die ihn mit Top-Informationen aus England versorgten und denen er mysteriös klingende Decknamen verpaßte, drangen angeblich bis in die Schaltzentren der alliierten Operationsstäbe. Einer von ihnen, HEKTOR, soll sogar an geheimen Sitzungen des »War-Cabinet« teilgenommen haben.

Wie Kahler im einzelnen an seine »wertvollen Informationen« gelangte, erfuhren seine deutschen Nachrichtenempfänger in Berlin nie genau. Sie kannten nur den hohen Preis seiner hervorragenden Geheimverbindungen, die anscheinend bis in die Londoner Downing Street Nr. 10 hineinreichten. Wie wertvoll, wie falsch oder wie feindgesteuert die Tätigkeit des »Meisterspions« Kahler auch gewesen sein mag –, von Admiral Canaris wurde sie jedenfalls als Musterbeispiel einer rationell durchgeführten Geheimdienstoperation hoch eingeschätzt. Und der amerikanische Spionageschriftsteller Ladislas Farago bezeichnet rückschauend Kahlers undurchschaubares Nachrichtensystem »als die erfinderischste und wirkungsvollste Geheimoperation des Zweiten Weltkrieges«.

Völlig entgegengesetzter Meinung allerdings war bereits Mitte 1943 ein junger, hellhöriger Offizier im Luftwaffenführungsstab »Kurfürst« in Wildpark bei Potsdam, der in der Auswertungsabteilung Fremde Luftwaffen West täglich Hunderte von Agentenberichten und Gefangenenaussagen nach verwertbaren Informationen durchforschen und sie auf ihre Glaubwürdigkeit prüfen mußte. Dabei war dem damaligen Hauptmann im Generalstab Albrecht H. Zetzsche ein merkwürdiges Zusammenspiel zwischen der Stockholmer Agentengruppe HEKTOR-JOSEPHINE und dem OSTRO-Netz in

Lissabon aufgefallen, hinter dem sich der besagte Paul Fidrmuc verbarg.

Unabhängig von den Wahrnehmungen Zetzsches begann auch die Abteilung III F (Gegenspionage) die nebulos erscheinenden Operationen der »erfolgreichsten deutschen Abwehragenten« in Stockholm und Lissabon zu durchleuchten. In Schweden sollte Oberst Ehinger – als Hausportier der Deutschen Gesandtschaft getarnt – eventuelle Feindverbindungen von Dr. Kahler aufklären. Gleichzeitig wollte man von Berlin aus die KO Portugal mit einem noch feineren Läusekamm bearbeiten, »da die Abwehrstelle Lissabon von Agenten des Secret Intelligence Service augenscheinlich regelrecht verfilzt war«.

In dieser Atmosphäre des allgemeinen deutschen Unterganges schlug eine Mißtrauenswelle nach der anderen über dem verzweifelten Admiral Canaris zusammen, dem das Wasser ohnehin bereits bis zum Hals stand. Mit schwachen Kräften hielt er sich noch an den letzten Rettungsringen vergangener Abwehrerfolge fest, von denen sich schließlich auch der überragendste Triumph – zu dem ihm sein erfolgreicher 3725, Wulf Dietrich Schmidt, all die Jahre verholfen hatte – als trügerisch herausstellen sollte.

Während man im Alliiertenlager in London TATE, den Doppelagenten Wulf Dietrich Schmidt, noch einmal zu einem favorisierten Rennpferd auffütterte, indem man ihn – zur Festigung seines Vertrauens in Berlin – wertvolle, faktennahe militärische Leckerbissen nach Hamburg funken ließ, hatte man am Tirpitz-Ufer den »erfolgreichen Abwehrspion 3725« endlich doch noch abgeschrieben:

»Ende 1943« – so bestätigte mir der Ex-Abwehroffizier Julius Boeger – »hatte es sich für uns eindeutig gezeigt, daß die Engländer Schmidt entdeckt hatten – und er unter Zwang Falschmeldungen nach Deutschland funken mußte. Oberstleutnant Brede (ehemals Leiter Abwehr I Luft) befahl mir, den aufwendigen Funkverkehr mit Schmidt – womit viele unserer Leute beschäftigt waren – abrupt abzubrechen.

Ich aber habe in harten Auseinandersetzungen mit dem Generalstäbler Brede schließlich die Aufrechterhaltung des Funkverkehrs mit Schmidt durchsetzen können. Obwohl wir seinen Meldungen nicht mehr glaubten, haben wir dennoch zum Schein das Täuschungsmanöver des Intelligence Service mitgespielt. Ich wollte dadurch einzig und allein das Leben unseres 3725 retten, der jahrelang tüchtig und tapfer für uns gearbeitet hatte. Es wäre menschlich nicht zu verantworten gewesen, Schmidt ausgerechnet jetzt, wo ihn der Gegner offensichtlich gefangengenommen hatte, fallenzulassen. Denn wenn die Engländer gemerkt hätten, daß wir an Schmidt nicht mehr glaubten, wäre er auch für sie wertlos geworden – und wahrscheinlich am Galgen gelandet!«

Um dem Zusammenbruch seines brüchigen Kartenhauses am Berliner Tirpitz-Ufer zu entfliehen, wollte der bedrängte Admiral Canaris Anfang Februar des Jahres 1944 noch einmal nach Spanien, in jenes Land, in dem er nach Beendigung des Krieges seine Ruhe zu finden hoffte. Er sehnte sich nach dem sonnigen Süden, den er seinen treuen Gefolgsmännern durch »fünf versiegelte Reichsbahnsäcke mit dem Inhalt von siebentausend wertvollen Goldmünzen im Gesamtgewicht von 50 kg« über das bittere Ende hinaus erhalten wollte.

Canaris drängte es gerade jetzt in die Nähe seines »erfolgreichen Abwehragenten«, der ihm nach den unzähligen Fehlschlägen noch verblieben war: Sonderführer Erich Kühlenthal in Madrid, der in der gefährlichsten Stunde des Dritten Reiches noch immer ein über ganz England ausgebreitetes, gut funktionierendes Spionagenetz unterhielt.

Der Admiral litt arg unter dem erbärmlichen Ende, da seine »Erfolge« von allen Seiten geschmälert wurden. Er empfand, ein Opfer hinterhältiger Intrigen geworden zu sein, um so mehr, als zwei seiner tüchtigsten Agenten, die Hitler jahrelang mit hervorragenden Informationen aus England und Amerika versorgt hatten, gerade jetzt – wie er meinte – mit unverminderter Energie von Lissabon aus den Gegner bekämpften: IWAN alias Dusko Popov und OSTRO alias Paul Fidrmuc ...

Der deprimierte deutsche Geheimdienst-Chef sehnte sich nach seinen engsten Vertrauten, nach Major Albert von Karsthof etwa und dessen geheimer Verlobten, mit denen er in Estoril so viele friedliche Kriegsstunden verbracht hatte. Auf seinem Weg nach Spanien aber erhoffte sich der Admiral vor allem, daß ihm sein Freund, Staatschef Franco, vor den Widersachern des SD Schutz bieten würde.

Wilhelm Canaris ahnte nicht, daß die Reise in seine »zweite Heimat« nach der Konferenz vom 10. Februar 1944 im südfranzösischen Biarritz enden würde. Dort mußte er erfahren, daß Generalissimus Franco plötzlich über ihn verärgert war und den deutschen Geheimdienst-Chef mit scharfen Vorwürfen bedachte. Diese Auseinandersetzung und die damit verbundene Trübung der deutsch-spanischen Beziehungen verursachte ein acht Zentimeter langer englischer Säurezünder, der schließlich auch für Admiral Canaris das Ende bedeuten sollte.

Über die verhängnisvollen Auswirkungen dieser winzigen Panne mit dem englischen Säurezünder wurde Admiral Canaris durch ein Fernschreiben unterrichtet, das ihn kurz vor einer Spazierfahrt in die Umgebung von Biarritz über die dortige Abwehrstelle erreicht hatte. Die Panne, mit der die SD-Widersacher sozusagen den Sargnagel für den deutschen Abwehrchef zuspitzten, passierte – wie vom Schicksal inszeniert – in Cartagena, ausgerechnet in jenem spanischen Hafen, in dem im Sommer 1916 der damalige deutsche Marinespion, Kapitänleutnant Canaris, von einem jungen englischen SIS-Mann, Stewart Menzies, gekidnappt bzw. getötet werden sollte. Canaris, der seinem englischen Kidnapper damals entkommen konnte, wurde jetzt, 28 Jahre später, von seinem inzwischen zum britischen Spionagechef aufgestiegenen Geheimdienstrivalen Stewart Menzies indirekt im Hafen von Cartagena zur Strecke gebracht. Der Kampf zwischen Menzies und Canaris endete im Januar 1944 dort, wo er im Sommer 1916 begonnen hatte:

Im Januar 1944 sollte der im Hafen von Cartagena liegende italienische Tanker »Lavoro« – der bereits unter alliierter Flagge fuhr – mit einer Unterwassermine englischen Ursprungs von zwei Saboteuren der deutschen Abwehr versenkt werden. Bei der Einstellung der Explosionszeit des üblicherweise präzis funktionierenden englischen Säurezünders auf fünf Stunden offenbarte sich jedoch ein tödlicher Trick: Der britische Geheimdienst hatte den deutschen Saboteuren Zünder in die Hände gespielt, bei denen die Stundenmarkierungen in Wirklichkeit nur Minuten bedeuteten.

Durch diese Täuschung wurde nach seinem Sprung aus dem Ruderboot nicht nur der deutsche Abwehrtaucher Carl Kampen bis zur Unkenntlichkeit zerfetzt. Die Explosion der Unterwassermine im Hafen von Cartagena löste vor allem energische Proteste des Staatschefs Franco gegen deutsche Geheimaktionen auf spanischem Territorium aus. Für Adolf Hitler bedeutete die Panne von Cartagena eine willkommene Gelegenheit, seinem Geheimdienst-Chef Admiral Canaris ein für allemal den Laufpaß zu geben.

Zu Beginn des geheimen Krieges sind als Agenten mutige Männer gefragt gewesen – Spione, die bereit waren, sich entweder im Untergrund des Feindeslandes durchzukämpfen oder aber auf ihre Zyankalikapsel zu beißen. Diese Draufgänger wurden wie Buchenscheite ins Feuer geworfen. Die meisten von ihnen sind an den europäischen Großbrandstellen verheizt worden. Was von den jungen »einsatzfreudigen Agenten« übrigblieb, waren ausgehöhlte Menschen, tragische Figuren, die zu klein und unbedeutend erschienen, um sie noch in der entscheidenden Schlußrunde einzusetzen.

Die letzten, dubios versponnenen Abwehroperationen sollten vielmehr clevere Kaufleute erledigen, die den Anschein erweckten, als könnten sie mit der von Canaris hinterlassenen Devisenkasse noch den Krieg gewinnen. So sah vor der letzten Geheimdienstschlacht Anfang 1944 der Spielstand auf deutscher Seite aus.

Während sich auf den westöstlichen Kriegsschauplätzen deutsche und alliierte Soldaten die Schädel blutig schossen; während jüdische Emigranten verzweifelt aus dem brennenden Europa zu entkommen versuchten und im Osten flüchtende Frauen zusammenbrachen, deren Babys mutterlos in überfüllten Viehwaggons nach dem Westen davonfuhren, um dort als Suchkinder weiterzuleben –, drehte sich über diesem Inferno ein goldenes Karussell, dessen Achse am Berliner Tirpitz-Ufer verankert war. An diesem Karussell hingen – hoch über den katastrophalen Ereignissen – ein paar kugelsichere Körbe, aus denen geschäftstüchtige »Superspione« in Ruhe und bei klarer Sicht die Entwicklung der Lage beobachten konnten.

Die Spione mit weltmännischem Format wußten vor allem den Wert von Diamanten richtig einzuschätzen und ließen sich im übrigen von günstigen Devisenkursen leiten. Ihre gemeinsame Verbundenheit zu Deutschland war durch die Karussellachse gewährleistet, an der sie in ihren goldenen Körben wie an unsichtbaren Ketten hingen, die stärker waren als die millionenfach gestammelten Lippenbekenntnisse von Sieg und Treue. Die Glieder dieser Halteketten waren vom höchsten Abwehrzahlmeister, Oberstintendant Martin Toeppen, stahlfest durch harte Reichsmarkwährung miteinander verschweißt worden. Und auf dem imaginären Koppelschloß der letzten »Agenten-Elite« prangte der Spruch »Geld mit uns«.

Nach dieser Devise betrieb eine kleine Schar der hinterbliebenen Canaris-Vertrauten – Nazis und Juden, Gauner und ehrenwerte Adelige, Heimkehrer und Deserteure – unter dem weitgespannten schwarzen Schirm der deutschen Abwehr ihr profitables Ringelspiel: Hier Geld – hier die Ware! Selbstverständlich haben diese Männer ihre Geschäftstricks nie preisgegeben. Denn ihre dubiosen Operationen waren – wie sich noch zeigen wird – lebensgefährlich. Auch an dieser Front – im goldenen Hexenkessel Lissabon –, wo mit Devisenbündeln gekämpft wurde, gab es ein paar »Gefallene«, von denen man bis heute nicht weiß, ob sie tatsächlich getötet worden sind oder ob sie die Spuren ihrer Vergangenheit verwischen wollten.

Die Frage zum Beispiel nach dem Anreiz seiner strebsamen Agententätigkeit, die während des Krieges Hauptmann Albrecht Zetzsche vergeblich zu klären versuchte, beantwortete OSTRO, das »Abwehrorakel von Lissabon«, in seinen handgeschriebenen Memoiren selbst. Diese Aufzeichnungen befinden sich in meinem Besitz:

»Das Juwelengeschäft hat seit jeher seinen Mann ernährt ... In Portugal brandete 1940 eine Welle von Emigranten gegen die Visamauern ausländischer Staaten. Passagen nach Übersee mußte man ebenso wie Visa zu horrenden Preisen bezahlen. Oft warteten die Emigranten aus Europa acht, zehn und mehr Monate. Vielen ging das Geld aus ...

Mit den Emigranten wurde aber auch eine große Menge Schmuck an Portugals Gestade gespült. Aus Deutschland Broschen, aus Wien alte schöne Ohrgehänge und besonders Golddosen. Aus Holland und Belgien kamen ungefaßte Brillanten, aus Frankreich Colliers, aus den Balkanländern Armspangen. Schmuck wurde also genug angeboten. Warum nicht davon Gebrauch machen?«

Die geheimen »Schlachtfelder« in Lissabon, auf denen sich feindliche Spione angeblich erbitterte Gefechte lieferten, befanden sich im Casino von Estoril, in der Bar des Palace-Hotels oder in den Schlafzimmern des »Ritz«. In besonders nahe »Feindberührung« aber gerieten die dubiosen Gegner in den geschmackvoll ausgestatteten Räumlichkeiten eines alten Palastes drunten am Hafen von Lissabon, der die bedeutendste Privatbank Portugals beherbergte.

Der Inhaber dieser Bank mit dem sinnigen Namen Ricardo Espiritu Santo gab Freund und Feind den Segen und stiftete Frieden unter den kriegerischen Kontoinhabern seiner hilfreichen Bank.

Jene Geheimnisse, die sie auf den zahlreichen Cocktailpartys der Stadt preiszugeben vergessen hatten, verrieten manche Spione, Diplomaten, Offiziere, Industrielle – von altem chinesischen Porzellan beeindruckt, von wertvollstem Silber geblendet und von den vier charmanten Töchtern des Hauses verzückt – bei gemeinsamen gemütlichen Diners, zu denen der großzügige Gastgeber Espiritu Santo eingeladen hatte.

Man kann sich vorstellen, daß in dieser gesellschaftlich verpflichtenden Atmosphäre sich der unterirdische Kampf wesentlich schwieriger gestaltete als an den brennenden europäischen Fronten, wo erbarmungslos geschossen wurde und man höchstens seinen Kopf verlieren konnte.

Kim Philby (Leiter der britischen Gegenspionage/Iberische Halbinsel und gleichzeitig Moskaus Meisterspion!), Dusko Popov und dem vom englischen Intelligence Service neu engagierten »Reederssohn Jonny Jebsen« – mit dem englischen Decknamen ARTIST – war es durch die Ablenkungen in Estoril offenbar unmöglich, sich näher mit einem Geheimauftrag zu befassen, dessen Erfüllung dem Alliierten-Hauptquartier in England so dringend am Herzen liegen mußte: Der Befehl lautete, den deutschen Abwehragenten mit dem Decknamen OSTRO, der von Portugal aus seine weitverzweigte Spionagetätigkeit betreibe, ausfindig zu machen, zu entführen – oder ihn notfalls zu töten!

Die tüchtigen englischen Agenten hatten sich angeblich erfolglos bemüht, das gefährliche Spionagephantom OSTRO zu entlarven, obwohl der gesuchte OSTRO – der allseits bekannte »lustige Paul Fidrmuc« – mitten unter ihnen saß!

Sonderbarerweise verkehrte OSTRO alias Paul Fidrmuc im gleichen Freundeskreis (Jonny Jebsen mit seinen verliebten Gesandtschaftssekretärinnen, der deutsche Industriellensohn Otto Wolff von Amerongen, Rudi Enders – Sohn des ehemaligen österreichischen Bundeskanzlers –, Major Albert von Karsthof, Abwehrhauptmann O. Kurrer alias Kamler, der Berliner Industriellensohn Hans Ballhorn [Pseudonym] etc.), dem auch Dusko Popov angehörte. Er sollte – wie er mir erzählte – zusammen mit Kim Philby OSTRO alias Paul Fidrmuc eliminieren!

Von dieser kaviarbetonierten vergoldeten Estoriler Abschußrampe aus wollten – auf Dusko Popovs und Jonny Jebsens Schultern – die Alliierten ihren geheimen Hauptstoß mitten ins OKW hineinführen. Von der Geschicklichkeit des charmeversprühenden Jugoslawen Popov – dem seine deutschen Führungsoffiziere rückhaltlos Vertrauen schenkten – sollte es abhängen, ob die entscheidende Täuschung der höchsten Befehlshaber der deutschen Wehrmacht gelingen würde. Dusko Popov hatte sich jahrelang auf seine strategisch wichtige Aufgabe vorbereitet. Die Chancen des Gelingens seiner Aktion waren von alliierter Seite hoch eingeschätzt worden. Denn an seiner Seite kämpfte mit den Waffen eines scharfen Intellekts, hervorragender persönlicher Verbindungen, dicker Dollarbündel und der Erpressermethoden des Wissens um krumme Devisengeschäfte hochgestellter Persönlichkeiten – der »einflußreiche wohlhabende Reederssohn Jonny Jebsen«.

Anders als Wulf Dietrich Schmidt, der schüchtern und bescheiden, wortkarg und unauffällig mit Lebensmittelmarken und knappen Spesen sich 1940 im Hamburger Phönix-Hotel auf seine Geheimaktion gegen England vorbereitet hatte –, rüstete sich vier Jahre später sein Landsmann Jonny Jebsen als englischer Doppelagent ARTIST in seiner Villa in Estoril zur letzten Schlacht.

Was ich über Jebsen aus seiner Lissabonner Zeit weiß, habe ich von seinem damaligen Kampfgenossen Dusko Popov alias IWAN alias TRICYCLE erfahren: Jonny hatte in Lissabon unbegrenzte Geldmittel zur Verfügung. Er lebte als Junggeselle draußen in Estoril. Und wenn es ihm zu langweilig wurde, ging er in irgendeine Bar. Dabei hatte er seinen Regenschirm locker am Arm hängen. Er stellte sich im Halbdunkel an die Theke und klopfte wie ein britischer Kolonialoffizier mit seinem Schirm ein paarmal auf den Tisch, worauf alles im Nachtclub erstarrte. Dann zeigte er mit seinem Schirm auf ein paar Mädchen:

»Du, du, du und du da hinten auch noch!«

Wenig später hauste Jonny wie ein Pascha mit wildfremden

Damen in seiner Villa in Estoril und entschlummerte dann nach getaner Arbeit wie ein müder Wolf in irgendeiner Ecke. In der Früh dann immer wieder das gleiche Dilemma: Die Mädchen standen an seinem Bett, schüttelten ihn und schlugen ihm naßkalte Waschlappen ins Gesicht. Aber Jonny war durch nichts wach zu kriegen. In den Augen der Mädchen stand die unausgesprochene Frage:

»What about our souvenir?«

Jonny war, in tiefem Schlaf versunken, nicht imstande, jeder ihr verdientes Geld zu geben. Daraufhin kassierten die Mädchen als Honorar einfach die wertvollen antiken silbernen Aschenbecher, Vasen, Teller und Feuerzeuge, die überall herumstanden. Wenn Jonny wieder aufwachte, war die Wohnung leer. Dann fuhr er mit seinem Rolls-Royce nach Lissabon hinein, streifte wieder durch die Antiquitätengeschäfte und kaufte altes Silber für die nächste Nacht...

Dieser Mann sollte als einer der wichtigsten englischen Agenten im geheimen Vorfeld der Alliierten-Invasion entscheidende Aufgaben zur Täuschung der deutschen Wehrmachtsführung erfüllen. Sein bester Freund und Chef des sogenannten TRICYCLE-Netzes, Dusko Popov, war offenbar von gleicher Lebensart. Auch er mußte zwischendurch dem Morast entfliehen, der ihn in die Tiefe zu ziehen drohte. Auch seine Nächte verflogen gewöhnlich »in einem betäubenden Wirbel von Alkohol und Sex«.

Für seinen geheimen Vernichtungsschlag gegen Berlin hatte sich »Superspion« Dusko Popov in einem Lissabonner Kino beim Anblick einer Wochenschau noch zusätzliche Kampferfahrung angeeignet. Er sah deutsche Panzer, die alles niederwalzten, und verspürte dabei »das psychische Delirium tremens, die Berufskrankheit der Spione«.

Popov erinnerte sich an diese dramatischen Augenblicke: »Ich war ganz allein und mußte ohne Kameraden kämpfen. Ich spürte förmlich, wie mich die deutschen Panzer im Film überrollten. Mein Hemd und meine Stirn waren schweißnaß. Fluchtartig verließ ich den Zuschauerraum!«

Die Bettgeschichten und Kampfberichte der beiden »Superspione« Jebsen und Popov klingen amüsant. Aber bei der Unterhaltung mit Dusko Popov in seiner Bischofsresidenz in Opio wollte ich für mein Buch mehr über die geheimdienstlichen Erfolge des TRICYCLE-Teams erfahren. Wie war es ihm und vor allem Jonny Jebsen gelungen, das OKW in der entscheidenden Phase vor der Invasion zu täuschen?

Auf diese Frage bekam ich keine konkrete Antwort. In Ermangelung von Fakten erklärte mir Popov aber die vielen Handikaps, die sich 1944 der Erfüllung seiner historisch so bedeutungsvollen Aktion in den Weg stellten. Die Schilderung seines Geheimunternehmens, wobei er mit Hilfe seines Freundes Jonny die »zögernde deutsche Widerstandsgruppe« innerhalb der Canarisschen Abwehr quasi an die Leine nehmen und auf Trab bringen wollte, weitete sich zu einem spannenden Krimi aus, der schließlich mit einem Ermordeten und einem Mörder endete.

Popovs Hände ballten sich zu Fäusten, als er mir die Geschichte erzählte, wie Gestapo-Gangster seinen für die bevorstehende Alliierten-Invasion so entscheidenden geheimen Vorstoß nach Berlin kaltblütig vereitelten: SS-Mörder hatten mitten im friedlichen Portugal seinen Freund Jonny Jebsen überfallen, ihn in bewußtlosem Zustand in den Kofferraum ihres Autos gesperrt und nach Berlin entführt. Die Stimme des Ex-Spions klang belegt, als er mir von den Folterungen berichtete, denen Jonny im Gestapo-Keller der Berliner Prinz-Albrecht-Straße ausgesetzt war. Und sein Atem stockte, als er auf Jonnys Ende im KZ Oranienburg zu sprechen kam, wo sein bester Freund schließlich und endlich »auf der Flucht« erschossen wurde . . .

Ich war ergriffen, solange mir Dusko Popov das tragische Ende seines »Jonny« schilderte. Als er aber von Jebsens Mörder zu sprechen begann – einem verkappten SD-Mann namens Walter Salzer, der angeblich die geschäftlichen Interessen von Jonnys erdballumspannenden Schiffahrtslinien und Reedereien gegenüber den Berliner Ministerien, dem SD und der Abwehr wahren sollte –, wurde ich hellhörig.

Popov berichtete weiter, wie er als englischer Oberst 1945 in blinder Rachsucht angeblich monatelang alle Besatzungszonen Deutschlands nach Walter Salzer durchkämmte, »der meinen besten Freund auf seinem Gewissen hatte«, und wie er ihn – der unter falschem Namen untergetaucht war – schließlich stellte. Und dann, am Ende seiner Kriminalgeschichte, erlebte Dusko Popov im Geiste offenbar noch einmal, wie er das »SD-Schwein Salzer« mit harten Schlägen in die Magengegend und mit einem Fußtritt ins Gesicht fertigmachte – und den Mörder lebend aber wieder laufenließ!

Die Popovschen Erzählungen endeten mit einem Toten, den keiner sterben sah, und einem Mörder, der am Leben blieb. Dieses Rätsel ließ mir keine Ruhe.

Einige Zeit, bevor sich 1969 mein mysteriöser Autounfall ereignete, wollte ich eine bis heute ungeklärte journalistische Preisfrage lösen und den tolldreisten Romanhelden identifizieren, der in dem erfolgreichen deutschen Nachkriegsbuch »Es muß nicht immer Kaviar sein« als Geheimagent Lieven Weltberühmtheit erlangte.

Bei meinen damaligen Recherchen war ich in Augsburg an einen Mann geraten, der sich Dr. Aloys Schreiber nannte und angeblich mit der von Mario Simmel beschriebenen Entführung seines Helden Lieven zu tun gehabt haben soll.

Bevor mir bei unserem seinerzeitigen Telefongespräch Dr. Schreiber Auskunft erteilte, mußte ich ihm meinen Namen buchstabieren und meine Adresse bekanntgeben. Erst dann sagte Dr. Schreiber:

»Über meine Abwehrtätigkeit in Lissabon werden Sie von mir nichts erfahren!«

Mit diesen bestimmten Worten hatte der Mann am Augsburger Ende unserer Telefonverbindung das Gespräch zur Sache eröffnet und gleichzeitig abrupt beendet. Bevor er einhängte, machte er mich noch auf eine Besonderheit aufmerksam:

»Wenn Sie meinen Namen in die Presse bringen, passiert was!«

Diesen Wunsch des ehemaligen Abwehroffiziers der KO Lissabon habe ich bis zum vergangenen Jahr respektiert – bis zu dem Zeitpunkt nämlich, als ich mich während meiner Suche nach dem gekidnappten »Reederssohn Jonny Jebsen« erneut an Dr. Schreiber erinnerte, jedoch erfahren mußte, daß er inzwischen verstorben war.

Ich suchte noch weitere vier Monate die Kidnapper und Mörder Jonny Jebsens. Wo konnte ich den ehemaligen SD-Agenten Walter Salzer aufspüren, den Dusko Popov 1945 laufenließ?

Ich schrieb an den bekannten SS-Obersturmbannführer Otto Skorzeny nach Madrid. Seine Antwort: »Walter Salzer kenne ich nicht!«

Von dem ehemaligen Gruppenleiter im Reichssicherheitshauptamt, Walter Huppenkothen – er hatte 1944 die Voruntersuchungen zur Aburteilung von General Oster und Admiral Canaris geleitet –, erhielt ich eine gleiche Auskunft: »Den Namen Salzer habe ich noch nie gehört. Mit der Sache Jebsen hatte ich nichts zu tun. Sie ist mir vollkommen unbekannt!«

Die ehemalige Chefsekretärin der Abwehrstelle Lissabon, Frau von Karsthof (»Mausi«), wußte nur so viel: »Wie Jebsen entführt wurde und wer ihn damals gekidnappt hat, weiß ich nicht. Mein Mann und ich sind ja schon vor dieser Affäre nach Deutschland zurückbeordert worden!«

Ich fragte Frau Lilli Craas, ehemals Lissabonner Abwehrsekretärin und Jebsen-Bekannte: »Ich war ja sehr eng mit Jebsen befreundet . . . Wie die Verhaftung und Verschleppung Jonnys im einzelnen passierte, weiß ich nicht. Ich war ja kurz vor ihm nach Berlin zurückgeholt worden.«

In Köln erkundigte ich mich bei Otto Wolff von Amerongen, Präsident des Deutschen Industrie- und Handelstages, nach seinem Bekannten Jonny Jebsen: »Ich habe Jebsen vor dem Kriege durch einen Tennisfreund kennengelernt und ihn 1942 in Lissabon wiedergetroffen ... Als Jebsen aus Portugal entführt wurde, befand ich mich gerade in Deutschland, in Köln, Berlin – und später in Salzburg, wo meine Tochter damals zur Welt kam.«

Vielleicht hatte der seinerzeit als Regierungsrat getarnte Sabotagebeauftragte bei der KO Lissabon, Dr. Rudolf Blaum alias Baumann, mit der dubiosen Jebsen-Affäre zu tun gehabt. Den Ex-Abwehroffizier fand ich in Bremen: »Fragen Sie doch CIRO, den Lissabonner Spionageabwehr-Chef Cramer. Der lebt ja noch.«

Dr. Blaum führte mich unwissentlich auf eine falsche Fährte. Denn Cramer war längst tot. Ein weiterer Umweg führte mich über Kempten, wo mir der ehemalige Abwehr-Oberstabszahlmeister Max Franzbach Näheres über Jebsen berichtete: »Jonny Jebsen betrachtete mich als seinen Freund. Ich hatte von Berlin den Auftrag, ihm während seiner Aufenthalte in Spanien jeden Wunsch zu erfüllen. Jebsen zog öfters bündelweise Dollarnoten aus seiner Tasche, die er mir anbot. Aber ich nahm natürlich nichts davon ... Später hörte ich, daß Jebsen vom SD in das Deutsche Konsulat in Lissabon gelockt worden sei. Dort habe man ihm eine Spritze verpaßt und ihn dann in eine Kiste verpackt.«

Dem hervorragenden Experten der Gegenspionage, Oberstleutnant Hans Freund, waren die Feindverbindungen Jonny Jebsens bereits Ende 1943 aufgefallen: »Zunächst hatte Jebsen das volle Vertrauen seiner Dienststelle. Als Vergütung für seine Tätigkeit wurde ihm bevorzugt bei der Vermietung neutraler Schiffe an Portugal geholfen, die Seegebiete passieren mußten, die der deutschen Überwachung unterlagen. Jebsen hat sicherlich hohe Summen verdient ... Im Laufe des Jahres 1943 begann er, sich plötzlich für Neuigkeiten aus unserer Abwehrdienststelle Lissabon zu interessieren. Er sicherte sich solche Kenntnisse vor allem durch Liebschaften mit dortigen Sekretärinnen, so daß ein Teil des Freundes- und Bekanntenkreises von Jebsen in Lissabon abgelöst wurde und nach Berlin zurückkehrte. Jebsen selbst hatte man Anfang 1944 mehr oder weniger gewaltsam nach Berlin geholt. Wie das im einzelnen geschah, weiß ich nicht ...«

Nachdem auf meine Frage »Wer hat Jebsen gekidnappt – wer hat ihn ermordet?« mindestens zwei Dutzend alte Jonny-Bekannte nur mit den Achseln gezuckt hatten, stand ich am Schluß meiner Nachforschungen Herrn K., dem Direktor einer bekannten deutschen Firma, gegenüber, der mir in seinem Büro das Geheimnis um Jonny Jebsen verriet, das er dreißig Jahre lang gehütet hatte:

»Jawohl – ich habe die gewaltsame Entführung Jebsens aus Portugal damals vorbereitet und veranlaßt! Für uns hatte sich die Gewißheit ergeben, daß in unserer KO Lissabon entweder der Engländer drinsitzt oder daß einige unserer Leute für den Secret Intelligence Service arbeiten. Den ersten Tip bekamen wir von Ballhorn, einem jungen Halbjuden aus Berlin, der für die Abwehr in Portugal tätig war. Ballhorn war ein dicker, großer, drüsenkranker Mann mit breitem Gesicht. Er unterrichtete uns von Lissabon aus fortlaufend über die Bewegungen von Jebsen. Aus seinen Meldungen ging eindeutig hervor, daß Jebsen Kontakte zu den Engländern unterhielt und drauf und dran war, seine Koffer zu packen, um nach England zu flüchten ...

Diese Erkenntnis war uns äußerst unangenehm, da kurz vorher in der Türkei der Abwehrangehörige Vermehren mit seiner Frau zum Feind übergelaufen war. Diese Panne nahm Himmler damals zum Anlaß, zu Hitler zu gehen und zu sagen:

›Mein Führer – bei der Abwehr stinkt's!‹

Der SD wartete unter dem Eindruck der Vermehren-Panne jetzt gierig darauf, daß der Abwehr noch ein Fehler passierte ...«

Mit der gewaltsamen Entführung Jonny Jebsens aus Portugal begann die Selbstzerfleischung der deutschen Abwehr. Herr K., ehemals Major i. G. und Leiter der Abwehrgruppe I/Heer, berichtete über diese Verzweiflungstat weiter:

»Zur Meldung von Ballhorn, daß Jebsen inzwischen seine Koffer packen würde, kam auch noch eine Mitteilung von Dr. Schreiber, wonach Jebsen nicht mehr in sein Büro käme.

Da haben wir eingehend Jebsens Akte studiert und seiner

Charakterbeschreibung entnommen, daß er ein außerordentlich starkes Geltungsbedürfnis hatte.«

Dieser Geltungsdrang des anglophilen Jonny Jebsen – mit Monokel, Bowler und Regenschirm – inspirierte Major K. zu seinem Entführungsplan:

»... Dann schickten wir ein Fernschreiben nach Lissabon: ›aufgrund seiner ausserordentlichen verdienste hat der fuehrer und oberbefehlshaber der wehrmacht dem gefreiten johann jebsen das kriegsverdienstkreuz erster klasse verliehen stop der orden soll jebsen auf der abwehrdienststelle ausgehaendigt werden stop‹

Auf diesen Trick hat Jebsen angebissen. Er erschien eines Morgens in der KO – und dann wurde er von Schreiber ›verarztet‹. Zunächst hat ihm Schreiber mal rechts und links ein paar geknallt. Während er ihm rechts eine reinschlug, sagte er:

›Das ist Ihr Orden!‹

Dann knallte er ihm links ein paar runter und sagte:

›Und das ist für Ihre Arbeit für die Engländer!‹

Dann haben sie Jebsen überwältigt, ihm eine Spritze gegeben und ihn – in eine Kiste gepackt – als Kuriergepäck über die portugiesisch-spanische und dann weiter über die spanisch-französische Grenze gebracht ... Dr. Schreiber hatte die Sache großartig gemacht.«

Nach Jebsens Ankunft in Berlin wurde er ins Wehrmachtsuntersuchungsgefängnis gesteckt. Dort hatte sich Major K. seinen Fang persönlich angesehen:

»Jebsen hatte Anstaltskleider an. Er war klein, schmächtig, ein blasses Jüngelchen mit rotblonden Haaren und Sommersprossen im Gesicht. Er fragte mich, wer ich wäre. Aber ich habe ihm meinen Namen nicht gesagt.«

Einige Tage nach seinem Besuch in Jebsens Zelle erhielt Major K. von seinem Chef – dem Canaris-Nachfolger Oberst Georg Hansen – die Mitteilung, daß der Gefangene Johann Jebsen auf Befehl des Generalfeldmarschalls Wilhelm Keitel der Gestapo übergeben worden sei. Jetzt tat Major K. ein letztes, um die Pleite von Lissabon dem SD gegenüber zu vertuschen und damit den kläglich verbliebenen Ruhm der deutschen Abwehr für die Nachwelt zu erhalten:

»Als ich erfuhr, daß Jebsen der Gestapo überstellt worden war, habe ich sofort alle Akten und Unterlagen über die Vorgänge in unserer Abwehrstelle Lissabon zerrissen und ins Klo gesteckt.«

Als Major K. damals an der Kette zog, um den »Vorgang Jebsen« in die Abflußrohre der Berliner Kanalisation zu schwemmen, konnte er zwar auf Papier geschriebene Ermittlungen vernichten. Seine tatsächlichen Eindrücke aber, die er – anläßlich seines letzten Besuches der Abwehrstelle Lissabon zusammen mit Admiral Canaris – gewonnen hatte, kann er bis heute nicht vergessen. Sie haben gerade ihn, der als integrer Abwehroffizier gegen Hitler gekämpft hatte und der nach dem mißglückten Attentat am 20. Juli 1944 zusammen mit den anderen Verschwörern des geheimen Widerstandes selbst ins Gefängnis gesperrt wurde, tief erschüttert:

»Als ich von meinem Besuch der Abwehrstelle Lissabon wieder nach Berlin zurückkam, war ich empört. Diese Leute da unten – die offenbar nur an ihre eigenen Geschäfte dachten – lebten in Saus und Braus wie die Maden im Speck. Wenn ich mir im Gegensatz dazu unsere armen Frontsoldaten vorstellte, bin ich heute noch angewidert.«

Während Jonny Jebsen im Gefängnis saß, erfolgte die Alliierten-Operation OVERLORD. Die gewaltigste Invasions-Armada der Geschichte war in der Normandie verhältnismäßig reibungslos gelandet. Dieser militärische Erfolg kam zustande, obgleich – oder gerade weil – das mit so großen Hoffnungen beladene geheimdienstliche TRICYCLE-Stoßtruppunternehmen nach Berlin durch die Verschleppung des Doppelagenten ARTIST alias Jonny Jebsen anders verlief, als die Doublecross-Strategen in London sich das ursprünglich ausgemalt hatten. Nach der Alliiertenlandung in Nordfrankreich war die Schachpartie gegen den deutschen Geheimdienst gewonnen.

Am 6. Juni 1944 startete die anglo-amerikanische Westfront ihren Angriff in Richtung Osten, während gleichzeitig sowjetrussische Verbände von Osten her nach Westen vordrangen. Diese zwei Fronten sollten inmitten des deutschen Ruinenfeldes an der Elbe zusammenstoßen. Angesichts dieser Gefahr hatten sich bereits ein Jahr vor dem gefürchteten Zusammenstoß – dem Endsieg am 8. Mai 1945 – die Alliierten-Geheimdienste im westlichen ebenso wie im östlichen Lager auf ein neues erbittertes Gefecht vorbereitet.

Dieses Gefecht sollte auf englischer Seite ausgerechnet Kim Philby eröffnen, der zu diesem Zweck bereits seit Anfang 1944 ein Büro im sechsten Stock des Secret-Intelligence-Hauptquartiers gegenüber der U-Bahn-Station St. James's Park bezog. Dort sollte er die Leitung der neuen Rußland-Abteilung übernehmen und in osteuropäischen Ländern ein Spionagenetz gegen die Sowjetunion aufbauen.

Zur Bewältigung dieser komplizierten Aufgabe wäre Kim Philby zum Beispiel die Geheimdiensterfahrung seines vom Balkan stammenden bewährten Mitarbeiters, Freundes und OSTRO-Fahnders Dusko Popov besonders willkommen gewesen. Aber Oberst Popov, der »erfolgreichste Spion des Zweiten Weltkrieges«, sagte – während Philby unsichtbare Ostnetze zu spinnen begann – seinem kriegerischen Beruf angeblich ade und widmete sich fortan hauptsächlich der Befreiung seines Freundes Jonny Jebsen aus den Klauen der Gestapo.

Als ihm diese letzte Geheimaktion bis Kriegsschluß noch immer nicht gelungen war, zog sich der Jugoslawe Popov, nachdem er Jebsens vermeintlichen Mörder gestellt hatte, im Lande seiner ehemaligen Gegner ins Privatleben zurück. Um seinen Lebensunterhalt zu verdienen, gründete er in Krefeld ein Export-Import-Unternehmen, »das die ersten Osthandelsgeschäfte nach dem Kriege tätigte«. Für einen neuen Firmennamen brauchte er seine Phantasie nicht zu strapazieren. Seine Gesellschaft operierte unter der Handelsflagge »Tarlair«. Das war – wie mir Popov sagte – zufällig dieselbe Firmenbezeichnung, mit der der Secret Intelligence Service während des Krieges seine Geheimaktionen gegen Deutschland tarnte.

Bei dem geschäftlichen Wiederaufbau in den turbulenten Jahren nach dem deutschen Zusammenbruch sollte sich in vielen Fällen erweisen, wieviel eine echte Freundschaft wert ist. In dieser Hinsicht hatten – nach den Erzählungen Dusko Popovs – die alten Lissabonner Freunde offenbar eine Reihe guter Taten vollbracht und einer dem anderen wieder in den Sattel geholfen. Nur einem konnte nicht mehr geholfen werden: Jonny Jebsen! Er war spurlos verschwunden . . .

Der einzige Augenzeuge, der Jonny Jebsen als letzter im Beisein einer SS-Wache im KZ Oranienburg gesehen haben will, war Jebsens Freund, Abwehrhauptmann O. Kurrer, der mir aus Brasilien schrieb:

». . . Ich konnte lediglich die Erschütterung, einen dem Tode Geweihten vielleicht zum letztenmal getroffen zu haben, mit nach Hause nehmen.«

Nachdem auch Kurrer das tödliche Ende Jebsens nicht bezeugen konnte, ermittelte ich die Anschrift des ehemaligen Devisen-Verantwortlichen der deutschen Abwehr, Oberstintendant Dr. Martin Toeppen. Ich war gespannt, was er mir über die seinerzeitigen dubiosen Devisentransaktionen von und nach Lissabon berichten würde. Was ich bei meinem Telefongespräch erfuhr, waren Bruchstücke einer Geschichte, die – könnten sie lückenlos wieder zusammengefügt werden – das dunkelste Kapitel der deutschen Abwehr aufhellen würden. Am Telefon meldete sich Frau Ilse Toeppen als Leidtragende eines Geschehens, das sich vor dreißig Jahren zugetragen hatte – und das sie bis heute noch immer nicht durchschaut:

»Mein Mann ist seit 1945 spurlos verschwunden. Inzwischen habe ich ihn für tot erklären lassen. Dadurch bekomme ich eine Rente, die nicht besonders hoch ist. Bevor mein Mann vor Kriegsschluß verschwand, war er in der Lehrter Straße eingesperrt. Ich war damals mit meinen Kindern in Misdroy evakuiert und habe über die Hintergründe der Verhaftung meines Mannes so gut wie nichts erfahren. Nur einmal – ich war mit meinen Kindern gerade im Wald – erschienen plötzlich ein paar Männer in Ledermänteln und durchsuchten meine kleine Flüchtlingswohnung. Die Männer suchten bei mir ein wertvolles Gemälde von Rubens. Die Beamten hatten in unserer Berliner Wohnung bereits mehrere alte Meister gefunden – darunter ein Original von Caspar David Friedrich. Diese Bilder gehörten aber alle Herrn Dr. Ivo Popov, der öfter in Berlin war und uns besucht hatte . . .«

Ich erkundigte mich nach anderen Bekannten, die damals im Hause der Familie Toeppen verkehrten:

»Da war noch ein Herr Jebsen«, sagte Frau Toeppen. »Das muß ein sogenannter Agent gewesen sein. Von Herrn Jebsen weiß ich nur, daß er auch auf unerklärliche Weise verschwunden ist . . . Er hatte alle Damen immer mit Handkuß begrüßt. Er war ein schöner, aber aalglatter Mann. Jebsen hatte auch mit Canaris Verbindung – und irgendwie hing er mit Ruschewei zusammen. Dieser Mann war Waffenhändler. Ich habe mich wegen meiner Kinder aber nie um diese Dinge gekümmert. Und wenn mein Mann mit Jebsen oder Popov und anderen Besuchern heimkam, mußte ich immer aus dem Zimmer gehen. Ich habe also nie mitbekommen, worüber sich die Herren unterhielten . . . Herr Popov war jedenfalls ein sympathischer Mann. Er war der Taufpate unseres jüngsten Sohnes Michael, der 1943 geboren wurde. Und da hat Popov versprochen, seinem Patenkind Michael einmal einen Teil seines Landbesitzes in Jugoslawien zu vermachen.«

Aus der Sicht einer Mutter, die sich damals nur um ihre Kinder kümmerte, offenbarte mir Frau Toeppen eine neue Kuriosität des vergangenen Krieges: Während der Doppelagent Dusko Popov alias TRICYCLE in der Verwandtschaft des englischen Spionagechefs Stewart Menzies als Taufpate fungierte, beschenkte gleichzeitig dessen Bruder Ivo Popov sein Patenkind Michael Toeppen – Sohn einer der Spitzenpersönlichkeiten des deutschen Geheimdienstes – mit serbischen Säbeln und versprach ihm einen Teil seiner Ländereien aus dem Familienbesitz der Popovs in Jugoslawien.

Die Aufklärung des Geheimnisses der verschwundenen »alten Meister« – Rubens, Caspar David Friedrich und andere – würde ein eigenes Buch füllen. Auch die Suche nach dem Devisenchef der deutschen Abwehr, Martin Toeppen, oder nach Heinz Moldenhauer (Sohn des Reichsfinanzminister der Weimarer Republik) könnte eventuell dazu führen, daß sich an meinem Auto noch einmal eine Radsicherung löst. Wer weiß!

Bei meiner Suche nach Jonny Jebsen erlebte ich an der Bar des »Sporthotel« in Igls – wo ich am 5. 11. 1969, zehn Minuten vor meinem damaligen Autounfall oberhalb der Sillschlucht, noch einen Drink genommen hatte – kürzlich eine sonderbare Überraschung:

Ich wußte, daß die Frau des Tiroler Hotelbesitzers, Didi Beck, der berühmten Howaldt-Familie (Gründer der Schiffswerften in Hamburg und Kiel) entstammt. Sie mußte eigentlich Jonny Jebsen aus ihrer Kieler Zeit kennen. Ich beschrieb ihn ihr kurz:

». . . rötlich blond – vornehm englisch gekleidet – stammt aus Apenrade und hatte angeblich noch ein Exportunternehmen in Hamburg!«

Mit jedem Hinweis, den ich ihr zur Identifizierung Jonny Jebsens gab, wurden Didi Becks Augen immer lustiger:

»Das könnte eigentlich nur ›Joko‹ sein«, lachte sie. »Joko Jebsen – ein sehr honoriger Mann. Der war während des Krieges in Hamburg und vielleicht auch in Berlin. Aber Joko, glaube ich, lebt noch . . .!«

Nach dem Gespräch mit Didi Beck konnte ich nur noch zum nächsten Telefonhörer greifen, um den Inhaber der weltbekannten Jebsen-Reederei in Apenrade anzurufen und ihn zu fragen, ob er derjenige sei, der während des Krieges aus Estoril verschleppt wurde – und in welcher Verbindung er zu Wulf Dietrich Schmidt stand.

Herr Jebsen hatte meinen Anruf längst erwartet. Er war von dritter Seite – was ich nicht wußte – bereits auf meine Recherchen über seinen Namensvetter aufmerksam gemacht worden. Deshalb überraschte es mich, daß er gleich mit seinem ersten Satz jenen Punkt berührte, um den es ging:

»Sie wollen offenbar auf einen Herrn hinaus, der Jonny Jebsen hieß . . .«

Ich sagte nur »ja« – und brauchte keine weiteren Fragen mehr zu stellen.

»Ich kann Ihnen gleich sagen, daß der Mann, den Sie suchen, mit uns nicht verwandt ist. Er hat auch mit unserer Firma nie etwas zu tun gehabt –, nur so viel, daß er sich offenbar immer wieder auf uns berief, wenn er irgendwo in krumme Sachen oder Schwierigkeiten geraten war.«

Der Reeder empfahl mir, mich in Flensburg näher nach Jonny Jebsen zu erkundigen:

»Dort werden Sie erfahren, daß Ihr Jonny Jebsen nicht Reedereibesitzer war, sondern der Sohn eines stadtbekannten Heilpraktikers, der in der Nerongsallee Nr. 5 wohnte . . . In Flensburg werden Sie viele Leute finden, die Jonny Jebsen gut kannten und die Ihnen bestätigen werden, daß er ein hochintelligentes Bürschchen war. Übrigens kennen ihn ja viele berühmte Leute.«

Darauf entgegnete ich:

»Aber diese Bekannten mußten doch wissen, mit wem sie es zu tun hatten – noch dazu, wenn sie Jonnys Freunde waren!«

Da lachte der Reeder Hans Jacob Jebsen laut. Er schien sich noch im nachhinein über den genialen Hochstapler zu freuen:

». . . dann sind ihm seine Freunde offenbar alle auf den Leim gegangen.«

Zum Abschluß unseres Gespräches erzählte ich ihm, wie ich 1959 in seinem Wohnort – von dem aus er mit mir gerade telefonierte – mit den Recherchen für mein Buch begonnen hatte:

». . . da gab es einen Mann aus Apenrade, der für den deutschen

Geheimdienst gearbeitet hatte. Er war damals noch sehr jung und ist 1940 eines Nachts mit dem Fallschirm über England abgesprungen, als geheime Vorhut für die große deutsche Invasion, die ein paar Wochen später folgen sollte. Dieses berühmte Unternehmen SEELÖWE wurde dann aber abgeblasen – und der Mann, so wurde mir erzählt, versteckte sich irgendwo in London. So wurde er notgedrungen zum einzigen Abwehrspion, der den ganzen Krieg hindurch wichtige Meldungen nach Deutschland funkte.«

Herr Jebsen hatte mir bis dahin aufmerksam zugehört. Jetzt fragte er mich, ob ich diesen Mann schließlich gefunden hätte:

»Lebt denn dieser Mann noch?« wollte er wissen.

Ich sagte: »Ja – ich habe ihn in London gefunden!«

Hierauf lachte Herr Jebsen noch einmal und verriet mir zu meinem großen Staunen, daß der Vater meines langgesuchten Spions – dessen Namen ich wohlweislich verschwiegen hatte – früher einmal im Aufsichtsrat seiner Gesellschaft tätig war:

»Ihr Spion heißt Wulf Dietrich Schmidt«, sagte er mit der Bestimmtheit eines Standesbeamten, der mit seinem Stempel ein wichtiges Dokument beglaubigt. »Wenn ich aus meinem Fenster hinaussehe« – erklärte mir der Reeder Hans Jacob Jebsen durchs Telefon –, »kann ich das alte Haus sehen, in dem die Familie Schmidt gewohnt hat. Mein Bruder Michael, der unsere Firma in Hongkong leitet, ist mit Wulf Dietrich gemeinsam zur Schule gegangen.«

Übrigens hatte Ende der sechziger Jahre auch der englische Journalist Patrick Brangwyn gewittert, daß sich hinter einem gewissen Mr. Harry Johnson eine höchst merkwürdige Geschichte verbergen müsse, eine sensationelle Story mit angeblich welthistorischem Background. Um mit den Gesetzen seines Landes nicht in Konflikt zu kommen, begann er zunächst – vorsichtig und legal – im Archiv der Watforder Lokalzeitung nach ein paar Anhaltspunkten zu suchen, die ihm das Leben Mr. Johnsons wenigstens in großen Umrissen aufhellen sollten. Patrick Brangwyn sah für sein Vorhaben, in die Vergangenheit des fremden Mannes von Watford einzudringen, keine besonderen Schwierigkeiten. Denn er wußte inzwischen, daß Harry Johnson – so wie er selbst – als Journalist arbeitete, daß er sich am 26. April 1946 mit einem Mädchen aus Hertfordshire verlobte; daß er später heiratete und daß der Ehe zwischen der Engländerin und dem deutschen Ex-Spion angeblich ein Kind entstammte.

Der Rechercheur aus der Londoner Fleet Street hatte auch herausgefunden, daß Johnson ein bekannter Funktionär des Watford Football Club war. Also würde er mit Leichtigkeit in den alten Sportseiten der Watforder Lokalzeitung ein Foto entdecken, auf dem der Gesuchte abgebildet war. Auf diese unverdächtige Weise wollte sich Patrick Brangwyn Mr. Johnson nähern und begann, in den zusammengeschnürten, verstaubten Archivbänden der alten Jahrgänge 1946/47/48 herumzublättern.

Bei seinen Nachforschungen mußte er aber nacheinander ein paar sonderbare Entdeckungen machen, die mit einer bösen Erfahrung enden sollten – die Patrick Brangwyn als versteckte Warnung wertete, sein reges Interesse an der Vergangenheit Mr. Johnsons sofort und für immer aufzugeben:

»Zunächst stellte ich fest« – so erzählte mir der englische Journalist –, »daß in der Watforder Zeitungsausgabe vom 28. November 1947 und jener vom 24. September 1948 mit einem Taschenmesser zwei Artikel samt Fotos herausgeschnitten worden waren. Ich sah nur noch zwei Löcher – etwa im Format von fünfzehn mal zwanzig Zentimeter. Das waren die einzigen zwei Hinweise auf Harry Johnson. Sie waren – wie ich annehmen mußte – absichtlich entfernt worden ... In der Zeit, als ich für meine Johnson-Story Material sammelte, waren eines Tages unbekannte Täter in meine Wohnung am Clarence Gate Garden eingedrungen. Bei diesem Einbruch wurde merkwürdigerweise aber nichts gestohlen. Die ungebetenen Hausgäste hatten lediglich alle Schubladen durchstöbert und meine journalistischen Arbeitsunterlagen in Unordnung gebracht. Nach diesem Vorfall habe ich mich mit der Vergangenheit Harry Johnsons nicht mehr weiter beschäftigt.«

Len Adams war der nächste englische Journalist, der am Freitag, dem 24. September 1971, das »heiße Eisen Harry Johnson« anfassen wollte. Der Fleet Street-Reporter, der von meinen langjährigen Recherchen Kenntnis erlangt hatte, war dem Ex-Spion von Watford aus in ein abgeschiedenes Tal des schottischen Hochlands nachgefahren. Dort stellte Adams fest, daß Mr. Johnson mit Freunden ausgegangen war und erst gegen Abend wiederkam. Der Journalist wartete in der Nähe eines blauen Mini-Cars, der vor dem Ferienhaus stand – und von dem er wußte, daß er dem vermutlich bedeutungsvollsten Geheimagenten des Zweiten Weltkriegs gehörte.

Als Mr. Johnson in der Gesellschaft seiner Freunde erschienen war, stellte sich Len Adams vor und reichte dem Mann aus Watford seine Visitenkarte, damit dieser auf den ersten Blick erkennen konnte, worum sich das folgende Gespräch drehen würde.

Wenig später, als sich der Ex-Spion mit dem Reporter in eine stille Ecke des Hauses zurückgezogen hatte, wollte Johnson – während er sich eine Zigarette drehte – wissen, wie ihn Adams hier in dem letzten Winkel Schottlands überhaupt hatte finden können. Vor allem aber interessierte Johnson sich für den tieferen Grund des unerwarteten Besuches. Adams sagte:

»Ich nehme an, daß es nicht das erste Mal ist, daß Sie von Journalisten interviewt werden . . .«

Mit diesen Worten wurde Johnson an meinen Besuch erinnert, den ich ihm mit dem Chefredakteur einer bekannten deutschen Zeitschrift vor über zehn Jahren abgestattet hatte. Der Ex-Spion nahm bei dieser Erinnerung für einen Moment seine Brille ab. Dabei verengten sich seine Augenlider, als ob er plötzlich von etwas geblendet würde:

»Die Sache hatte sich damals erledigt. Diesen deutschen Journalisten wurde verboten, meine Geschichte zu publizieren . . . Was die beiden Leute nicht wissen konnten, ist, daß unsere Unterhaltungen alle auf Tonband aufgenommen wurden. Alles, was sie Falsches über mich sagen würden, könnte also von mir entkräftet werden ... Die haben mir damals zwanzigtausend Pfund geboten«, lachte Mr. Johnson ... »Was ich weiß und erzählen könnte, wäre sicher sensationell. Aber ich kann nicht darüber sprechen. Denn dadurch wären zu viele Leute betroffen, die an der Spitze saßen.«

Harry Johnson, der im eleganten, rehbraunen Tweed-Jackett und frischgebügelter Hose vor Len Adams saß, ließ sich auf keine weiteren Details ein. Er machte den Reporter nur noch einmal auf seine historische Bedeutung aufmerksam, indem er sagte:

»Was ich getan habe, hat Millionen von Menschenleben erhalten. Ich habe sie vor dem Tod gerettet!«

Das war die einzige Sensation, die mein englischer Kollege von seiner Reise ins Schottische Hochland heimbrachte. Mehr hatte ihm Mr. Johnson nicht verraten. Jetzt hatte auch Len Adams den ersten Faden in die Hand bekommen, um eine Geschichte aufzurollen, für deren Erforschung ich fünfzehn Jahre gebraucht habe.

Nach den Worten, die ihm Mr. Johnson zum Abschied vor dem Ferienhaus seiner Freunde noch sagte:

»Ich brauche nur eine bestimmte Telefonnummer anzurufen. Dann würden sich die höchsten Stellen für mich in Bewegung setzen ...«

bin ich sicher, daß auch Len Adams aufgegeben hat, die Vergangenheit des mysteriösen Mannes aus Watford weiter zu ergründen.

Bevor der englische Reporter wieder nach London zurückfuhr, hatte ihm Johnson durch die heruntergelassene Türscheibe – halb flüsternd – noch verraten, warum seine Vergangenheit auch weiterhin geheimgehalten werden müsse:

»... es ist wegen der Russen. Da steht – selbst heute noch – zu viel auf dem Spiel!«

Nach diesen letzten Worten war der geheimnisvolle Ex-Spion – den Admiral Canaris »3725« und der Secret Intelligence Service TATE nannte – noch einen Moment in der Dunkelheit stehen geblieben. Dann begab er sich wieder ins Haus hinein, zurück zu den Freunden, die – als er im September 1940 zur Eroberung Englands mit einem deutschen Tarnfallschirm abgesprungen war – damals noch seine Feinde waren.

Bibliographie

Andrews Allen: »Proud Fortress«, London, 1958
Brown Anthony Cave: »Bodyguard of Lies«, New York, 1975
Burdick Charles B.: »Germany's Military Strategy and Spain in World War II«, New York, 1968
Churchill Winston S.: »Der Zweite Weltkrieg«, München – Zürich, 1965
Colvin Ian: »Chief of Intelligence«, London, 1951
Cookridge E. H.: »Inside S.O.E.«, London, 1966
Delmer Sefton: »Geisterarmee«, München – Wien – Zürich, 1972
Donaldson Frances: »Edward VIII«, London, 1974
Dulles Allen: »The Craft of Intelligence«, London, 1964
Farago Ladislas: »The Game of the Foxes«, London, 1972
Hyde H. Montgomery: »The Quiet Canadian«, London, 1962
Ingersoll Ralph: »Top Secret«, New York, 1946
Irving David: »The Mare's Nest«, London, 1964
Irving, David: »Hitler und seine Feldherren«, Berlin, 1975
Look Editors of: »The Story of the FBI«, New York, 1947
Lovell Stanley P.: »Of Spies and Stratagems«, Englewood Cliffs, N. Y., 1963
Mader Julius: »Hitlers Spionagegenerale sagen aus«, Berlin, 1970
Masterman J. C.: »The Double-Cross System«, London, 1972
Montagu Ewen: »The Man Who Never Was«, London, 1953
Muggeridge Malcolm: »The Infernal Grove«, Glasgow, 1973
Newman Bernard: »The World of Espionage«, London, 1962
Page B. mit D. *Leitch* und P. *Knightly:* »The Philby Conspiracy«, London, 1968

Pawle Gerald: »The Secret War 1939–45«, London, 1956
Peis Günter: »Robby gegen alle«, (BamS), Hamburg, 1958
Peis Günter: »The Man who started the War«, London, 1960
Peis Günter: »Der Leutnant, der zu früh marschierte«, (BamS), Hamburg, 1964
Perrault Gilles: »Le Secret du Jour J.«, Paris, 1964
Popov Dusko: »Spy/Counterspy«, New York, 1974
Ritter Nikolaus: »Deckname Dr. Rantzau«, Hamburg, 1972
Robertson Terence: »Dieppe – The Shame and the Glory«, London, 1963
Ryan Cornelius: »The Longest Day«, London, 1954
Schellenberg Walter: »The Schellenberg Memoirs«, London, 1956
Schreieder Josef: »Das war das Englandspiel«, München, 1950
Stephan Enno: »Geheimauftrag Irland«, Hamburg, 1961
Studnitz Hans-Georg von: »While Berlin Burns«, London, 1964
Thorwald J. mit Günter *Peis:* »Der Fall Pastorius«, Stuttgart, 1953
Thorwald J. mit Günter *Peis:* »Die unsichtbare Front«, (Stern), Hamburg, 1953
Wighton C. mit Günter *Peis:* »Hitler's Spies and Saboteurs«, New York, 1958
Wighton C. mit Günter *Peis:* »They Spied on England«, London, 1958
Wilmot Chester: »The Struggle for Europe«, London, 1952

Orts- und Namensregister

Kursivsatz = Decknamen u. Bezeichnungen für Geheimunternehmen oder Aktionen, die im Text in Kapitälchen gesetzt sind